U0504197

国家社科基金丛书
GUOJIA SHEKE JIJIN CONGSHU

青藏高原地区水能开发的区域经济影响研究

Regional Economic Effects of Hydropower Development
in the Qinghai-Tibet Plateau

劳承玉　等著

人民出版社

前　言

　　2015 年,习近平主席在巴黎联合国气候变化大会开幕式上的讲话中强调,中国一直是全球应对气候变化事业的积极参与者。中国把应对气候变化融入国家经济社会发展中长期规划,坚持减缓和适应气候变化并重,通过法律、行政、技术、市场等多种手段,全力推进各项工作。中国可再生能源装机容量占全球总量的 24%,新增装机占全球增量的 42%。中国是世界节能和利用新能源、可再生能源第一大国。2020 年,习近平主席在第 75 届联合国大会一般性辩论上发表重要讲话指出,应对气候变化的《巴黎协定》代表了全球绿色低碳转型的大方向,各国必须迈出决定性步伐。中国将提高国家自主贡献力度,采取更加有力的政策和措施,二氧化碳排放力争于 2030 年前达到峰值,努力争取 2060 年前实现碳中和。随后,"碳达峰""碳中和"被写入 2021 年政府工作报告,"十四五"规划也将加快推动绿色低碳发展作为重要内容。

　　长期以来,开发丰富的水能资源一直被作为我国积极应对全球气候变化、实施能源革命和能源战略调整的重大任务之一。大力发展水电等清洁可再生能源,逐渐替代传统化石能源,也是尽快实现我国能源绿色低碳化转型,改善我国大气环境质量,降低雾霾、酸雨等燃煤污染物排放,建设生态文明的迫切要求。

　　青藏高原地区是我国水能资源蕴藏量最丰富的地区,目前全国剩余的尚未开发的水能资源 50% 以上集中分布在西藏自治区,其余大多数分布在四川、云南、青海、甘肃四省涉藏地区。21 世纪以来,上述地区已经成为全国水电开发的主战场。

青藏高原地区作为重要的国家安全屏障和生态安全屏障,属于特殊敏感地区,在这一地区进行水能开发必然面临着不同于其他地区的特殊性。对这些特殊性进行系统梳理,遵循"生态优先、统筹考虑、适度开发、确保底线"的原则,按照"先移民后建设"开发方针,以水电开发与区域经济的关系为统领进行系统研究,为有序推进这一地区水能资源开发提供理论支撑和实践参考,促进国家清洁能源基地建设与民族地区经济发展的统筹协调,使国家能源战略与民族地区发展目标相互衔接,把区域资源优势转化为产业优势和经济优势,这对于进一步实施西部大开发战略、加快民族边疆地区经济社会发展具有重要意义。

本书是在国家社会科学基金重点课题研究成果的基础上经过进一步修改完善形成。通过对西藏和四省涉藏地区的大型水电基地进行全面调研考察,系统梳理了黄河上游、金沙江上游、大渡河中上游等流域水能资源的分布、开发规划及其开发进程,并结合这一地区经济社会发展历程和现状,阐述该区域水电投资环境的特点,如高寒缺氧、运输不便、生态脆弱等自然环境因素,以及少数民族聚居、经济发展滞后、文化多样性等社会经济因素。在此基础上,以这一地区部分大型水电开发项目为案例,分析研究水电开发与当地经济社会发展的关系。特别是运用投入产出模型方法测算了开发不同阶段对地区经济的增长效应,以及不同层级行政区域经济增长效应的程度差异。本书还系统研究了围绕水电开发的收益分配关系,包括区域纵向分配、区域横向分配、社区收益分配机制,剖析了目前存在的主要问题和破解思路,并选择四川、青海和西藏部分流域水电开发较集中的地区,以区域案例实证分析研究水电开发对地方财政税收增长的促进作用。

本书还从经济学的视角研究了青藏高原地区水电投资和移民安置的特

点,重点研究了当地水电移民安置补偿标准、补偿结构,以及特殊的生产安置方式。在广泛深入的调研基础上,系统分析了部分地区实施的"逐年货币补偿"农村移民无土安置方式,认为这种安置方式符合民族地区的土地资源和农村经济结构特征,有利于稳定和保障民族地区水电移民的经济收入,有利于移民群众分享水电开发的成果。同时也分析了这种新型安置方式的不足和亟待解决的问题,提出进一步完善的对策建议。

在调研过程中,课题组得到了青海省能源局、西藏自治区能源局和云南迪庆藏族自治州、甘肃甘南藏族自治州、四川甘孜藏族自治州、四川阿坝藏族羌族自治州政府相关部门的大力协助,以及中国电建集团成都勘测设计研究公司、华能西藏雅鲁藏布江水电开发投资有限公司等单位专家的大力支持,在此表示衷心的感谢。本书共分十章,其中第二章由姚远、盛夏执笔,第四章由张序执笔,第六章由任蕾执笔,第七章由劳承玉、冉扬斯特执笔,第九章由胡建中、冉扬斯特执笔,其余五章由劳承玉撰写完成。

目　录

第一章　导　论

近年来,在我国应对全球气候变化、降低碳排放和大气污染物排放,大力实施能源战略调整的形势下,作为清洁能源和可再生能源的水力发电获得了空前发展。水电开发已从内陆平原深入高山峡谷,从流域中下游深入上游,目前已推进到水能资源丰富、开发程度尚低的青藏高原地区。本书关于"青藏高原地区水电开发的区域经济影响",正是在这一宏观背景下展开的。

第一节　研究背景

对我国水电开发的持续关注和研究首先是基于我国应对全球气候变化与能源革命带来的能源结构与能源空间格局的战略性调整。

一、 应对全球气候变化与能源战略调整

联合国气候变化框架公约组织(UNFCCC)自成立以来,到2020年底已经举行了25次缔约方会议,并签署了一系列有关应对全球气候变化的国际协定。① 其中2015年在法国巴黎召开的第21次缔约方会议(COP21)是重要的

---

① 第26届联合国气候变化大会因新冠疫情影响推迟到2021年11月在英国举行。

里程碑,超过 150 个国家的元首和政府首脑参会,近 200 个国家和地区签署了《巴黎协定》,为 2020 年后全球应对气候变化行动制定了明确目标:把全球平均气温较工业化前水平升高控制在 2℃之内,并为把升温控制在 1.5℃之内而努力。中国国家主席习近平在巴黎发表了题为《携手构建合作共赢、公平合理的气候变化治理机制》的重要讲话,全面阐述了中国对全球气候治理的看法和主张。2020 年中国政府承诺:将提高国家自主贡献力度,采取更加有力的政策和措施,二氧化碳排放力争于 2030 年前达到峰值,努力争取 2060 年前实现碳中和。并提出了具体目标:到 2030 年,中国单位国内生产总值二氧化碳排放将比 2005 年下降 65% 以上,非化石能源占一次能源消费比重将达到 25% 左右,森林蓄积量将比 2005 年增加 60 亿立方米,风电、太阳能发电总装机容量将达到 12 亿千瓦以上。因此,应对全球气候变化是中国深度参与全球治理、打造人类命运共同体、推动全人类共同发展的责任担当。

要实现全球应对气候变化的目标,关键在于降低全球的碳排放量,这意味着高碳排放的煤炭等传统化石能源利用必须受到严格控制。构建低碳能源体系成为全球能源革命的重要目标,从而使包括水电在内的可再生能源发展获得了强劲动力。与此同时,燃煤导致雾霾、酸雨等大气污染危害日益严重,已成为我国政府和广大民众的共同关切,治理大气污染、促进中国高质量发展成为举国共识,从而进一步加剧了优化调整我国能源结构的紧迫性。因此,实现能源战略转型符合中国的切身利益,是我国可持续发展的根本性内在要求。

在国际国内资源环境的双重压力下,水电作为资源丰富、技术成熟、价格相对低廉的清洁可再生能源,成为我国大规模发展非化石能源、逐渐替代燃煤火电最为关键的选择之一,具有逻辑必然性和经济合理性。

二、 水电开发的大规模推进

水电开发的基本条件是拥有丰富的水能资源潜力,我国是世界水能资源最丰富的国家。据全国第四次水力资源复查成果,我国水能资源理论蕴藏量、技术可开发量、经济可开发量均居世界首位。其中,我国水力资源理论蕴藏量为 6.94 亿千瓦,年理论发电量为 6.08 万亿千瓦时;技术可开发装机容量为 5.42 亿千瓦,技术可开发年发电量为 2.47 万亿千瓦时;经济可开发装机容量为 4.02 亿千瓦,经济可开发年发电量为 1.75 万亿千瓦时。[1] 截至 2018 年底,全国水电装机容量 3.52 亿千瓦时,水电年发电量 12329.27 亿千瓦时,占全部发电量的 17.6%,[2]为风电和太阳能光伏发电量之和的 2.3 倍。水电开发规模按技术可开发装机容量、技术可开发年发电量分别达到 64.9%、49.9%,实现了跨越式发展。

在国家大力推进能源结构调整的战略决策下,"十二五"期间全国新增水电装机规模 1 亿多千瓦,相当于在此期间平均每年投产近一座三峡水电站规模[3],2018 年水电装机容量、年发电量分别占全国可再生能源装机容量规模、年发电量规模的 48%、66%,是目前我国效率最高、最经济的可再生能源。

我国水能资源主要分布在西部,剩余的尚未开发水能资源集中于开发难度较大的流域中上游峡谷段,这些地区主要是少数民族特别是藏族人口聚居的青藏高原地区。"十二五"时期,国家可再生能源发展规划提出了"建设十大千万千瓦级水电基地"的任务,其中的大渡河中上游、雅砻江中上游、金沙江上游、澜沧江上游、怒江上游、黄河上游、雅鲁藏布江七个水电基地均位于这一地区。国家能源局《水电发展"十三五"规划(2016—2020 年)》更进一步明确:到 2020 年基本建成长江上游、黄河上游、乌江、南盘江红水河、雅砻江、大渡河六大水电基地,总规模超过 1 亿千瓦。同时将着力打造藏东南"西电东

---

① 《中华人民共和国水力资源复查成果(2003 年)总报告》,中国电力出版社 2004 年版。

② 国家能源局:《2018 年度全国可再生能源发展监测报告》,国家能源局官方网站,见 http://zfxxgk.nea.gov.cn/auto87/201906/t20190610_3673.htm。

③ 三峡水电站初期装机规模 1820 万千瓦,地下电站装机规模 420 万千瓦,另有自备电源 10 万千瓦,全部装机规模为 2250 万千瓦。

送"接续能源基地。[①] 上述六大水电基地中,长江上游、黄河上游、雅砻江、大渡河四大基地的未开发梯级电站也位于青藏高原地区。根据国家能源战略规划,"十三五"期间水电发展的目标是"新增投产水电 6000 万千瓦",水电开发速度已有所放缓,但仍保持着平均每两年投产规模相当于一座三峡水电站的增速水平。

大力开发西部水电资源,扩大"西电东送"规模,建设国家清洁能源接续基地,实现可再生能源对化石能源的替代,是国家能源转型发展的中长期战略。按照"生态优先、统筹考虑、适度开发、确保底线"的原则,遵循"先移民后建设"开发方针,有序推进西部水能资源开发,是国家可再生能源发展的战略任务。同时,统筹国家清洁能源产业基地建设与民族地区经济发展的关系,使国家能源发展战略与当地经济社会发展规划目标相互衔接、协调发展,也是水电开发肩负的使命。要发挥市场机制对资源配置的决定性作用,把民族地区的资源优势转化为产业优势和经济优势,以水电投资带动偏远山区的交通和电力等基础设施建设投资,以高起点的移民新居建设改善农村居民生活条件,以电力扶贫促进贫困山区脱贫致富。总之,西部水电开发要承载带动民族地区经济社会发展的社会责任,这对于改变我国区域发展不协调、不平衡、不充分状况具有重要作用。

三、 新时期区域协调发展战略

党的十九大报告提出:"中国特色社会主义进入新时代,我国社会主要矛盾已经转化为人民日益增长的美好生活需要和不平衡不充分的发展之间的矛盾。我国社会生产力水平总体上显著提高,社会生产能力在很多方面进入世界前列,更加突出的问题是发展不平衡不充分,这已经成为满足人民日益增长的美好生活需要的主要制约因素"[②]。

---

① 国家能源局:《水电发展"十三五"规划(2016—2020 年)》,2016 年 11 月 29 日,见 www.nea.gov.cn/2016-11/29/c_135867663.htm。

② 习近平:《决胜全面建成小康社会 夺取新时代中国特色社会主义伟大胜利》,《人民日报》2017 年 10 月 28 日。

西部水能开发区大多是我国经济发展不充分的民族地区,包括原来的国家级深度贫困区"三区三州"的大部分,如西藏自治区、四省涉藏地区和四川凉山州、云南怒江州,即位于青藏高原核心地带及其边缘的"两区两州"。由于自然、历史等多方面复杂原因,当地经济社会发展相对滞后于其他地区,成为全国最大的集中连片贫困地区,表现为地区的工业化、城镇化和现代化水平不高,电力、交通通信等基础设施供给能力不足,制约着当地群众收入水平和生活水平的提高。总之,相对于我国其他地区,西部民族地区发展不平衡、不充分的矛盾更加突出,是国家精准扶贫战略实施的重点区域。

根据十九大报告的要求,要"实施区域协调发展战略。加大力度支持革命老区、民族地区、边疆地区、贫困地区加快发展,强化举措推进西部大开发形成新格局"。而加快青藏高原地区水能开发,将当地丰富的清洁能源资源优势转化为电力产业优势和经济优势,正是加快民族地区经济社会发展,改变我国目前区域发展不平衡、不充分现状的重要举措。通过大规模水能开发投资,在当地建设一批优质电力电源、输变电设备等基础设施,提高青藏高原地区电力供给保障水平,逐步使电力产业成为当地经济的支柱产业和当地财政税源,有利于改善青藏高原地区的基础设施投资环境,提高当地基本公共服务水平,通过电力扶贫,促进当地经济发展和人民生活水平提高。同时,根据2016年国务院发布的《贫困地区水电矿产资源开发资产收益扶贫改革试点方案》,对在贫困地区开发水电、矿产资源占用集体土地的,可以试行按原住居民集体股权方式进行补偿,探索对贫困人口实行资产收益扶持制度。瞄准建档立卡贫困户,将入股分红作为征地补偿的新方式,让贫困人口更多分享资源开发收益。在西部民族地区水电开发中,可以选择一些流域区段进行水电开发资产收益扶贫改革试点,让贫困户成为优先受益对象,实现资源扶贫。

第二节 研究价值和意义

本书所研究的青藏高原地区,是我国藏民族传统聚居的核心区域,主要包括西藏自治区,青海、四川、甘肃、云南四省涉藏地区的 10 个自治州、2 个藏族自治县,共 148 个县级行政单位。西藏和四省涉藏地区在地域上相连,与青藏高原的自然地理单元基本吻合,包括我国青藏高原腹地和边缘过渡地带。

对水电开发的区域经济影响国内外已有一些研究成果,但针对青藏高原地区水能开发特征的研究成果很少。青藏高原地区是较为特殊的敏感区域,在该地区进行大规模水能开发,面临着许多不同于其他地区的经济社会问题。对这些问题的妥善解决,不仅关系到我国能源战略调整目标的顺利实现,也关系到西藏和四省涉藏地区经济社会发展目标的达成,对偏远民族地区的长远发展、民族和谐与边疆稳固有重大影响。因此,深入研究青藏高原地区水电开发与区域经济发展的关系,研究如何以水电开发带动民族地区经济社会发展,促进经济社会发展目标顺利实现,具有重要的理论价值和现实意义。

一、 有利于促进水电开发与民族地区经济协调发展

水电开发建设和运行与水能资源所在地的区域经济发展密切关联。青藏高原地区是我国水能资源蕴藏量最丰富的地区,其中尤以西藏和四川涉藏地区更为突出。根据西藏自治区第三次水力资源普(复)查成果,西藏水力资源技术可开发量逾 1.7 亿千瓦,超过四川省居全国第一位。[①] 四川省水力资源技术可开发量约 1.2 亿千瓦,居全国第二,其中约 50%(含省界河段)位于涉藏州县。投资额巨大的能源基础设施建设工程,伴随着一系列交通、环保、移

---

① 刘明洪:《西藏水力资源技术可开发量居全国首位》,人民网,2016 年 6 月 19 日,见 http://xz.people.com.cn/n2/2016/0620/c138901-2853389.html。

民工程,将对民族地区的经济社会发展带来长远深刻的影响,其影响程度和方式与其他区域明显不同。

西藏和四省涉藏地区经济发展相对滞后,大多处于工业化初期阶段,缺乏发展现代产业的人才、资金和技术,高海拔缺氧环境以及高昂的交通运输成本导致实业投资风险上升,极大地制约了生产要素的市场化流动。由于当地经济规模基数小,增长潜力非常大。而水电开发建立在对流域梯级电站的大规模基础设施建设投资基础上,由经济实力雄厚的大型国有电力企业集团主导,建设周期长、投资金额大。规模庞大的电力基础设施建设投资,将在青藏高原地区建立现代化的清洁能源产业体系,并逐渐形成围绕电力生产供给的特色产业结构,从而促进当地加快工业化、城镇化和现代化步伐。

目前国内对上述方面的系统性研究比较欠缺,特别是对青藏高原地区水电开发区域经济影响的特殊性研究甚少。一方面,存在着忽视水电开发对区域经济发展的促进作用,片面夸大其负面影响的观点;另一方面,个别水电项目论证中也存在夸大投资乘数效应和就业带动作用的误区。对这两种片面性,都需要加以科学的论证和纠偏。此外,对水电开发的区域经济影响缺乏后期评估和持续性的跟踪研究。我们认为,水电开发的区域经济影响研究需要建立在科学的评价理论和模型方法基础上。特别是对于待开发水电站的可行性研究中,如何分析评估其建设期和长达30—50年的运行期间对西藏和四省涉藏地区经济的贡献作用,直接关系到其开发建设的必要性、合理性。只有科学地、客观地评价水电开发对经济发展的影响和作用,统筹协调水电开发与当地经济发展的关系,才能妥善解决青藏高原地区水电开发过程中出现的各方面问题,以水电开发切实带动和促进民族地区经济社会全面发展。

二、 有利于妥善解决民族地区水电开发面临的矛盾

根据全国第六次人口普查数据,地处青藏高原的西藏和四省涉藏地区共

有藏族人口 577.28 万人,占这一地区总人口的 68.6%。而水电开发点主要分布在偏远乡村,当地人口 95% 以上是藏族。由于青藏高原地区特殊的自然环境和生产生活方式、独特的传统文化和特色民居建筑、全民信教的浓厚宗教氛围和众多教派,以及实行的民族区域自治制度,水电开发必须适应当地的特殊环境,积极探索解决水电开发面临的新矛盾、新问题。通过深入涉藏地区调研,我们发现:在水电开发建设过程中,当地出现了许多迫切需要研究解决的问题,亟须通过深入研究加以解决。

(一)人地资源矛盾

青藏高原地区深居内陆高山峡谷地带,海拔高,地势险峻,气候寒冷,耕地资源稀缺,实行退耕还林和天然林保护工程后,当地适宜耕作的土地资源及后备资源极度匮乏,而水电开发要淹没大片河谷耕地,可能进一步加剧人地资源矛盾。当地以采集山林资源(虫草、松茸等)为主要收入来源的农村经济特征,相对封闭的社区环境、原生态文化和浓郁的民族习俗等社会文化特征,使农村移民外迁安置受到极大制约,在耕地稀缺、林草资源相对丰富的农牧混合区,如何保障水电移民搬迁后生产生活质量能在原有基础上得到提高……这些都需要深入涉藏地区进行调研,以全面了解当地水电开发面临的自然、经济、社会环境的特殊性,从经济学角度,使民族地区水电开发的移民成本和资源环境成本得到更全面、真实的价值反映。

(二)水电移民安置的特殊问题

目前我国水电工程移民安置规划依据的国家政策条例、设计规范中,几乎没有针对民族地区特殊性的任何具体规定,有些条款还与当地的现实脱节,如"农村移民坚持以农业安置为主""执行耕地占补平衡"的规定在高寒山区难以实现,以调剂或新开垦土地安置农村水电移民的传统方式受到极大挑战。此外,藏族传统民居、宗教设施具有特殊性,对其淹没影响的价值补偿缺乏标准,容易引发矛盾,这些都加大了西藏和涉藏地区移民安置补偿难度,甚至可能埋下冲突隐患,影响民族和谐与稳定。因此,只有根据当地移民安置的特殊性,制定适应民族地区生产生活特征的水电移民安置特殊政策和措施,提高水电工程建设征地与移民安置成本,才能切实保障民族地区经济社会的和谐稳定与长远发展。

(三)水电开发收益分配矛盾

水电开发利益主要包括资源收益、投资收益、税收收益三部分,分别体现为资源经济租、企业经营利润和政府财政收入。这三部分收益的合理分配关系目前还没有彻底厘清,水电开发税收涉及的各层级、平级行政区之间的分配政策还不健全,相关利益者难以合理分享开发收益。一方面,低价水电大量外输导致区域水能资源收益流失,资源收益从水电输出地向输入地无偿转移。另一方面,青藏高原地区跨省(自治区)的大型水电站较多,开发企业注册地的选择直接影响税收归属,加之界河两岸所在的省(自治区)税收优惠政策有所不同,导致围绕水电开发收益分配关系出现许多矛盾争执,往往需要多方反复沟通协商,只能采取“一站一策”的方式逐个解决。

对于各级地方政府,水电开发的收益来源是税收。水电开发过程中和建成投产后涉及较多税费,水电企业必须依法缴纳。这些税包括共享税、地方税。在分税制下,中央和地方分税,地方上省、市(州)、县也要分税。所以共享税不仅是中央和地方共享,省、市、县也要实行共享,从而形成了同一个税种在不同层级政府之间的纵向分配关系,以及界河两岸同级政府之间的税收横向分配关系。目前水电税收的纵向分配和横向分配政策尚不健全,界河两岸相邻区域围绕水电开发产生的利益分配矛盾较为突出。此外,部分水电企业注册地与生产地不符,导致税收征管与税源地分离,产生税收归属利益分配的矛盾争执。水电开发税收如何分配涉及现行财政体制,仅从水电开发的单一角度难以解决。此外,水资源税已在多省开展试点,由地方税务局按水电企业的发电量进行征收。如四川省水资源税率按 0.005 元/千瓦时标准执行(参见川府发〔2017〕67 号附件),这将为全国水电第一大省的四川省带来一笔较大的地方资源税收入,在全面实施"营改增",作为地方税主体的营业税萎缩后,资源税的地位将大幅度提高。

对于开发企业和股东,售电收入是其直接收益来源,售电收入取决于电价和发电量,其中电价按水电开发成本核定,而发电量主要取决于开发规模、有效利用水资源量(发电小时)。扣除各项成本(还贷成本、运营成本)后形成的利润属于全体股东即投资者,红利分配由全体股东大会决定。显然,上述水电投资收益中包括了水能资源收益,这部分水能资源开发权大多是无偿取得的,对这部分水能资源溢价收入和超额垄断利润该如何分享? 需要进一步研究。如果水电开发的移民成本、环保成本和资源成本上升,意味着水电价格的竞争性降低,水电投资的利润空间将缩小。

对于水电移民和开发区群众,水电开发可以改善当地的供电基础设施,对偏远地区的交通条件也有较大改善。这些严格来说,并不是水电"收益",而是水电开发带来的良好投资环境和发展机遇。至于水电移民安置补偿费、后扶基金,则是对移民淹没损失的对价补偿,也不属于新增收益范畴。根据财政部《大中型水库库区基金征收使用管理暂行办法》规定,该基金由财政部统筹,用于移民搬迁后 20 年的生活扶持。按照国务院 2006 年制定的全国统一标准,无论新老移民、水电移民还是水利移民都是 600 元/人·年,这些不应视为移民群众的新增收益。水电开发区移民群众的收益来源之一是参与电站工程的务工或经营活动。如直接参与运输、采砂石、库底清理等电站辅助工程以增加劳务性收入,或从事餐饮住宿、销售农副产品增加经营性收入,或出租住房、仓库增加资产性收入等。上述收益取得是以他们能够"直接参与"电站建设为前提条件的,存在较大的不确定性。当地群众普遍缺乏务工技能,经营意识和能力弱,与外界沟通甚至存在语言障碍,因此许多人无法参与其中。只有建立水电开发利益共享机制,才能让水电开发切实造福于当地群众,使为水电开发付出了巨大代价的广大移民群众能够分享开发收益,逐步提高他们的收入水平和生活水平。

因此,研究水电收益的合理分配原则,探索建立水电开发利益共享机制,有利于促进水电开发成果更多地向资源地倾斜,更大程度上惠及广大移民群体,从而带动西藏和四省涉藏地区群众脱贫致富,缩小社会收入差距。

三、 有利于青藏高原地区的生态屏障建设

青藏高原是世界的"第三极",是中国长江、黄河、澜沧江的发源地,有"中华水塔"之称。青藏高原的生态环境保护受到世界关注,在国家生态屏障建设中的独特地位和巨大作用无可替代。而水电开发区大多是环境污染较小、地质条件复杂的地区,其生态系统敏感度较高、稳定性较差,生态环境的脆弱性不容忽视。如雅鲁藏布江中游河谷两岸已出现不同程度的沙化现象,属于国家级水土流失重点预防区,也是西藏自治区的水土流失重点治理区。由于高寒地带生态系统的自我调节和修复能力很弱,一旦人为的工程干扰超过其自然承受限度后,原有的生态功能将难以恢复,造成不可逆转的永久性损害。因此保护青藏高原地区的自然环境、维护生态平衡是水电开发的基本前提。一方面,水电开发必须严守生态红线,权衡水电开发的整体生态效益与局部生态影响的利弊得失,重新审视多年前规划的流域水电开发方案,坚决摒弃在生态敏感区内的"过激性"规划项目。同时从水电工程经济的角度,研究提高西藏和涉藏州县水电开发的环保工程资金投入比重,使其达到或超过青藏铁路的环保投资力度,等等。另一方面,通过水电开发形成水库,可以增加大量的人工湿地,抬升地下水位,调节小气候,增加干旱地区的空气湿度,有利于青藏高原地区植物生长和植被恢复,涵养水源。同时,通过水电开发实现对燃煤、燃油发电的替代,可以减少温室气体和污染物排放,"以电代柴"减少当地林木资源消耗,提高农牧民的生

活水平。因此研究青藏高原地区水电开发对于降低水电开发带来的局部生态环境不利影响,促进青藏高原生态环境保护、巩固国家生态屏障建设成果意义重大。

四、 有利于充实完善区域经济学理论和方法

本课题运用区域增长理论、区域分工理论、区域投入产出理论和方法,考察分析国家重大能源建设与项目实施对区域经济增长、财政资金积累、产业结构变化的关系,是对现有的区域经济学研究理论和研究方法的拓展,有利于充实现有的区域经济学学科研究体系。传统的工程经济学从建设工程的投资成本—收益角度,分析建设项目的资本现金流、资本收益率、投资回收期等财务指标,进而论证评估单个项目建设的经济可行性、市场风险性,其研究局限于某一具体项目对投资企业所带来的影响。而区域经济研究通常将来自于宏观层面的建设投资项目视为区域发展的外生变量(exogenous variable)或输入变量,很少将其作为区域内生变量,来考察研究二者融合发展的内在机理及其互动关系,往往造成二者之间关系松散甚至彼此分离,导致出现"二元经济结构"特征①,引发区域经济运行系统的割裂,既不利于国家重大项目建设取得预期成效,也难以促进区域经济协调发展。这与传统的区域经济影响研究理论和方法的欠缺有关。

本项研究涉及区域经济学、产业经济学、投资经济学、福利经济学等学科理论和方法,将综合运用外部性理论、利益相关者理论、帕累托最优理论、投入产出理论、公共政策理论、民族区域自治理论等,分析高海拔、高寒地区水电开发的区域经济社会的作用和影响,提出完善水电开发区域经济影响评价的理

---

① "二元经济结构"的概念最早是由英国经济学家刘易斯(W.A.Lewis)1954 年提出的,指发展中国家并存着落后的传统农业经济与现代城市工业两种经济体系。在我国,20 世纪 60 年代大量沿海工业迁往西部"三线"地区,这些"三线企业"长期脱离地方经济的发展,呈现为彼此分割的孤立发展状态,研究学者也称其为"二元经济结构"特征。

论基础、原则、内容和方法,构建区域经济影响评价框架、指标体系,充实弥补现有相关理论研究的不足,更好地发挥区域经济学理论对国家重大基础设施建设布局决策的指导作用。

本项研究力求对水电开发与区域经济发展的关系和作用进行全面科学分析,对其积极作用与负面影响既不夸大,也不缩小;既研究其直接贡献,也分析间接影响,既肯定其有利作用,也反映其不利影响。通过研究针对藏族移民群众的特殊补偿,在水电投资概算中增加移民安置特殊补偿投资项目,使水电开发产生的外部成本内部化,以期对民族地区水电移民安置相关政策的制订产生决策影响和应用价值。

第三节　研究的主要内容及特色

一、 主要内容

本课题的主要研究内容包括以下几部分:

一是研究基础部分。包括基本概念、基础理论、国内外研究现状、国内外实践总结。

二是模型方法部分。包括国外能源—经济关系模型、能源项目区域经济影响模型、我国大型水电工程的经济影响评价模型。构建适用于西藏和四省涉藏州县水电开发的区域经济影响评价模型、参数指标体系,以及水电开发区域经济影响度理论和分析框架。

三是实证与对策部分。包括青藏高原地区的水能资源及其开发现状、西藏和四省涉藏州县水电投资环境的特殊性、水电开发的区域经济增长效应、水电开发的区域收益效应、水电开发投资结构、水电移民安置特殊投资等核心内容。结合西藏和四省涉藏州县水电开发的大量实证案例、实地考察图文、数据图表进行分析论证,提出解决问题的政策思路。

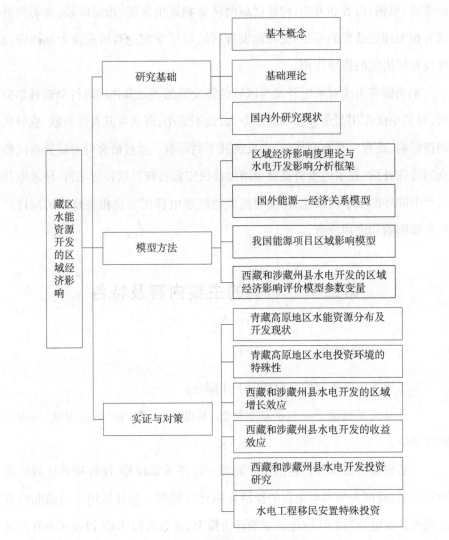

图 1-1 研究内容框架示意图

二、主要特色

(一)在高海拔民族地区深入调研

青藏高原地区大多位于高海拔、高寒地区,关于这一地区水能开发的现有研究资料非常有限。而当地水能开发的进程和现状,以及水电开发区所面临的经济、社会、生态特征,是本书研究的基础和起点。作为应用经济学项目,实地调研充分获取第一手资料至关重要。

本课题研究对象位于青藏高原高山峡谷中,流域上游地区海拔普遍超过3500 米。实地调研面临着地理位置偏远、道路交通不便、路途艰险等特殊困难,尤其是高原缺氧令人"望而生畏"。课题组成员在严重缺氧、交通不便的"世界屋脊"青藏高原,数次往返于西藏和青海、四川、云南、甘肃四省涉藏地区,深入水电开发流域进行调研,考察足迹遍及西藏雅鲁藏布江中下游、青海黄河上游、川滇藏交界的金沙江中上游、澜沧江上游、怒江,以及四川雅砻江流域、大渡河流域,并选择其中的部分大型水电开发项目和所在地区作为典型案例,进行考察和后期跟踪,充分了解上述流域区水电开发投资环境、开发进程,以及部分电站所在自治州、市(县)的经济社会发展情况,特别是在水电站建设期间、投产运行期间当地经济社会的变化特点、移民安置补偿方式及效果等,掌握了西藏和四省涉藏地区水电开发实践的大量翔实数据,获得了"世界屋脊"大部分水电开发流域和 10 个藏族自治州珍贵的第一手资料及考察图片。

在雅鲁藏布江流域,我们从拉萨市出发,顺雅鲁藏布江中游河谷而下,经贡嘎、乃东、桑日、加查、朗县、米林,到达林芝市区,然后从林芝市巴宜区,向南到达派镇临近雅鲁藏布江大峡谷的直白村。再向北经波密、八宿、左贡、芒康四县,横跨怒江、澜沧江、金沙江"三江"上游最危险的路段,进入四川涉藏州县。为了考察黄河上游水电开发区,我们"兵分两路",一路从四川省阿坝藏族羌族自治州出发,经甘肃甘南藏族自治州的玛曲县、碌曲县、合作市、夏河县,进入青海省的黄南藏族自治州、海南藏族自治州,沿着黄河上游干流,先后考察了李家峡电站、拉西瓦电站、尼那电站库区和坎布拉水电移民安置点。在黄河上游水电开发最集中,也是迄今青藏高原地区水电装机规模最大的拉西瓦水电站所在地青海省海南州,对共和县、贵德县的经济社会发展、移民安置情况进行了调研。另一路从青海省西宁市出发,经海南藏族自治州进入果洛藏族自治州、玉树藏族自治州,分别考察了龙羊峡水电站,黄河源水电站、扎陵湖与鄂陵湖自然保护区、玉树三江源自然保护区。在四川、云南,课题组沿着雅砻江、大渡河、金沙江中上游、怒江干流、澜沧江干流河谷,逆流而上考察,深入泸定、长河坝、两河口、双江口等水电站开发区和移民安置区调研,积累了涉藏地区水电开发的丰富案例,为研究奠定了坚实基础。

(二)点线面相结合

青藏高原地区水电开发流域多,涉及的区域范围广,各地自然经济社会发展现状存在差异,因此水电开发带来的经济社会影响也会有所不同。为此,我们运用了点线面相结合的方法进行研究,即在青藏高原地区的不同流域分别选择水电站作为案例"点",以所影响的不同行政层级范围——省(自治区)级、自治州、县(市)作为典型区域"面",分析水电开发带来的区域经济影响程度,包括增长效应、收入效应和分配关系等。同时,选择水电开发较集中的行政区,结合其所辖范围内的水电开发流域"线"状情况,分析水电开发不同阶段带来的区域经济影响变化及其趋势。

(三)横向比较与纵向分析相结合

水电开发的经济影响涉及流域区与行政区的空间交织。对于流域水电开发而言,涉及不同行政层级的区域范围。一方面,我们以流域水电开发的特定时间段为节点,横向比较研究不同区域水电开发的经济影响和移民安置补偿投资。另一方面,我们又以某一特定的行政区域范围(自治州、市县)为空间范本,纵向分析不同时期各流域水电开发的综合影响,特别是在水电建设期、投产运营期两个不同阶段对区域经济的不同影响特征。

(四)定性分析与定量研究相结合

本书运用区域经济学、投资经济学、产业经济学、福利经济学的一些理论和方法,借鉴国内外对重大能源项目区域影响评价的现有研究成果,提出了水电开发的区域经济影响度理论和研究框架体系。同时,运用投入产出模型,对青藏高原地区水电开发的区域经济增长效应、收入效应进行定量测算。并运用实证分析法,利用向量误差修正模型(VECM)和脉冲响应模型,构建了能源建设投资与区域经济增长关系的定量分析模型。此外,还运用有无对比法,对当地典型水电站建设期、投产运营期前后对所在区域经济社会发展变化进行动态对比研究。

三、 主要建树

第一,系统梳理和概括了青藏高原地区重点江河流域的水能资源及其开发进程,积累掌握了这一地区水电开发的大量案例和翔实资料,为深入研究我国民族地区能源水电开发与区域经济发展的关系奠定了基础。

第二,构建了青藏高原地区水电开发区域经济影响研究的框架体系、评价模型和评价方法,提出并测算了水电投入产出模型的特殊参数变量。

第三,运用本研究建立的水电开发投入产出模型,对西藏、青海和四川涉藏地区部分大型水电项目的区域经济增长效应进行评价,分析论述了不同层级行政区域所受水电开发影响的范围、程度。

第四,运用案例分析法、实证分析法,以特定的时间空间截面数据,分析论证了青藏高原地区水电开发与地区经济增长,水电投资、投产运营与地方公共财政预算收入增长之间的关系。

第五,对水电开发的资源收益、投资收益和税收收益进行研究,提出了基于利益相关者理论的水电开发利益分配原则,以及利用资源收益开展水电开发利益共享机制试点的政策建议。

第六,研究了青藏高原地区水电开发投资环境、水电投资结构的特殊性,以及水电移民安置的特殊性。这些特殊性因素相互交织、共同作用,不仅深刻地影响水电开发的工程设计、施工方案、造价成本、上网电价等水电开发技术层面,还将直接影响到国家现行的水电开发政策执行层面。本书从投资经济学的独特视角,对农村土地征收征用、水电移民生产安置、生活补偿等现有政策进行研究,提出了进一步完善民族地区水电移民安置补偿政策措施,促进民族地区社会稳定和长远发展,以及现行水电开发体制机制和政策创新的对策建议。

第七,水电移民问题是一道世界性难题,我国政府对水电移民安置问题一直高度重视。国内外对水电移民问题的研究著述可谓浩如烟海,但大多是基于社会学、民族学的研究视角,而基于经济学的分析,即把移民问题的解决纳入水电开发成本及收益分配范畴的较少。迄今国家尚无针对少数民族地区移民的特殊补偿政策规范,这固然与西部水电开发流域区民族经济的复杂性有关,也与理论研究的滞后性有一定关系。本书并非将移民纳入水电开发的区域经济影响范畴,而是基于投资成本的经济学视角,围绕高海拔民族地区农村移民安置的特殊性,从补偿项目、补偿方式、补偿标准切入,将这部分移民安置的特殊投资全盘纳入水电开发成本中,并与水电开发收益分配结合起来,用电站每年的发电收益对失地农村移民实行逐年的、长期性补偿。由此可能带来的电站造价成本上升和财务利润指标下降,可以通过优化水电工程设计等方式解决,从而使水电开发成本能够更全面、更充实地反映真实的社会成本,并以此重新评估待开发水电项目的经济合理性,停止暂不具备经济性的项目建设。

水电移民安置补偿本质上是水电开发成本问题,可以用未来水电站的发电收益对失地农村移民进行长期性补偿,按市场原则解决水电的社会成本,是化解水电移民社会矛盾的重要经济手段。一方面可以缓解高海拔地区水电开发前期投资成本过高的问题;另一方面能更好地保障农村移民的长远生计,有利于建立水电开发利益共享机制。

四、 存在的不足

第一,青藏高原是我国重要的生态屏障,审慎处理当地水电开发与当地生态环境保护之间的关系,坚持生态保护的原则至关重要。本项研究对青藏高原地区生态环境的特殊性、水电工程中的"环境保护和水土保持工程"专项投资进行了分析阐述,但没有就此展开更深入的系统性研究。后期可结合该地区水电开发对当地生态环境的具体影响因素进行深化。

第二,民族地区的经济发展是经济增长不断积累的长期过程,电力等基础设施投资拉动的影响作用需要通过更长的时间周期来考察。尽管本研究在时间上纵跨国家"十二五"和"十三五"规划期,包括了水电建设投资期、投产发电期两个阶段,时间跨度长达10年甚至更长时间。空间上纵跨省(自治区)、自治州、县(市)三级行政区,总体上课题研究的时空跨度非常大,难度也显而易见。但限于主客观的多方面原因,我们仍然感到难以把握水电开发对青藏高原地区发展的长期影响趋势。特别是近年地方经济增长波动剧烈,除了受到宏观经济下行周期的影响,其中水电投资的不稳定性也是重要的叠加因素。对这种不稳定性需要保持长期持续的跟踪研究,才能把握长期趋势,并制定更有效的应对措施。

第二章　研究基础

第一节　基本概念

为了使本书的研究对象更加明确,首先需要清晰界定其中几个关键词的内涵和外延,涉及民族学、社会学和水力工程学的概念。

一、青藏高原地区

20世纪中叶,著名地理历史学家徐尔灏、任乃强、陈史坚等先后提出了"青康藏高原"概念,其范围包括北部的昆仑山—祁连山,南部的喜马拉雅山,西部的喀喇昆仑山以及东部的横断山,除西北部分以外,主体轮廓与现在的青藏高原空间范围相近。近年地理学家研究认为,青藏高原南起喜马拉雅山脉南缘,与印度、尼泊尔、不丹毗邻;北至昆仑山、阿尔金山和祁连山北缘;西部为帕米尔高原和喀喇昆仑山脉,与吉尔吉斯斯坦、塔吉克斯坦、阿富汗、巴基斯坦和克什米尔地区接壤;东部以玉龙雪山、大雪山、夹金山、邛崃山及岷山的南麓或东麓为界;青藏高原的东北部与秦岭山脉西段和黄土高原相衔接。[1] 我国境内部分西起帕米尔高原,东至横断山脉,南自喜马拉雅山脉南缘,北迄昆仑

---

① 郑度、张荣祖、杨勤业:《试论青藏高原的自然地带》,《地理学报》1979年第34期。

山—祁连山北侧。①

本书所称的"青藏高原地区"特指本研究的区域范围,即"水能开发"范围和"区域经济影响"范围,它是一个民族地理学概念,即我国民族学研究中所称的"涉藏地区"范围,也就是西藏自治区和四省涉藏地区。根据我国藏学家的研究界定,"涉藏地区"是特指我国藏民族集中分布的聚居区,这些地区在地域上具有连续性,并与青藏高原的地理界线基本吻合。② 它泛指包括藏、青、甘、川、滇五个省(区)内的藏族自治地方,还包括五省(区)内藏族自治州、自治县以外地区的一些藏族聚居区和藏族乡。③ 按照上述观点,青藏高原地区的行政区边界是比较模糊的。

《中华人民共和国民族区域自治法》(2001 年修订)第二条规定:"各少数民族聚居的地方实行区域自治。民族自治地方分为自治区、自治州、自治县。各民族自治地方都是中华人民共和国不可分离的部分。"按照这一规定,藏族自治区域具有明确的行政区范围,是涵盖藏族自治区、自治州、自治县,但不涵盖上述区域外的藏族乡的行政区域。

为了使本项研究的区域指向更加明确,我们首先根据《中华人民共和国民族区域自治法》的有关规定,对本书所称的"青藏高原地区"界定一个较为清晰的行政区边界范围。

(一)行政区范围

有研究认为,我国境内的青藏高原行政区范围,涉及西部 6 省(区)的201 个县市,即西藏自治区和青海省全部、云南省迪庆藏族自治州,四川省甘孜藏族自治州、阿坝藏族羌族自治州、木里藏族自治县,甘肃省甘南藏族

---

① 张镱锂、李炳元、郑度:《论青藏高原范围与面积》,《地理研究》2002 年第 1 期。
② 刘峰贵:《中国藏区区域划分的若干问题》,《青海民族学院学报(社会科学版)》2000 年第 3 期,第 120 页。
③ 旺秀才丹:《藏族文化常识 300 题》,甘肃民族出版社 2009 年版,第 14 页。

自治州、天祝藏族自治县。此外,还包括甘肃省张掖、酒泉的3个自治县(肃北蒙古族自治县、阿克塞哈萨克族自治县、肃南裕固族自治县),以及新疆南缘的巴音郭楞蒙古自治州、和田地区、喀什地区和克孜勒苏柯尔克孜自治州等12个县的部分地区。① 显然,上述甘肃、新疆15个县不属于藏族自治地方,也不是我国水能资源重点开发地区,因此没有纳入本书的研究范围。

关于青海涉藏地区的界定学界存在一定分歧。部分学者将整个青海省纳入"涉藏地区",如李含琳(2010)认为,我国藏族聚居区包括西藏自治区、青海省、甘南藏族自治州、阿坝藏族羌族自治州、甘孜藏族自治州、迪庆藏族自治州等,简称"两省区四州"。② 而按照何景熙、旺秀才丹等大多数学者的观点,青海涉藏地区仅指该省的6个藏族自治州,不含西宁市和海东市。

本书借鉴后一种划分概念,按照民族地区"自治区、自治州、自治县"三级行政区的划分思路,将青藏高原地区的行政区范围界定为:西藏自治区全部,青海省的果洛、玉树、海西、海北、黄南、海南6个藏族自治州,甘肃省的甘南藏族自治州,四川省的甘孜藏族自治州、阿坝藏族羌族自治州,云南省的迪庆藏族自治州,此外,还包括四川省凉山彝族自治州的木里藏族自治县、甘肃省武威市的天祝藏族自治县。上述"一区十州两县"在地域上相互连接,与青藏高原的自然地理单元基本吻合,处于青藏高原腹地和东部边缘过渡地带。

(二)西藏和四省涉藏地区

我国五省(区)的藏族自治地区,历史上曾有"康、青、卫、藏、阿里"五区之分,即康巴、(青海)安多、卫藏(前藏)、后藏和阿里,称为五大藏区。通常将西藏自治区外的藏区称为"四省涉藏地区"(或"四省涉藏州县"),即青海涉藏地区、四川涉藏地区、甘肃涉藏地区和云南涉藏地区。长期以来,我国在区域

---

① 张镱锂、李炳元、郑度:《论青藏高原范围与面积》,《地理研究》2002年第1期。

② 李含琳:《中国藏族聚居区人口与经济协调发展水平评价》,《青海民族大学学报(教育科学版)》2010年第1期。

划分中习惯将青海省、甘肃省划为西北地区,将西藏、四川和云南划为西南地区,这种划分容易忽略青藏高原整体在自然地理条件、生态环境方面的完整性、连续性,以及社会经济方面的相关性、同质性。事实上,西藏和四省涉藏地区相互毗邻,在空间地理上构成一个连续的完整区域。其中,四川涉藏地区北连甘南、青海,南接迪庆,西邻西藏,是我国西部藏、羌、彝等多民族交流的经济文化走廊和联结枢纽。

新中国成立后,中央政府依据我国民族区域自治法的相关规定,在川、藏、青、甘、滇五省(区)先后建立了各级藏族自治行政区。其中,1951年西藏和平解放后,由原西藏地方政府噶厦执政,1956年设立西藏自治区筹委会,1965年正式成立西藏自治区。青海省1951—1954年间先后设立了玉树、海南、黄南、海北、海西、果洛等6个藏族自治州。[①] 四川省于1950年、1953年先后设立了甘孜、阿坝两个藏族自治州和木里藏族自治县。[②] 而甘肃的天祝藏族自治县和甘南藏族自治州分别设立于1950年和1953年;云南迪庆藏族自治州则设立于1957年。到目前为止,全国共设有1个藏族自治区、10个藏族自治州、2个藏族自治县,共计148个县级行政单位,总面积230万平方公里,约占全国国土总面积的24%,西藏和四省涉藏地区面积分布见图2-1。

(三)"三区三州"与青藏高原地区

"三区三州"是国家层面的深度贫困地区。"三区"是指西藏自治区、新疆南疆四地州和青川甘滇四省涉藏地区,"三州"是指甘肃的临夏州、四川的凉山州和云南的怒江州,均是我国西部少数民族地区。近年来国务院扶贫办、国家旅游局、农业农村部先后在"三区三州"深度实施产业扶贫对接,从国家层

---

① 海西州全称为海西藏族蒙古族自治州。
② 1952年阿坝称为四川藏族自治区,1955年更名为阿坝藏族自治州,1987年更名为阿坝藏族羌族自治州。

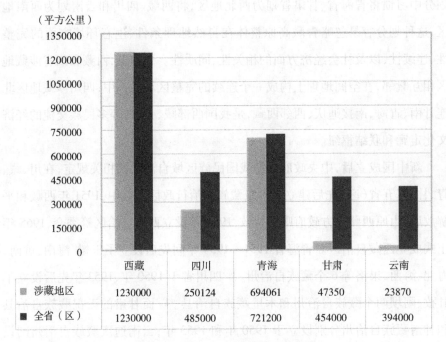

（平方公里）

	西藏	四川	青海	甘肃	云南
涉藏地区	1230000	250124	694061	47350	23870
全省（区）	1230000	485000	721200	454000	394000

图 2-1　西藏和四省涉藏地区面积①

面全面展开"三区三区"脱贫攻坚战，并取得了显著成效。

　　青藏高原地区包含"三区三州"中的"两区"，即西藏自治区、青川甘滇四省涉藏地区，加上四川凉山州、云南怒江州"两州"，都是我国水能资源最丰富的地区，也是我国藏族、彝族和傈僳族人口聚居区。上述"两区两州"都处于国家大型水电基地工程建设的大范围内，除怒江流域外，大部分水能资源已经或正在大规模开发建设过程中。

二、 水能开发

　　是指利用河流的天然落差势能即水能资源，通过建设水电站进行发电的

---

　　① 西藏自治区面积数据参见《西藏自治区地图册》（中国地图出版社 2013 年版），其他数据参见各省统计年鉴。

经济活动,简称水电开发,包括水电站建设和水电站运行两个阶段。前者称为水电开发工程(项目),后者称为水电生产,包括发电、输电、供电整个水电产业链。因此水能开发既是区域能源基础设施的建设过程,也是区域重要的基础产业和生产要素形成过程。

按照开发方式的不同,水电开发可以分为坝式开发、引水式开发和混合式开发三种。

所谓坝式开发是在河流上建造拦河坝,将大坝上游的河流落差集中起来使用,使坝前水位抬高,在大坝上下游形成水头差,直接供给电站发电。坝式开发的水头取决于坝高,坝越高发电动能作用越大。坝式开发水能利用程度较高,综合效益较大,除了具有发电、改善航运的经济效益外,防洪减灾的社会效益也较大。[①] 但是,拦河水坝建成后大量蓄水迫使上游水位抬高,造成库区两岸土地和建筑物淹没,因此坝式开发特别是高坝开发通常导致大量移民搬迁。当上游有大片农田、居民点、重要的工矿企业、交通线路时,就必须限制水坝的高度,甚至放弃这种开发方式,以避免造成过大的淹没损失和社会影响。

引水式开发,是指在河道坡度陡峻或急拐弯的山区,修建引水工程将水流的落差集中进行发电。这种方式通过人工建造的引水道(渠道或隧洞),将河水引至河段末端,使引水道与河道下游水位之间形成水头差,再经高压管道引水至电站厂房发电。引水式开发的优势是工程量较小,同样装机规模容量的造价低、淹没损失小。但引水式开发面临的最大问题是:造成从引水道至电站出水口的河道水量剧减,甚至出现季节性干涸河道,影响河流生态环境和河流自然景观。

第三种为混合式开发,是将上述两种方式相结合,在一座水电站建设中采取部分筑坝、部分引水的开发方式,从而兼有两种方式的优点。

根据水电站运行方式的不同,还可分为常规水电站和抽水蓄能电站。

---

① 李仲奎等:《水力发电建筑物》,清华大学出版社 2007 年版。

常规水电站又分为径流式电站和调节式电站两种类型。径流式电站没有调节水库,只能根据河流自然来水量的多少进行发电,发电量的季节性较强,表现为"夏丰冬枯",夏季丰水期要弃水,冬季发电量又不足。而调节式电站则可利用水库对发电量进行调节,分为日调节、季调节、年调节和多年调节,其中具有年调节和多年调节性能的大型电站,可以对下游所有的梯级电站水量进行丰枯调节,以均衡不同时段、不同季节、不同年份的水力发电量,使其具有稳定的发电能力,从而更充分地利用水能资源。因此多年调节性水电站是流域水电开发中最关键的骨干电站,其装机规模大、开发成本高,经济价值也很高。目前西部正在建设的常规水电站中,不乏具有多年调节优越性能的大型电站,如四川雅砻江的两河口水电站、大渡河双江口水电站等。

抽水蓄能电站是通过抽水抬高水位,存蓄水量,把能量集中起来,再利用这些存蓄的水进行发电的电站。由于抽水本身需要消耗电能,通常是利用系统负荷较低时的富余电量进行,因此抽水蓄能电站适用于电力调峰需求量较大的东部地区,如广东、江苏、北京等地。而在西部目前尚不存在这种水电站类型。

三、 水电（库）移民

水电移民是指在水电工程建设中,因修建水电站和形成水库淹没区而引起的较大数量的、有组织的人口迁移活动,具有非自愿性质,且涉及社会、经济、生态环境等诸多方面。中央民族大学课题组(2009)将我国少数民族地区水电移民定义为:少数民族地区受水电项目建设拆迁、征地和其他消极影响,其土地资源因受水电建设影响而退化的各民族人群,包括当地汉族移民。[①]由于大型水利灌溉工程也需要修建水库,且具有一定的发电功能,因此水电移民也被纳入"水库移民"范畴,统称"水利水电移民"。据研究统计,我国因各

---

① 丁宏等:《中国少数民族地区水电建设移民安置补偿补助体系研究报告节选》,《共识》2009 年春刊第 1 期。

类工程建设而产生的移民超过 4000 万,其中水利水电工程移民约 1500 万,仅三峡水电站移民便多达百万之巨。①

水电移民不仅包括水库淹没线以下影响区的迁移人口,还包括淹没线以上影响区的部分人口,对这部分家庭、企事业单位的土地及其附属设施等全部或部分被水电工程占用、征用的,需要根据国务院《大中型水利水电工程建设征地补偿和移民安置条例》(2017 年修订)进行生产安置和搬迁补偿。作为非自愿移民的一种典型类型,水电移民涉及电站建设淹没区与安置区、移民与非移民的切身利益,还关系到当地的社会稳定。

第二节 理论基础

水电开发的区域经济影响研究建立在区域增长理论、产业关联理论、投资乘数理论,以及福利经济学等理论基础上。

一、 区域增长理论

区域增长理论分为均衡增长理论和不均衡增长理论。

区域均衡增长理论认为,不发达地区存在着生产和消费的低水平均衡状态,要改变这些区域的发展现状,就必须打破原有的均衡,使整个区域经济全面增长。如罗森斯坦·罗丹(Paul Rosenstein-Rodan)提出的"大推进理论"(The theory of the big-push),主张发展中国家和地区在投资上以一定的速度和规模持续作用于各产业,对各部门同时进行大规模投资,以促进这些部门普遍增长,从而推进区域经济高速增长和各产业均衡发展。该理论强调均衡、大规模的投资和有效配置稀缺资源的重要性,为欠发达国家和地区的工业化和区域开发提供了理论模式。但由于欠发达地区普遍受制于开发资金不足,导

---

① 段跃芳:《关于水库移民补偿问题的探讨》,《三峡大学学报(自然科学版)》2004 年第 3 期。

致均衡发展模式难以实现。

不均衡增长理论则主张,在欠发达地区经济发展的初期阶段,首先应该发展少数部门和个别地区,并依靠这些产业和区域的发展来带动整体发展。如佩鲁的"增长极理论"认为,增长并非同时存在于各部门,而是以不同的强度首先出现在一些增长部门,然后通过不同渠道向外扩散,并对整个区域经济产生不同的终极影响。这里的"增长极"有两层含义,一是经济上的主导产业部门,二是地理上具有区位优势和辐射能力的区域。"点一轴"理论是增长极理论的扩展,即认为增长极不仅存在于呈点状分布的区域,而且存在于呈带状分布的骨干交通干线,因此欠发达地区应采取点轴结合的不均衡发展战略。此外,缪尔达尔的"回流效应"和"扩散效应"、阿尔伯特·赫希曼的"极化效应"和"涓滴效应"等学说,都是区域不均衡增长理论的代表。"回流效应"和"极化效应"均指欠发达地区的生产要素向发达地区流动,从而导致区域发展不平衡的现象,而"扩散效应"和"涓滴效应"则是发达地区由于生产成本上升、资本过剩、自然资源不足等原因,使资本、劳动力和技术向欠发达地区转移,对欠发达地区投资或者向其购买商品,从而为欠发达地区带来发展机会,有利于促进其经济增长。随着发达地区的先进技术、管理方式、思想观念等向欠发达地区"涓滴",将对当地经济发展和社会进步产生多方面的推动作用,有利于逐步缩小区域差异,实现均衡发展。

基于上述区域增长理论,水电开发投资通过为我国西部经济欠发达区域输入资金、技术、管理等发展要素,产生区域"扩散效应"和"涓滴效应",可以促进民族地区的经济增长。通过发展电力部门和清洁能源基地,依靠优势能源产业作为支柱产业,培育经济增长极,来促进整体经济发展。

二、 可持续发展理论

1978 年联合国世界环境与发展委员会(WCED)在《我们共同的未来》中,首次提出了"可持续发展"(Sustainable Development)的理念,并将可持续发展定义为：既满足当代人的需要，又不对后代人满足其需要的能力构成危害的发展。① 这一概念的核心是：健康的经济发展应建立在可持续生存能力、社会公正和人民积极参与自身发展决策的基础上。也就是既要发展经济，又要保护资源和生态环境，不对后代人的生存和发展构成威胁。因此衡量可持续发展包括经济、环境和社会三方面的指标，缺一不可。②

可持续发展理论的基本内涵包括：

（1）发展的公平性。一是代际公平性，即当代人的发展不能以损害后代人的发展能力为代价。二是地区公平性，一国或一个区域的发展不能以损害别国或其他区域的发展为代价。

（2）发展的协调性。强调资源、环境、经济、社会各系统之间的整体协调发展。它并不否定区域经济增长的意义，而是指出过度消耗自然资源的传统粗放型经济增长方式必须改变，任何以牺牲生态环境为代价换取经济发展都是不可持续的。

（3）发展的高效性。可持续发展是兼顾公平与效率的发展方式，它强调以尽可能少的自然资源消耗，来换取人类生活水平的最大限度的可持续提高，因此可持续发展是人口、经济、社会、资源、环境各要素相互协调的整体高效发展，包含着经济学的效率和资源与环境损益的成分。

可持续发展理论是水电合理开发的重要理论基础。由联合国教科文组织国际水电计划赞助的国际水电协会（Internet Hydropower Association，简称IHA），为了推进水电的可持续性发展和提升水电的贡献，于 2006 年 8 月公布了《水电可持续发展指南》（*Hydropower Sustainability Gaidelines*）及《水电可持续性评价规范》（*Hydropower Sustainability Assessment Protocol*）。IHA 认为，水电是重要的可再生能源，在实现可持续发展目标的进程中，发挥着越来越重要

① 可持续发展的概念最早由挪威首相布伦特兰夫人（G.H.Brundtland）提出，并受到了联合国及各国的认可，因此也被称为布伦特兰定义。

② 张培刚等：《发展经济学》，北京大学出版社 2009 年版，第 13 页。

的作用。如果水电以可持续方式建设和运行,能够为解决 21 世纪全球面临的一些严峻挑战发挥重要作用。为此,IHA 将《水电可持续发展指南》和《水电可持续性评价规范》作为水电开发遵循的行业自律性基本准则,以促进水电在全球范围内的健康发展。国家或地区政府在制定能源发展战略时,有责任对能源方案作出评价,政府或项目发起人应运用水电可持续性标准,对不同开发方案进行比较,以便选出使环境、社会、经济效益最大化的方案,同时,能在规划阶段预先排除不符合可持续要求的方案。水电项目方案的选择(即比选水电项目方案)应采用的主要标准,包括对已建项目的升级改造优先、已开发流域的项目优先、能最大限度减少移民的项目优先。①

三、 投入产出与产业关联理论

投入产出分析法是美国经济学家列昂替夫(W.Leontief)于 20 世纪 30 年代首先提出来的一种数量经济分析方法。他通过编制美国 1919 年和 1929 年的投入产出表进行分析,并于 1936 年发表了《美国经济体系的投入产出数量关系》一文,标志着投入产出分析法的诞生。1968 年联合国颁布修订的 SNA(国民经济账户体系)核算体系吸纳了投入产出分析法,列昂替夫也因创立该理论于 1973 年荣获诺贝尔经济学奖。通过近一个世纪的发展,投入产出分析法已经成为世界各国广泛应用的一种数量分析法,也是经济分析预测的一种重要方法。

所谓投入,是指产品生产过程中所需要的原料、辅助材料、燃料、动力、服务、固定资产折旧以及劳动报酬等的价值量;所谓产出,指的是各个部门产品生产的价值总量。投入产出分析法用于研究经济系统各部分(作为生产单位或消费单位)间投入与产出的相互依存关系。② 而建立在投入产出模型基础上,运用部门影响力系数和感应度系数作为产业波及效果分析工具的理论,被

---

① 王金国:《水电可持续发展评价指标体系研究》,西南交通大学出版社 2011 年版。
② 蒋选等:《产业经济管理》,中国人民大学出版社 2006 年版,第 122 页。

称为产业关联理论,其研究重点是各产业之间投入与产出的生产联系,以及某一部门投资与国民经济整体产出之间的关系。

投入产出与产业关联理论已被广泛应用于建设投资项目对国家、区域经济的投资拉动作用研究之中。如北京奥运会投资对中国经济的拉动影响(张亚雄、赵坤,2008 年)、交通基础设施建设对区域经济增长的影响与贡献研究(蒋满元,2016 年)、中国房地产业的产业关联测算及宏观经济效应分析(孟延春、汤苍松,2013)等。同时,投入产出与产业关联理论也被运用于分析研究水电开发建设对当地经济发展的影响,如金沙江溪洛渡水电站开发建设对四川云南经济社会发展的作用研究(中国社科院,2002)、锦屏一级水电站对四川经济的拉动作用(刘建明、马光文,2008)等。

四、 投资乘数理论

通过扩大投资刺激有效需求进而拉动国民经济增长,是凯恩斯宏观经济学理论的核心。所谓投资乘数,是指收入的变化与带来这种变化的投资支出变化的倍数比率[1]。根据这一理论,当有效需求不足,社会有一定数量的存货可以被利用时,新增一笔投资可以带来数倍于这笔投资额的国民收入,即当总投资量增加时,国民收入的增量将 k 倍于投资增量,这里的 k 值就是投资乘数。

凯恩斯的投资乘数理论是在社会总收入与总消费的基础上,基于边际消费倾向而产生的宏观投资理论。他认为在一定的边际消费倾向下,新增加的一定量的投资经过一定时间后,可导致收入与就业量数倍的增加,或导致数倍于投资量的国民收入增加量。用公式表示为:

$$\Delta Y = k\Delta I$$

其中:ΔI 表示总投资量的增量,ΔY 表示国民收入增量,k 表示投资乘数。

---

[1]　高鸿业:《西方经济学》(宏观部分),中国人民大学出版社 2010 年版,第 395 页。

投资乘数可由边际消费倾向得出，即：

$$k = \frac{1}{1 - \dfrac{\Delta C}{\Delta Y}} = \frac{1}{1 - MPC} = \frac{1}{MPS}$$

其中，ΔC 表示消费增量，ΔY 表示国民收入增量，MPC 表示边际消费倾向，MPS 表示边际储蓄倾向。

根据凯恩斯投资乘数理论，在经济欠发达地区，以丰富的自然资源吸引开发资金，通过招商引入大量外来投资，是促进当地经济发展的重要途径。根据这一理论原理，构建地区固定资产投资与经济增长的相关回归模型，可以对重大项目建设投资对区域经济增长的拉动作用进行定量评估。事实上，投资乘数理论及其模型方法近年也被运用于大型水电项目的区域经济影响评价分析中。

五、 利益相关者理论

利益相关者理论是企业管理中对以股东利益最大化为目标的传统股东至上主义的挑战。1959 年，彭罗斯（Penrose）在《企业成长理论》一书中，首次提出了"企业是人力资产和人际关系的集合"的观念，为利益相关者理论构建奠定了基石。1963 年，斯坦福大学研究所首次提出了利益相关者的定义。随后，该词开始被引入到管理学界，用来分析企业多利益相关者之间的关系。20世纪 80 年代以后，利益相关者理论的影响不断扩大，现已成为英美等国企业治理模式的选择之一。这一理论认为，企业的所有利益相关者都向企业投入了专用性的资本并承担了风险，因此他们有权利成为企业剩余控制权和剩余索取权的享有者。也就是说，企业的投资经营活动不仅涉及企业股东、债权人、雇员、消费者、供应商等方面的利益，而且还直接或间接影响到政府部门、当地居民，甚至自然环境和人类后代，这些利益相关者与企业的生存和发展密切相关。因此企业的经营决策必须考虑他们的利益或接受他们的约束，并积极回应他们的合理诉求。

大型水电开发建设，是一项涉及多个部门的综合性社会经济活动，背后关联到的利益相关者甚多，包括投资者、银行等债权人，公司管理层、员工，政府行业主管部门，移民区与安置区地方政府，移民与移民安置区原居民等。其建设过程可能会影响当地居民（包括移民）的生产生活，影响当地的生态环境、特有物种保护和文物保护等方面，并且这些影响所涉及的利益相关者处于相对弱势的地位，其利益容易受到侵害。如果处理不当，可能造成当地群众对水电开发项目的消极甚至是对立态度，影响水电开发建设进程，甚至可能使当地错失发展的良好机遇。因此，在水电开发的过程中，重视利益相关者的参与过程就显得尤为重要。运用利益相关者理论，可以识别和分析水电开发项目建设中各利益相关者的类别、地位、作用、利益需求以及可能受到的影响，探索水电开发建设中的利益协调机制或利益补偿机制。如此，既可以为决策者提供理论依据，也可据此来判断所做的决策是否在合理范围且兼顾了公平与效率。

六、 卡尔多—希克斯改进理论

卡尔多—希克斯改进由帕累托改进理论演化而来。所谓帕累托改进最早由意大利经济学家维弗雷多·帕累托提出，并用于经济效率和收入分配的研究中。其主要内容是，如果既定的资源配置状态的改变使得至少有一个人的状况变好，而没有使任何人的状况变坏，则认为这种资源配置状态的变化是"好"的，这就是帕累托改进。然而，某些个体（或群体）在追逐利益过程中难免会减少甚至损害其他人的利益，因此帕累托改进只能是一种理想追求。

事实上，现实中的改进大多是利大于弊的卡尔多—希克斯改进。英国经济学家卡尔多和希克斯指出，如果一种变革使受益者的收益大于受损者的所失，那么总的收益还是增大了。与帕累托改进相比，卡尔多—希克斯改进的条件更宽，更适合运用到实际情况中。在帕累托改进中，任何一个人的利益都不能受损，否则变革就无法进行。而在卡尔多—希克斯改进中，如果能使总的收益增大,并对受损者的损失进行补偿,则变革是可以进行的。如果受损者得到了应有的补偿,那么就等同于在不损害他人利益的情况下创造了新的利益。因此从本质上来看,卡尔多—希克斯改进就转化成了帕累托改进。

水电开发可能产生大量的非自愿移民,淹没区清库所致的生态环境影响、施工车辆对道路交通的影响、噪音尘土扰民影响等,难免使当地人的利益受到损害。但水电开发可以产生大量清洁能源,满足当地生产和居民生活的电力需求,并通过水电输出替代燃煤火电,改善能源利用结构,减少污染物排放,从而促进经济社会可持续发展。因此从整体上看,水电开发符合卡尔多—希克斯改进,但是需要建立适当的补偿机制,利用水电开发项目的收益对利益受损群体和局部受损环境进行充分补偿。

第三节 国内外研究现状

水电开发建设是一项综合性的系统工程,从建设施工到发电运行,都会对区域经济、社会、生态环境产生较大影响,国内外学者对此均有研究并取得了一些成果。

一、 国外水电开发与地区经济发展的关系研究

(一)对地方产业发展的作用与影响

土耳其安纳托利亚水电工程的影响。穆罕默德·伯昆(Mehmet Berkun,2010)对土耳其东南安纳托利亚工程(GAP)的影响进行了研究,该工程囊括27个大坝和19个水电厂,是乔鲁赫河(Coruh River)水域的一个大型的水务管理项目。该工程的建立,使其所覆盖的周边区域获得了大量的新投资,工业和服务业得到了发展,城市基础设施建设获得很大提升。该工程同时也担负着地区农业灌溉的任务,其中包含的灌溉方案相当复杂,覆盖了周边170万公

顷的土地,但是由于过量的水渗入其地下不完善的排水系统,使得水不能保留在土壤中,从而加重了土地的盐化程度,导致土地质量下降,给农作物生长以及最终产量带来了不利影响,对当地农业造成了一定冲击。①

美国雨果水库等开发的影响。穆斯塔法·阿勒赛义德等(Mostafa Aleseyed 等,2010)运用准实验控制组方法,以美国待研究水坝群为参照物,在20 世纪60 年代的经济、地理、水坝规模等数据基础上,筛选出同等数量的美国的其余水坝作为实验组,检验了1975—1984 年所建水坝对当地收入、盈利、人口、就业的影响数据。分析结果证明,水坝建设对当地工业就业与盈利的增加在建设年份较为明显,这可能和水坝建设与其后向关联产业如矿业、采掘业、水泥砖石生产等有关,且对此有较为长期的影响,工业部门与政府部门的盈利水平提高尤其明显。② 埃文斯和诺尔曼(R.E.Evans 和 Norman,1980)对坐落于美国俄克拉何马州南部乔克托县(Choctaw)和普什马塔哈县(Pushma-taha)境内的雨果水库(Hugo Reservoir)涉及的两个县的影响进行了研究。该水库于1967 年开始兴建,花费6 年时间建立并完成蓄水。通过数据对比发现,其间当地制造业获得了良好发展,增加了较多的就业岗位。除制造业之外,非制造业部门主要是贸易和服务业也从中得到了发展,为当地提供了60%的就业岗位。水库建成之后,还大大拉动了当地的娱乐业,大量游客的到来为当地零售业以及汽车加油、维修等服务业带来了近200 万美元的收入。而农业部门的经济情况在此期间逐渐衰退,表现为农场数量和对农业劳动平均投入的下降。③

① Mehmet Berkun,"Environmental Evaluation of Turkey's Transboundary Rivers' Hydropower Systems",*Can.J.Civ.Eng.*,2010,pp.648-658.

② Mostafa Aleseyed,Terance Rephann and Andrew Isserman,"The Local Economic Effects of Large Dam Reservoirs:U.S.Experience,1975-1995",*Review of Urban and Regional Development Studies* 10,2010,pp.91-108.

③ R.E.Evans and Associates Norman,"A Study of the Impact of the Hugo Reservoir on Choctaw and Pushmataha Counties:A View Four Years after Completion",Fort Belvoir,VA:U.S.Army Corps of Engineers,Institute for Water Resources,IWR Research Report 80- Rl,1980.

美国田纳西流域水电开发的影响。我国学者也对美国水电开发的区域经济影响进行了研究。田纳西流域是美国相对发展滞后的地区。陈湘满（2000）研究认为：田纳西流域水电开发对区域经济的影响是积极的。20世纪30年代和40年代，田纳西流域水能开发带来了廉价电力，吸引大量的高耗能工业进入该地区，如化学工业、原子能工业和电解铝工业等。从50年代中期开始，流域内橡胶、纺织、金属加工、机械和运输设备等工业的发展居于突出地位。70年代以来，流域地区工业发展仍集中于运输设备、金属加工、机械、电器、橡胶、造纸、服装、纺织、食品等制造业行业。同时，水电开发建造的水库体系产生了大规模的河滨地带，为当地发展旅游和休养娱乐产业提供了场所，旅游业在该地区经济中成为仅次于制造业的第二大产业。整体水资源的开发带来了灌溉体系的升级，提升了农业的生产力。但农业的比重下降幅度较大，从业人员比例从62%降低到5%。①

美国哥伦比亚河流域水电开发的影响。何学民（2005）对美国哥伦比亚河流域等水电开发进行了考察研究，认为第二次世界大战前美国建设的水电站使得当地电力成本降低，为民营国防企业创造了有利的竞争环境，极大促进了周边军工业的发展。水电站的建立还促进了当地美国农业的发展，水电站筑起的水坝大多数同时承担着周边地区水利灌溉的责任，通过一系列的水坝和配套的灌溉设施网，为农业进一步发展创造了条件，保持了农业的高产量，使美国农业长期以来处于霸主地位。最后，水电站建成以后还促成了当地旅游业的发展。美国非常重视在水电站枢纽规划时结合未来旅游的需求，例如注重景观设计、建立展览室、施工人员居住房屋设计为以后可能建立的酒店等。从而将水电开发与风景旅游相结合，为水电站提高经济效益提供了新的经济增长点。②

---

① 陈湘满：《美国田纳西流域开发及其对我国流域经济发展的启示》，《世界地理研究》2000年第2期，第87页。

② 参见何学民：《我所看到的美国水电（之四）——美国哥伦比亚河龙头电站大古力及中外水电的对比研究》，《四川水力发电》2005年增刊，第112—124页。

湄公河流域水电开发的影响。陈绍晴等（Shaoqing Chen 等，2015）以湄公河（即我国所称的澜沧江）水坝为研究对象，用信息网络分析的方法评估了基于河流系统能源网络之上的水电建设的影响。他们通过对湄公河上游的水坝建设的分析讨论，发现由大坝建设引致渔业中最重要珍贵的物种受到了明显的影响，对当地渔业的维持造成了负面冲击。[1]

评述：以上研究成果表明，各国水电开发建设与当地经济发展的关系，大多是正向的、积极的评价，认为水电开发可以促进和带动当地二、三产业的发展，但对当地第一产业有一定负面影响。除部分具有农田灌溉功能且能为当地提供廉价电力的水电可以促进当地农业发展外，在多数情况下，特别是当水电开发所辐射的区域中农业产值比重较大时，可能使当地的种植业、渔业受到较大冲击，农业出现萎缩甚至衰退，因此需要考虑如何以水电开发收益有效弥补农村经济的损失。

（二）对农村水电移民的影响

越南水电移民大多生活变差。简·辛格等（Jane Singer 等，2014）对越南因建造水电站大坝而被迫迁移的居民受到的影响做了考察。他们提出：在越南因建造水坝而被转移的居民大约 24 万人，其中大部分是少数民族地区农民，他们的生计高度依赖当地森林、渔业以及丘陵地带（土地资源）。尽管移居的补偿标准比以前高，但根据越南在 2010 年的一项调查显示，仍有 84% 的移民生活情况比移居前更糟。主要原因，一是政府没有提供足够数量和质量的农地，并且新的移居地也没有可供他们从事林业与渔业的资源，使得食物储备得不到保证；二是他们还会与移居地原住民因使用当地资源发生冲突；三是这些移民最初并不被允许参与到移民计划的制定过程中，而且也缺乏表达他

---

① Shaoqing Chen, Bin Chen and Brian D.Fath, "Assessing the Cumulative Environmental Impact of Hydropower Construction on River Systems Based on Energy Network Model", *Renewable and Sustainable Energy Reviews*, 2015, pp.78-92.

们对补偿和移居的诉求的渠道。[1]

裴氏明姮等（Bui Thi Minh Hang 等，2013）对越南因山萝水电工程而被迫迁移的居民的生活情况和适应政策进行了调查。[2] 他们通过搜集以家庭为单位的移民迁移前后的生活水平数据，以及迁入地原住民家庭相应数据，通过横向与纵向对比他们的生活情况变化，并运用最小二乘回归法分析发生这些变化的原因。最终他们发现，这些移民把生活恢复到被迫迁居之前水平的能力取决于他们的生计资产和合适的策略。他们的土地虽然得到了同等面积的补偿，但是在新的土地上耕作却很难达到在原有土地上的效果，这种不适应使得他们种植的农作物产量大大降低，这严重影响到他们的收入。而捕鱼区和放牧场所这些公共资源的失去又进一步降低了他们的收入。政府虽然给予了移民一定程度的现金补偿，但是这并不是个长期的办法，一旦这种补偿结束，移民的生活可能会变得更糟。

补偿费不能弥补移民损失。布莱恩·蒂尔特等（Bryan Tilt 等，2009）在研究如何评估大型水坝工程的社会影响时，比较了非洲南部莱索托高原水工程和我国云南省澜沧江的曼湾水电站，着重考察了因这些工程建设而受到影响的当地群众的情况。他们把大型水坝的主要影响分为两类：第一类是对乡村经济的影响，包括直接影响（丧失了对土地和其他资源的使用权）和间接影响（对资源和劳动分工原始关系的改变产生的影响）。这些影响大都是降低了移民们的生活水平，包括工程补偿费不能弥补其受到的损失，同时移民无法找到新的稳定工作以获得收入。另外，与迁居地原住民因土地使用而产生矛盾等问题也时有发生。第二类是性别方面的影响。通过调查发现，这些工程无

---

[1] Singer, J., Pham, H.T and Hoang, H., "Broadening Stakeholder Participation to Improve Outcomes for Dam-Forced Resettlement in Vietnam", *Water Resources & Rural Development*, 2014, pp. 85-103.

[2] Bui T.M.H., Schreinemachers, P. and Berger, T., "Hydropower development in Vietnam: Involuntary Resettlement and Factors Enabling Rehabilitation", *Land Use Policy*, 2013, pp.536-544.

一例外都对女性带来了更多的不利影响,原有的生活方式改变使她们承受更大的经济负担,因为男人要更多地到外面寻找工作机会,家庭的维持工作主要由她们承担。而她们因缺乏新的技能去适应新环境,生活情况变得比以前更糟。因此,这些应该是评估大型水坝的经济社会效应需要着重考虑的因素。①

移民的收入和健康受到影响。菲利普·M.费恩赛德(Philip M.Fearnside,2014)在研究巴西马德拉河上水坝对移民的影响时也发现,它降低了移民们的生活水准,因为这些移民以前主要以捕鱼为生,食物主要以河中特有的鱼类为主,迁走之后他们很难恢复之前的生活状态,收入和健康都受到影响。②

一些移民成为当地社会底层贫困群体。段跃芳(2006)研究了印度水资源开发带来的移民问题,认为因开发工程而被迫迁移的当地群众常常会处于越来越贫困的状态。一方面是生产资料和无形资产不能得到完全的补偿,使得他们的收入来源减少。另一方面由于印度的土地资源十分稀缺,政府用于安置移民的土地质量和生产率远远低于被征用的土地。因此,不少移民拒绝搬迁到政府指定的安置地。许多移民在搬迁后无法依靠贫瘠土地生活,纷纷返回原居住地,而那些留在新居住地的移民,由于在文化、语言、风俗习惯、生产方式等各方面与当地居民存在巨大差异,无法融入当地社会,被排斥在当地社会进展之外,成为当地社会最底层的贫困群体。③

戈帕尔·西瓦科蒂·钦坦(Gopal Siwakoti Chintan,2004)对尼泊尔的水电开发项目进行了评估。尼泊尔在国外资本的资助下开发了很多水电项目,他认为后期效果显示,这些项目是严重失败的,远未达到最初设立的目标,即实

① Bryan Tilt, Yvonne Braun, Daming He, "Social Impacts of Large Dam Projects: A Comparison of International Case Studies and Implications for Best Practice", *Journal of Environmental Management*, 2009, pp.S249–S257.

② Fearnside, P., "Impacts of Brazil's Madeira River Dams: Unlearned Lessons for Hydroelectric Development in Amazonia", *Environmental Science & Policy*, 2014, pp.164–172.

③ 段跃芳:《印度水资源开发过程中的非自愿移民问题》,《南亚研究季刊》2006年第4期,第19页。

现经济收益、利益分享和可持续发展。他用了两个案例——库勒卡尼水电工程和卡利根德格 A 期水电工程——来总结尼泊尔大型水电项目的一些失败教训,并且提出:能否提高受工程项目影响的居民和社会群体的生活水平必须成为衡量电力水坝建设成败的重要指标。[①]

评述:上述研究都是建立在对发展中国家水电移民情况的田野调查基础上,其结论也基本一致,即因水电工程而被迫迁移到新地方的移民生活情况大部分都变差了,特别是偏远落后地区那些以土地为生、缺乏其他谋生技能的农村移民。他们普遍面临生产条件恶化、收入水平下降的现实。水电站库区往往地处偏远的落后乡村,部分发展中国家偏重保护投资方利益而忽视民众损失的政策,是导致农村水电移民陷入贫困的重要原因。

二、 我国水电开发与区域经济发展的关系研究

我国许多学者对水电开发的区域经济影响进行过研究,其研究成果存在观点上的分歧甚至对立。

(一)具有多方面正效应和促进作用

一些学者研究认为,我国水电开发对促进民族地区的经济发展具有重要作用。

周竞红(2004)基于大型基础设施建设与落后地区经济社会发展的相互关系,提出在西部少数民族地区实施大型水电工程项目,对少数民族地区经济会产生多方面的正效应,可以拉动项目实施区经济的发展,并能促进少数民族文化重构,是完善转型期社会不同利益协调机制的良好契机。[②]

---

① Gopal Siwakoti Chintan:《大型电力水坝项目利益分享的理念与方法:尼泊尔的经历》,见《联合国水电与可持续发展研讨会文集》,2004 年。

② 周竞红:《大型水电工程与西部少数民族地区经济与社会协调发展研究》,《水利经济》2004 年第 4 期。

陈秀山、肖鹏等（2007）对我国"西电东送"工程的区域效应进行了研究，认为对于西部电力输出地来说，最开始的直接影响是该地区电力行业固定资产投资大幅度上升，从而加快当地的工业固定资本形成，这种推动作用对于西部地区发展具有长远意义，因为足够的资本流入可以帮助落后地区跳出贫困陷阱。而未来效应包括扩大地区电力供应业的产出、拉动工业固定资产净值增长，并能促进其他（前向关联和后向关联）产业的增长。①

谭运嘉、李平等（2013）根据大型建设项目决策的目标要求及其对区域发展影响的特点，构建了大型项目区域经济影响分析的局部闭型投入产出模型，用以评估大型建设项目对区域经济发展的影响。他们将模型运用于金沙江白鹤滩水电站建设项目。测算研究结果表明，白鹤滩水电站对区域经济发展具有较为显著的影响，在建设期可以为四川、云南两省增加国民生产总值，对加快其工业化和城镇化进程、扩大就业机会、优化产业结构等方面都具有积极的促进作用。②

夏庆杰、张春晓等（2012）运用计量经济学 C-D 函数法，对乌江水电开发的区域经济影响进行了研究，得出初步结论：乌江水电开发可使沿岸的贵州省县域贫困率显著下降，每年可使二、三产业就业增加 3%—4%、乡镇企业销售收入增加 4%—5%。也就是说，水电开发建设可以从多方面促进区域经济发展。③

劳承玉、张序（2012）分析研究了四川水电开发对地方财政的税收贡献和分配问题，提出：无论是在水电开发建设和还是投产运行期间，都可以为财政贡献大量税收，为地方财政开辟税源、扩大税基，有利于增强地方公共财政实力，壮大地方经济实力。特别是水电站投产发电后，在长达 30—50 年的运营

---

① 陈秀山等：《西电东送工程区域效应评价》，中国电力出版社 2007 年版，第 94 页。
② 谭运嘉等：《基于区域投入产出模型的大型建设项目区域经济影响评价——以白鹤滩水电站建设项目为例》，《工程研究——跨学科视野中的工程》2013 年第 5 期。
③ 夏庆杰等：《乌江水电开发对区域经济发展的影响》，《经济与管理评论》2012 年第 6 期。

期间内,可以持续为中央财政和地方财政贡献大量的电力增值税、企业所得税,同时还能新增水资源税费等收入。① 这些对于欠发达的西部少数民族地区来说,其重要性不言而喻。

近年来学者对西藏水电开发的研究也有所涉及,如小巴桑等(2011)研究了西藏水电开发对区域产业结构调整的作用,叶玉健(2011)等研究了西藏水电上网电价问题,赵卫等(2016)研究了西藏地区水电开发的低碳效益。

小巴桑、戴林军(2011)提出:西藏产业结构的优化和升级是全区域经济健康、快速、可持续发展的关键,而西藏水电能源的开发又是其产业结构优化、升级的保障,因此水电能源开发能够极大地促进西藏产业结构的调整。② 但这种基于逻辑关系的推论缺乏数据支撑,需要进一步深入研究。

叶玉健、马光文等(2011)认为:加快西藏地区水电建设是促进西藏地区经济发展和维护稳定的首要保障。同时,加快电源电网建设是确保西藏地区电力供应、电网安全高效运行、促进西藏自治区电力市场发展的重大举措。③ 但该文并未对上述观点展开论证,而是将重点集中在如何降低西藏水电的上网电价问题研究上。

赵卫、沈渭寿等(2016)提出:水电是现阶段可大规模开发并具有显著温室气体减排效应的绿色能源。随着西藏电网融入全国大电网,西藏水电开发在更大范围甚至全国范围内替代火电的低碳效益将日益凸显。在西藏电网、全国电网技术水平下,西藏水电开发的化石燃料替代量与水电年供电量呈显著的正相关性。西藏电网排放水平下西藏水电开发的 CO_2 减排量最大,西北、华中电网排放水平下次之。因此从控制 CO_2 排放看,西藏水电开发应优先替

---

① 劳承玉等:《能源投资对地方财政的税收贡献与分配政策研究》,《西南金融》2012 年第 8 期。

② 小巴桑等:《浅析西藏水电开发对区域产业结构调整的作用》,《水利经济》2011 年第 4 期。

③ 叶玉健等:《基于财税优惠政策及成本分摊的西藏水电上网电价研究》,《水电能源科学》2011 年第 6 期。

代当地火电,其次是外送西北电网和华中电网。在满足当地用电需求的情况下,西藏水电外送华中电网和西北电网,有助于我国能源结构的优化和能源效率的提高。①

评述:无论是从理论方面进行研究,还是基于数据的实证分析结果,水电开发对我国民族地区经济发展无疑具有一定的促进作用,这种观点在我国经济学界居于主流,也得到了区域发展相关数据的支撑。但现有成果一是大多针对已经建成的水电开发项目,很少涉及青藏高原地区水电开发阶段的特殊情况,且对这一地区大规模开发水电带来的未来区域影响缺乏前瞻性研究。二是其中许多研究成果是从工程经济学的角度,立足于论证单个电站项目或单一流域开发的经济合理性,其立场观点具有行业性特点,缺乏系统性的综合研究框架体系。三是缺乏对相邻的非水电开发区域的横向对比研究,也没有同一区域"有无电站"年份的纵向分析,难以剔除西部地区经济发展的其他因素促进作用,一定程度上降低了研究结论的说服力。事实上,改革开放后,特别是实施西部大开发以来,西部民族地区经济发展持续多年保持了两位数的高速增长,在这种背景下,水电开发因素与中央和各级政府的政策扶持因素,如财政转移支付政策、税收优惠政策、交通基础设施投资等作用不可避免地混合在一起,共同促进了区域经济的快速发展,其中的水电开发因素所占权重需要科学评估。此外,个别研究模型出现了明显疏漏,如将投资乘数法和投入产出模型法测算得到的数据视为生产拉动和消费拉动两种不同效应,从而夸大了水电投资对区域经济增长的拉动贡献。

(二)对区域经济发展可能带来一些负面影响

在肯定水电开发对西部地区经济发展具有促进作用的同时,许多学者也提出了水电开发对区域经济发展可能带来的一些负面影响。区域经济发展不

---

① 赵卫等:《西藏地区水电开发的低碳效益研究》,《自然资源学报》2016年第8期。

仅包括经济增长,还包括城镇化、收益分配、居民收入水平和生活质量等方面内涵。基于对水电开发存在问题的严重程度判断,部分学者对水电开发提出了质疑。

傅振邦(2013)以三峡工程移民县湖北省秭归县为例,提出水电开发对区域经济的影响同时存在着正面影响和负面影响。并按照影响效应的长短,将这些影响分为长期正面影响、长期负面影响、短期正面影响、短期负面影响四类。其中长、短期负面影响主要体现在移民次生贫困化,水库周边地区贫困化,以及地区与群体之间的利益冲突增加等方面。[①]

王林(2008)认为,金沙江上游水电梯级开发,一方面有利于促进区域城镇群形成和发展;另一方面也可能造成不利影响,如加剧城镇用地紧张、环境容量不足、自然旅游景观破坏、城镇空心化、地质灾害隐患等。[②]

陈秀山、肖鹏等(2007)提出:作为电力输出地的西部各省份,电力行业对其他产业的推动作用较小。在电力卖方市场的格局下,随着电力输送到东部,西部本身的电力使用受到了限制,其他行业的生产会因为本省份电力输出而受到影响。[③]

周天勇和林玉等(2006)通过调查发现,黄河上游梯级水电开发地区农民"守着水库没水吃,守着电站不敢用电;电站越建越多,群众越迁越穷"。当地群众望水兴叹、望电兴叹、望库兴叹,对水电开发表达了失望和不满情绪。一方面,守着黄河和水库,当地农民吃窖水,或买高价水吃;相当面积的可灌溉农田因提灌成本太高和电价上涨,得不到灌溉,土地撂荒面积较大。另一方面,发的电都送给了工业、城市和东部地区,对促进当地经济和社会发展的作用不

① 傅振邦:《大型水电开发与区域经济协调发展》,经济科学出版社2013年版,第29—30页。
② 王林:《欠发达地区水电开发对当地城镇化发展的影响分析——以金沙江上游水电开发为例》,《生态经济》2008年第3期。
③ 参见陈秀山等:《西电东送工程区域效应评价》,中国电力出版社2007年版,第94—110页。

044

大。此外,电站现代化的大坝、厂房、办公、娱乐、住宿等建筑物,水电建设和运营职工的高收入,与当地落后的农村、破败的院落、农民的贫困形成显著的反差。水电开发没有带来当地的经济和社会发展,巨大的反差使干部和群众心理很不平衡。①

刘畅、甘冰(2004)以红水河两大水电站的开发为案例,认为水电站建设过程中存在着"重工程,轻移民,低补偿",加上后期扶持不力,结果往往造成"先进的电站、落后的库区、贫困的移民"现象。② 金名(2006)通过对青海涉藏地区进行调研认为,由于没有形成造血机制,水电开发建设造成了当地新的贫困现象。③

陈晓舒等(2017)以澜沧江干流为例,对水电开发利益相关者的经济损益进行研究,其结论是:水电开发总体效益大于成本,成本效益比例为 1∶4.27,且水电开发所涉及的开发企业、流域区政府及全球环境利益相关者获得的利益大于成本,成本效益比例分别为 1∶3.93、1∶3.10、1∶13.11,但移民农户的成本却大于效益,比例为 1.48∶1。④ 因此他们提出,按照"谁获益,谁支付"的原则,应加大水电建设受益相关者对移民农户的经济及政策补偿。

评述:水电开发对区域经济发展造成负面影响的观点,为我们提供了不同的研究视角,即从政府、企业、移民三个不同视角考察,水电开发的区域经济影响可能不同,也就是说,不同维度的评价标准存在差异。水电开发是利益分配与多方博弈的过程,区域经济的增长、电力企业的发展,并不必然等同于区域收入水平的增长和居民生活水平的提高。地方政府可能出于"服从上级"意识或者经济利益,更多地站在水电企业一方,水电移民则处于弱势地位。特别是在计划经济时期,往往要求水电开发区和当地移民群众树立大局观念,为国

① 林玉等:《黄河上游水电开发之惑》,《新西部》2006 年第 1 期(增刊)。
② 刘畅、甘冰:《大型水电站如何应对库区利益诉求》,《中国青年报》2004 年 7 月 28 日。
③ 金名:《水电站带来的不全是福音》,《西部大开发》2006 年第 5 期。
④ 陈晓舒等:《基于不同利益相关者的水电能源基地建设经济损益研究——以澜沧江干流为例》,《生态学报》2017 年第 13 期。

家电力事业的发展无私奉献,长期"重工程,轻移民,低补偿",导致城乡二元经济结构突出,落后的乡村与现代化的电站并立,难以协调发展,遗留了大量的水电移民贫困问题。而在我国电力市场发展初期,水电移民安置仍然受制于计划经济的"路径依赖",移民安置补偿、环境保护问题没有受到高度重视。近年国家提出了"先移民,后建设"的水电开发方针,正是为了扭转这种局面。只有树立科学的水电开发观,统筹协调政府、企业与群众的利益关系,把水电开发与当地经济发展、群众收入改善紧密结合,才能从根本上消除对水电移民的不利影响,使政府、企业与当地居民三方利益产生协同效应。

(三)民族地区水电移民安置面临新挑战

葛政委(2010)认为,西南水电工程建设及其移民安置工作面临新的挑战。西南地区是众多少数民族世代生活的地方,民族构成异常复杂,西南民族地区拥有大量的少数民族文化遗产,工程建设与移民破坏了这些文化遗产的文化承载系统,对其进行修复、恢复与保护十分复杂,因此民族文化能否得到妥善保护已成为制约水电工程建设与移民安置的重要因素。[①]

蒋建东(2013)分析了民族地区大中型水利工程移民安置的特点,提出少数民族地区移民具有特殊性,其安置区域的确定、生计恢复措施以及涉及民族地区独特的社会组织、关系网络、宗教文化、社区重建等问题,比传统移民地区更加复杂。[②]

汲荣荣等(2011)通过对水电移民补偿案例进行分析,认为目前民族地区水电资源开发建设中忽略了对少数民族移民无形的社会资本的补偿,如生产技能培训、社会合作组织培育以及少数民族文化保护与传承等,这些社会资本补偿的缺失是少数民族移民难以稳得住的主要原因之一。民族地区水电资

---

① 葛政委:《论西南民族地区水电工程建设与移民安置中的文化保护》,《三峡论坛》2010年第3期。

② 蒋建东:《民族地区大中型水利工程移民安置特点与对策》,《人民长江》2013年第2期。

源开发建设移民补偿需要立足于民族特性,从物质资本、社会资本补偿两方面综合分析少数民族移民补偿模式。[1]

刘进等(2012)分析认为,涉藏地区水电移民与其他地区存在着明显的差异,主要体现在藏族居民的区域环境、社会、经济、文化、宗教、自然资源、地理位置等方面,其特征表现为:移民受教育程度低,宗教信仰多样,信众众多,建筑物特色浓郁,生产生活方式独特,对自然环境依赖性大。[2]

马巍等(2011)概括了西南地区水电工程移民安置中存在的突出问题,指出传统的"大农业安置"模式无法满足当地移民的现实需要,资源环境承载力严重不足;移民外迁方案可能影响少数民族文化和传统习俗的传承和保护,扰乱其传统的生产生活方式,往往不被移民所接受;此外,补偿内容偏窄,未考虑民族地区移民收入构成的特殊性,导致补偿标准偏低,补偿程度不足,易引起民族地区移民的次生贫困问题。[3]

田灿明等(2012)通过分析金沙江云南段水电移民安置中存在的诸多问题,提出要加快水电法规建设,完善少数民族地区水电移民实物指标调查项目和方法,细化少数民族地区水电移民补偿补助项目和标准,对少数民族地区水电移民非物质文化进行保护和适当补助,因地制宜创新安置模式。[4] 刘驰(2012)提出应实行"投资型"移民政策,完善入股安置模式,让移民能够长期共享水电开发的效益。[5] 吴应真等(2014)还提出,为维护农村移民权益,可实行按征用土地年产值长期补偿的新安置方式。

评述:水电移民问题是一项世界级的难题。我国政府对水电移民安置问

① 汲荣荣等:《少数民族地区水电资源开发移民补偿模式研究》,《中国人口·资源与环境》2011 年第 2 期(增刊)。
② 刘进等:《藏族地区水电工程建设征地移民安置探讨》,《人民长江》2012 年增刊。
③ 马巍等:《西南地区水电开发移民安置方式探讨》,《中国水能及电气化》2011 年第 3 期。
④ 田灿明等:《云南段金沙江水电移民安置问题探讨》,《昆明理工大学学报》2012 年第 2 期。
⑤ 刘驰:《少数民族地区水电工程移民安置的长效机制研究》,《水电与新能源》2012 年第 4 期。

题一直高度重视。国务院于2006年颁布实施了新的《大中型水利水电工程移民安置补偿条例》(国务院令第471号),2017年又做了进一步修订和完善(国务院令679号)。但是,迄今针对少数民族地区移民安置特殊性的规范,仍然只有"编制移民安置规划应当尊重少数民族的生产、生活方式和风俗习惯"这一原则性要求,有些条款还与高寒地区的农村现实不相符,如"对农村移民安置进行规划,应当坚持以农业生产安置为主"(第十三条),"大中型水利水电工程建设占用耕地的,应当执行占补平衡的规定……占用25度以上坡耕地的,不计入需要补充耕地的范围"(第二十五条),这些在平均海拔超过3000米的青藏高原地区很难实现。此外,缺乏对少数民族传统民居、宗教设施的价值补偿标准,加大了当地移民安置难度,甚至可能埋下矛盾冲突隐患,不利于民族和谐与社会稳定。

国内外对水电移民问题的研究著述可谓浩如烟海,但大多是基于社会学、民族学的研究视角,而基于经济学的分析,即把移民问题的解决纳入水电开发的成本和收益分配范畴的很少。我们认为,水电移民安置补偿本质上是水电开发成本问题,如何以水电收益对移民生产和生活损失进行长期补偿,按市场经济原则来解决水电的社会成本,化解社会矛盾,这正是本书所要研究探讨的问题。

第四节　国外水电开发利益共享机制

一、 对移民实施全方位补偿

建设水电站形成蓄水库会淹没土地和居民区,需要重新安置当地居民,因此修建方还必须考虑因此可能带来的对移民健康、移民心理等各方面的直接和间接的影响,并进行合理补偿。

（一）对当地医疗健康项目的补偿

阮文翰等（Nguyen Van Hanh 等，2002）对越南亚利水电站建造所花费的成本进行了研究。他们调查了建造该水电站对移民的影响以及补偿情况，例如可能导致一些病菌大规模繁衍，移民在新居住地接触这些病菌的可能性增加，主要会引起疟疾和肠道类疾病。进而需要在当地修建新的医疗站，并对原有的医疗站进行更新。此后每年还要投资于预防这些疾病的医药工程项目和大众健康教育项目。另外，由于修建水电站还使当地损失了一批基础设施和大量耕地，移民在新居住区要重新修建，开发方不仅补偿了移民重新修建这些基础设施、开垦耕地以及植被的资金，还额外给予移民更多的资金作为弥补，从而减少了移民安置可能引发的矛盾纠纷。[①]

（二）对移民心理层面的安抚和补偿

何学民（2007）通过实地考察，总结了美国水电开发对移民补偿机制的成功经验。美国的水电开发企业要和原居民签订协议，规定对因水电建设带来的移民直接和非直接影响，以及完全由工程或部分由工程引起的影响进行补偿，包括自然情况的改变、生活方式的变换对移民心理层面的影响。为了保证补偿资金安全发放到每个移民手中，避免腐败，还要组建移民委员会，并推选出理事长，成立一个非营利性质的公司，这个公司能够取得所有居民的同意和授权——代表移民接受补偿并保证能将这些补偿资金发放给每个移民，只有这样，水电开发企业才会把移民补偿资金拨付到这个公司的银行账号。每笔资金的提取使用，都必须同时接受移民委员会、水电开发企业和开户银行的监督和同意。最后，水电开发企业还与一些大学和培训机构合作，对移民进行创业或者其进入水电行业所需的技能培训，并通过与著名大学联合推出奖学金，

---

① Hanh N.V., Song N.V. and Duc D.V., et al, "Environmental Protection and Compensation Costs for the Yali Hydropower Plant in Vietnam", Eepsea Research Report, 2003.

鼓励移民子女入读。这些方面的努力很好地解决了移民矛盾，维护了社会稳定。[①]

（三）与当地移民建立信任关系

斯蒂芬·斯帕克斯（Stephen Sparkes, 2014）对老挝中部地区的腾欣邦扩建工程（Theun-Hinboun Expansion Project）所实施的可持续利益分享机制进行验证，总结了腾欣邦电力公司在移民安置与补偿方面的成功经验。腾欣邦扩建一期工程目标是建立水电站，并于1998年建成投产。从那时起，腾欣邦公司就一直进行着移民安置补偿项目的相关工作，在这个过程中他们不断摸索，将项目涉及的利益相关方尽可能地扩大，以避免考虑不周的意外情况发生。另外，他们安排了专门进行这些工作的人员，在十年多的工作中，与当地移民和政府建立起深厚的信任关系，因此避免了很多摩擦。最重要的是，把这一过程看作是长期且艰巨的过程，不能施加时间和金钱方面的约束，这样才能保证移民安置的相关工作顺利推进。[②]

（四）与当地居民签订合同协议

何学民（2007）通过实地考察，研究了美国水电开发与地区经济发展的协调沟通机制。美国的水电企业通常在水电开发过程中要和本地居民建立合同关系，包括与居民签订投资、供应以及雇佣等方面的协议。同时，为了避免修建水电站抬高水位后对周围地区排泄洪水造成不便，引起淹没，还专门由可能受影响的群体代表组成了防汛委员会。在经济方面，美国水电开发企业给予的资金可以用于支持原居民所在区的经济文化社会方面的发展，以及对老年

[①] Gopal Siwakoti Chintan：《大型电力水坝项目利益分享的理念与方法：尼泊尔的经历》，载《联合国水电与可持续发展研讨会文集》，2004年。

[②] Stephen Sparkes, "Sustainable Hydropower Development: Theun-Hinboun Expansion Project Case Study, Laos", *Water Resources and Rural Development*, Volume 4, 2014, pp.54-66.

人提供资助。①

二、　运用不同的补偿方式

简·辛格等（Jane Singer 等,2014）等分析了越南水电站建造对移民的三种不同补偿方式及其效果。

越南近年来采用的对移民的补偿方式主要有三种。第一种是环境服务支付机制（PES）,主要是通过分享电力收益为当地森林的维护和少数民族家庭的迁移提供资金支持。第二种是国际金融机构主导方案（IFI）,主要是按照性别平等和对移民工程的参与情况进行补偿。第三种是越南公民社会组织（CSOs）的权利本位法,主张给移民有效的重新分配地方管理的森林土地。

他们通过实证研究得出:第一种方法虽然已通过了确立法令来保证对移民的持续现金流补偿,但是其高昂的执行成本以及复杂的监督和评估需求使得它难以实施。第二种方法虽然自然而然地将移民纳入其方案的保护之中,但常常由于这些国际组织提出的要求和地方政策之间产生矛盾,使政府、国际金融机构（IFI）和移民间的关系变得复杂化。而第三种方式由于有非政府组织的参与,为移民争取到利益的同时也培训了他们关于土地法、人权的知识以及一些生产技能,帮助提升他们的生活质量,但还只有一些零碎的解决方法,需要更广泛的机构支持。因此,他们研究得出,对移民最有效的补偿机制应当是纳入更多的利益相关方,包括移民、地方政府、水电站权利方和国际金融机构,让非政府组织在水电工程一开始就介入,来界定对移民权利的保护和缓解日后利益再分配的风险。②

---

①　何学民:《我所看到的美国水电(之十三)——美国密苏里河水电梯级开发及移民补偿》,《四川水力发电》2007 年第 6 期。

②　Singer,J.,Pham,H.T and Hoang,H.,"Broadening Stakeholder Participation to Improve Outcomes for Dam-Forced Resettlement in Vietnam", *Water Resources & Rural Development*, 2014, pp. 85–103.

段跃芳(2006)总结了日本安置水库移民的经验,提出一种新的补偿方式。这种方式的基本思路是,移民将他们的土地出租给水电大坝的开发机构,水电开发机构每年向土地出租者支付租金。这种独一无二的"以租代售"征地方式在确保移民的收入来源方面是一个突破。但这种方式需要确保支付给移民的租金高于移民使用现金补偿作为正常投资而获得的投资回报。日本一些学者认为,推广这种方式需要解决的关键问题是如何将这一策略高效实施,包括租金的制定、谈判时间,以及如何保证移民前期需要的充足现金流问题。①

三、 合理分配水电开发收益

水电开发本身会带来巨大的收益,而如何将这些收益与其所在区域进行分配,如何让当地居民获益,最终达到和谐共赢,也是一个引起广泛关注的问题。

挪威一直是全球所有国家中人均电力消费量最大的国家,而所有这些电力几乎全部来源于水电。比约恩·沃尔德(Bjørn Wold,2004)总结挪威水电开发百余年来的经验认为:理清政府审批与地方利益的关系以及获得公众认可至关重要。在政府层面,政府的审批条件通常都有要求水电开发为周边地区让渡利益的条文,内容包括:开发商应对造成的任何损失进行充分的经济补偿,开发商应对公共利益,如健康、教育和当地就业等承担义务,还有上缴定额年费,设立专项开发基金等。此外,当地还有权以生产成本价征用特定数量的电力(称为审批电力(licence power)),从而给这些地区带来切实的收益。挪威政府还规定:办理开发许可证前必须先召开公众听证会,以便取得广大公众的认可,最终通过利益分享措施使开发者和当地居民

---

① 段跃芳:《日本水库移民安置经验及其启示》,《三峡大学学报(人文社会科学版)》2006年第6期。

达成一致意见。①

戈帕尔·斯瓦科(2004)针对尼泊尔的水电项目开发提出了相应的理念和方法。他认为:第一,应采取一切可能措施维护群众利益。第二,补偿和重新安置政策应把重点放在物质和社会资产两方面,尤其要关注妇女、土著和弱势群体。建立有效的监督机制,对补偿支付的全程进行监督。第三,必须指定专门的社会扶持计划将其作为社会和环境缓解计划的组成部分,计划必须直接面向受影响的群众的发展需求和迫切需要。②

评述:从国外学者的研究结论来看,有几点值得我国借鉴:一是能否提高水电工程影响区的居民和社会群体的生活水平,必须作为衡量水电开发建设成败的重要标准。水电移民补偿机制和收益分享机制的建立有赖于政府和开发企业高度重视。二是水电开发企业需要与当地公众建立密切的沟通协调机制,双方平等协商,共同解决水电开发引发的矛盾,不能把所有的矛盾推给地方政府,可以引入"第三方"社会机构,通过公开举行听证会,协商解决移民正当合理的利益诉求。三是水电开发收益分享机制是移民补偿机制的一部分。收益分享者不仅包括受损的移民,而且应扩大到所有受影响的社区群体。

---

① Bjørn Wold:《挪威水电开发研究——开发发展、政治要务与民心民意——百余年的开发发展积累的经验》,载《联合国水电与可持续发展研讨会文集》,2004年。
② Gopal Siwakoti Chintan:《大型电力水坝项目利益分享的理念与方法:尼泊尔的经历》,载《联合国水电与可持续发展研讨会文集》,2004年。

第三章　水电开发的区域经济
影响理论与分析框架

水电开发属于基础设施和基础产业建设投资,主要是水力发电能力(电源点)建设,通常还伴随着输电网络、公路交通、通信设施等多项基础设施的投资建设。在水力发电厂(站)的建设过程中,从拦水大坝或引水管渠构筑,到发电厂房施工兴建,庞大的建材需求和机电设备采购,加上库区交通、通信设施的新建、维护或重建,淹没区域乡村集镇的搬迁复建,库区生态环境保护等等,对区域经济社会生态均带来了一系列重大影响。在电站建成投产后,通过新增供电能力,促进供电区域范围内经济社会可持续发展,为产业特别是制造业发展提供可靠的电力支撑,为新型城镇化、工业化和现代化提供强大的能源保障。短期内,一定程度上会改变偏远地区封闭的乡村社会结构,对传统文化产生各方面影响。长期看,必然促进不同民族文化之间的交流和融合发展,从而推动中华民族不同文化包容性发展的历史进程。

构建水电开发区域经济影响研究的框架体系,是科学评判区域经济影响的前提和基础。

第一节　水电开发的区域经济影响度理论

水电开发大多属于跨区域的流域性资源开发,甚至在同一区域内几大流域梯级电站同时或滚动性地开发建设,对所在区域带来全局性、整体性影响。青藏高原地区水电开发的区域经济影响范围和影响程度,因流域整体开发强度、各梯级水电站的建设规模不同有所差异。从不同的区域空间尺度及行政层级考察,其影响的相对强度存在较大差异。

水电开发的区域影响范围、影响强度究竟受到哪些因素制约? 青藏高原地区水能开发影响的范围有多大? 以下我们运用区域经济空间理论对此进行探讨。

一、 区域与区域空间

对青藏高原地区水能开发影响的区域范围进行界定,是评估区域影响的前提和基础。这里所谓的"区域"是空间经济学的"有限空间"区域概念,这种有限空间是包含一定范围边界的,而不是没有边界的"无限空间"。胡佛(E. M.Hoover)认为:"区域是根据叙述、分析、管理、规划或制定政策等目的,作为一种有效实体来加以考虑的一片地区,它可以根据内部同质性或功能同一性加以划分。而最适宜的区域划分应遵循行政区域疆界。"[①]因此,对水电开发的区域经济影响分析,必然落实到具体的行政区域疆界。遵循空间经济学的"有限区域空间"原理,我们将青藏高原地区水电开发流域范围界定为与行政区域边界相吻合的有限区域,从而有助于分析处理相关数据,定量化系统描述和分析区域影响的共性和差异性。

本项研究中,我们将区域影响范围按空间尺度划分为大尺度、小尺度两

---

① Edgar M.Hoover and Frank Giarratani,*An Introduction to Tegional Economics*, New York:Alfred A.Knopf,1984.p.264.

级。其中,我们把水电开发对自治区(省)级、自治州(地、市)级行政区的影响称为大尺度区域影响,对县及县以下(库区乡、镇)行政区域的影响称为小尺度区域影响。根据上述划分,对青藏高原地区水电重点开发流域的大尺度区域影响范围进行界定,再从重点流域中选取具有代表性的水电站开发作为典型,列出其小尺度区域影响范围,以更采取点—线—面相结合的方式进行系统研究。具体划分详见表3-1。

表3-1 水电开发影响涉及的主要行政区

	重点开发流域(典型电站)	行政区范围
大尺度区域影响(省级、地市州级)	金沙江上游川藏段、澜沧江上游、雅鲁藏布江	西藏自治区:山南市、昌都市、林芝市;四川涉藏地区:甘孜藏族自治州
	大渡河中上游、雅砻江中上游	四川涉藏地区:甘孜藏族自治州、阿坝藏族羌族自治州
	黄河干流上游	青海涉藏地区:海南藏族自治州、黄南藏族自治州、果洛藏族自治州、玉树藏族自治州
	澜沧江上游、金沙江中上游	西藏自治区:昌都市;云南涉藏地区:迪庆藏族自治州
	白龙江干流、洮河干流	甘肃涉藏地区:甘南藏族自治州
小尺度区域影响(县市级、乡级)	藏木电站、叶巴滩电站	(西藏)加查县、江达县、贡觉县;(四川)白玉县
	泸定电站、长河坝电站、两河口电站	(四川)泸定县、康定市、雅江县、道孚县、理塘县、新龙县
	双江口电站	(四川)马尔康市、金川县
	龙羊峡电站、拉西瓦电站	(青海)共和县、贵德县、兴海县、同德县
	玛尔挡电站、黄河源电站	(青海)玛沁县、玛多县

二、 区域发展动力机制与聚集度

根据空间经济学理论,区域是一种经济要素聚合体,其内部具有同质性或功能同一性。"要素与经济活动主体在区域空间上的聚集是区域产生的根本原因,聚集是推动区域经济发展的根本力量,聚集经济是区域经济的本质特征,因而聚集是区域经济发展的根本动力。"[①]如果我们将所研究的区域原有状态假定为经济要素分布基本一致的均质空间,那么由开发水能资源引起的区域经济要素集聚,必然带来经济要素空间格局的动态变化,这种变化将产生"聚集动力",其动力的大小以聚集度表示。由此可以定义,基于经济活动主体的聚集度是指单位面积上聚集的要素或经济活动主体的数量,用公式表达为:

$$H = \frac{F}{S} = \frac{\sum_{i=1}^{n} w_i f_i}{S} \tag{3.1}$$

其中,H 为要素的聚集度(总量),其含义为特定空间一定时间点单位面积上聚集的经济活动主体数;

F 为一定时间点特定空间的各类经济活动主体聚集总数量;

S 为特定区域空间的总面积;

w_i 为第 i 种经济活动主体的权重;

f_i 为第 i 种经济活动主体的数量;

n 为特定区域空间经济活动主体的种类数(如 $n=3$,通常代表经济主体划分为第一产业、第二产业和第三产业),不同类型的部门(企业)因聚集程度不同,应赋予不同的权重。

由公式(3.1)可知,开发地区水能资源可以提高各类经济活动主体聚集总数量 F 值,从而提高所在区域的经济要素集聚度 H,以有效增强区域经济发展聚集动力。聚集度 H 还与水电开发涉及的区域空间尺度即区域面积 S 成反比。空间聚集度原理可以证明:在相同的区域空间内,水电开发投资带来的经济要素流动(人流、物流)频率越高,空间聚集度就越高,区域发展的聚集动力越强。

---

① 郝寿义:《区域经济学原理》,上海人民出版社 2007 年版,第 159 页。

三、 区域经济影响度

我们将水电开发对区域经济的影响度定义为:由于水电开发对所在区域经济系统产生的影响强度。从该定义出发,区域影响度与引起区域变动的要素聚集度内涵基本一致。根据区域经济发展的动力机制原理,聚集动力是区域经济增长的内生动力,而聚集动力(即聚集度)的大小与聚集数量和聚集空间的区域面积有关。由此可以推论:资源开发投资对区域经济的影响度,取决于施加这一影响的主体强度——也就是开发建设项目规模,以及承受特定影响的客体范围——区域尺度(面积)的大小,我们将这种区域影响强度与施加影响力的主客体关系称为"区域影响度定律"。通常情况下,投资额越大,意味着开发建设规模越大,对区域的影响度就越大。因此区域影响度定律可以用公式表达为:

$$E = \frac{I}{S} = \frac{\sum_{P=1}^{n} w_P f_P}{S} \tag{3.2}$$

其中,E 为区域影响度,其含义为特定区域一定时间段单位面积上的投资强度,用以反映水电开发对所在区域经济系统产生的影响强度;

I 为特定区域一定时间点的开发投资总量;

S 为空间尺度,即开发投资涉及的特定空间区域范围;

$w_p f_p$ 表示投资结构,其中 w_p 为第 p 部门(企业)经济投资的权重,f_p 为第 p 部门经济投资的数量;

n 为特定区域空间经济活动主体的种类数。

公式(3.2)表示:在一定的时间段和特定的区域空间范围,水电开发建设投资额 f 越大,投资权重值 w 越高,区域影响强度就越大;而空间尺度 S 越大,区域范围越广,影响度越小。因此区域影响度的大小是由投资强度和空间尺度的大小共同决定的。

运用区域影响度定律可以更好地分析水电开发的区域经济影响。例如,投资额超过 100 亿元的水电开发项目,其建设期通常需要 5—10 年,这对于省市级大尺度空间范围而言,其投资权重可能不高,其影响程度也较小。而对于经济规模小、人口少、流动性低的偏远山区,水电开发投资的权重值很高,其产生的影响特别是小尺度区域影响力超乎想象。大量人力、物力、技术和装备的输入、集聚,大量资金的持续投入,对当地经济规模、财政税收、基础设施、产业结构等都将产生持续、巨大的影响作用,使现有的经济社会格局发生一系列变化。

四、 区域影响辐射定律

区域影响度与涉及的空间尺度即区域范围大小成反比,这是因为:在建设规模强度既定的条件下,空间尺度越大,区域范围越广,随着区域影响的辐射半径及缓冲距离半径变大,区域影响强度逐渐衰减。我们将这种水电开发影响强度随空间尺度即区域范围的扩大而衰减的规律称为"区域影响辐射定律",用公式表示为:

$$Eq = \frac{I_q}{R^2} \tag{3.3}$$

其中,E_q 表示区域影响强度,I_q 表示区域内的水电开发投资规模,R^2 表示区域空间尺度,即受影响的区域边界与项目中心地之间的距离。

事实上,影响强度与距离的平方成反比这一定律在自然界是普遍存在的。从天体到物体,相互之间的影响力随距离的平方而衰减,如两个物体之间的吸引力,与两者之间的空间距离成反比;光照度的大小与光源至被照射物体的距离成反比,……在物理学上分别称之为"万有引力定律"和"光照度定律"。在人类社会,也存在"远亲不如近邻"的普遍现象,反映了人与人之间的相互影响作用和关系密切程度,与彼此相隔的距离相反,"血浓于水"的亲情关系,可能因相距遥远弱化,其影响度渐次低于近距离的邻里。如果进一步观测距离的半径范围,则其影响作用符合"平方反比定律"。同样,这一规律也普遍存在于水电开发投资对区域经济的影响强度。

青藏高原地区水电建设工程影响涉及的范围,既包括自治区(省)级、自治州(市地)级大尺度区域范畴,也包括项目建设核心区所处的县(市)、乡村级小尺度区域范畴。从工程特性看,还可以将其进一步划分为枢纽工程影响区、水库淹没区两类。越是接近项目开发的核心区域,其区域经济影响强度越大,对社会的波及影响程度越深,即乡镇级影响强度大于县级,县级影响度大于州(市)级。若进一步扩大空间尺度,则省级层面受到的影响度渐次弱于自治州、县级,就单一项目而言,甚至微弱到可以忽略不计。

在水电开发和移民安置过程中,需要遵循区域影响辐射定律,严格区分水电开发带来的不同空间尺度的区域影响强度,并高度关注小尺度区域影响动态。由于基层政府经验不足,行政管理职能弱化或者不作为,在缺乏高层级地方政府重视的情况下,一些大型水电开发工程带来的影响可能产生重大社会隐患。这些问题很多时候是移民经济利益补偿不足引发的社会矛盾,是完全可以避免和事前化解的。国务院于2006年颁布实施新的《大中型水利水电工程建设征地补偿和移民安置条例》(国务院令第471号),以及《关于完善大中型水库移民后期扶持政策的意见》(国发2006〔17〕号),并宣布实施了15年的原《大中型水利水电工程建设征地补偿和移民安置条例》同时废止,从而使国家对水利水电移民的扶持政策更加统一完善,移民扶持补偿标准得以提高。

第二节　水电开发的区域影响分析框架

一、分析维度

基于不同的空间维度和时间维度,研究水电开发对区域经济社会影响和作用,其影响方式和程度均有不同。

（一）空间维度

水电开发区域影响的空间维度可以划分为:国家宏观层面、自治区(省)和自治州(地市)中观区域层面、库区县和乡(镇)微观区域层面。通过研究发现,从上述三个不同维度考察水电开发的区域影响,其结论并不完全吻合,有时甚至可能出现彼此背离的情况。实践中,我国水电开发的许多政策如移民搬迁安置补偿政策、上网电价政策普遍采取"一库一策""一站一策"的原则,既是适应这种复杂性的需要,也反映了水电对区域经济的影响具有不可复制性,不能简单类比或推论,需要结合不同的空间维度进行分析。

从国家宏观维度考察,水电清洁能源的大规模开发建设,有利于我国建立安全、高效、清洁的能源供给体系,有利于实现中国能源结构优化和能源战略调整,已经成为国家能源转型战略的重要组成部分。我国近十多年来对水电的持续大规模开发投入,充分反映了国家能源战略的这一基本理念。特别是《巴黎协定》签订后,我国承诺将为全球应对气候变暖做出一个负责任大国的贡献,到2030年左右我国碳排放量达到峰值并争取尽早达标,单位国内生产总值二氧化碳排放比2005年下降65%,非化石能源占一次能源消费比重达到25%。因此,减少化石能源消耗,大力发展水电等清洁低碳能源,已经上升到我国政府积极应对全球气候变化,深度参与全球治理,推动人类命运共同体建设,实现共赢共享的新高度,而实现能源的低碳化是最根本的保障。

从中观区域层面考察,水电资源的大规模开发,可以为经济欠发达的民族地区引入数万亿元的能源基础设施建设资金。在投资乘数效应的作用下,必然会拉动民族地区的经济总量规模迅速扩大,使地方财政税收随之大幅增长,能源交通等基础设施保障能力显著提升。对此,国内学者已有不少研究成果。其中具有代表性的观点是:水电工程建设期在民族地区的推动效应主要在于投资拉动,交通运输、物资和需求对地区经济发展的直接刺激,可促进水电开发工程所在地的地区生产总值和财政状况较快好转。而水电工程运行期效应,则主要在于其对地方社会发展的稳定支撑。[①] 上述结论是就民族地区水电开发情况总体,也就是针对中观区域影响而言的。但对于地处"世界屋脊"青藏高原地区,其有效性或者说有效程度尚需要更科学、更严密、更具体的评估。

从微观区域层面考察,水电开发建设涉及的县、乡镇级区域众多,无论其自然生态环境还是经济社会发展水平都存在较大差异,水电移民情况错综复杂,对其产生的影响既有直接影响,也有间接影响,既有短期的现实影响,也有长期的潜在影响,对区域经济社会发展既有积极推动作用,也存在局部干扰等负面影响,有些影响作用短期内可能还难以准确评估。对此,本课题将首先构建水电开发区域经济影响的分析框架,以此为基准,在西藏和四省涉藏州县实地考察的基础上,以点线结合、点面结合的方式,对流域水电开发与区域经济社会发展的相关性进行实证分析,从水电开发的大尺度区域影响、小尺度区域影响方面深入研究,并以具体的水电站开发项目为案例,进行重点剖析。

(二)时间维度

基于时间维度来考察水电开发对区域经济的影响和作用,可以分为两个明显的不同时期。一是水电开发建设期,二是水电站投产运营期,包括试运行阶段和全面投产运营阶段。

在水电开发建设期,大规模基建投资可以刺激水泥、钢材、油料、电力等制造业的需求,拉动建材、建筑、仓储、运输、金融、保险等二、三产业发展。流域水电开发大多采取梯级滚动开发方式,一座大型水电站建设期一般长达5年以上。在此阶段,由于投资乘数的持续作用,将对区域经济带来持续的增长效应。

在水电投产运营期,由于大型水电站需要安装的发电机组较多,规模较

---

① 周竞红:《走向各民族共同繁荣——民族地区大型水电资源开发研究》,中国水利水电出版社2010年版。

大，从第一台机组试运行到最后一台机组安装完毕，通常需要持续 2 年甚至更长时间，直到全部机组投产，水电站才进入稳定的发电运营期。鉴于这一特点，我们将电站投产运营期间对区域经济的影响作用分为两个阶段来研究。

第一个阶段是试运行阶段，称为完建期，是指水电站建设进入发电机组安装阶段后，从电站试运行发电到全部机组安装完毕正式投产，产生电力产值的整个过程。根据大型水电站的发电机组规模，完建期通常需要 2 年或以上。在此期间，既要完成水电新发电机组设备的安装投资，同时先期投产的设备又能新增电力供给产出，对区域经济发展产生投资需求拉动和电力供给拉动的双重叠加作用。因此，完建期内水电开发对区域经济的增长效应非常突出。

第二个阶段是稳定运营期，即水电站全面投产后的正常运营阶段。对于特定的水电站而言，发电规模根据工程设计是不能随意扩大的，在电价水平和电力市场没有出现大幅波动的情况下，多年平均发电量及电力产值基本上可以视为一个恒量，这意味着一座水电站进入稳定运营期后，作为区域电力工业的一部分，其电力产值只是一个经济存量值，后期增量通常为零（在弃水弃电的情况下甚至为负值），因此它在运营期不可能随区域经济的发展保持同步增长。

水电投产运营期对区域经济发展的作用，要区分两种不同情形。一种情形是新增电力全部供给当地，用于满足当地经济社会发展不断增长的电力需求。另一种是当地电力需求有限或市场基本饱和，难以吸纳新增电量，新增电力主要通过特高压、超高压电网，或通过电力联网以"网对网"的方式向区外输出，参与"藏电外送"和"西电东送"。

在第一种即新增电力供给当地需求的情形下，电力作为区域经济发展重要的生产要素，对地方经济各产业、各行业部门的发展具有支撑作用，对提高当地居民生活水平具有保障作用，因此它对区域经济的增长效应是可持续的。而在第二种情形下，新增电力全部向区外输出，水电站的发电运营对区域经济的意义仅限于扩大了地方电力产业规模和创造一定的地方税收，外输电力与地方经济的关联度很小，难以有效拉动区域经济发展。同时，水电部门的经济产值作为相对稳定的经济存量不再产生增量,对区域经济的增长效应是不可持续的。因此,把新增电力用于发展当地经济和提高当地居民的生活水平是水电开发的首要任务,其次才是用于"西电东送"向外输出,前者对于区域经济发展具有更大的增长效应。

二、分析框架

国家发改委、建设部 2006 年联合发布了《建设项目经济评价方法与参数》(第三版),对大型投资项目新增"开展区域经济和宏观经济影响分析"的要求,并对"区域经济""宏观经济"影响分析的概念和内容进行了界定。实践中,对国内单个大型工程项目进行区域经济影响评价日益增多,如对公路建设工程项目的区域经济影响评价、水电建设工程项目的区域经济影响评价。但截至目前,国内学术界对大型项目区域经济影响进行理论研究的文献还不多,缺乏清晰的分析脉络体系,没有形成区域经济影响分析的规范研究框架,导致实践中评价原则、模型方法存在较大的随意性。

水电开发对区域经济的影响分析,包括直接影响和间接影响分析、有利影响和不利影响分析。所谓"直接影响"分析,是指对水电建设过程中和投入运营后对直接相关者带来的效益、损失等方面的影响分析,而"间接影响"分析,则指对直接影响派生的其他多方面影响进行判断评价,间接影响一般是通过第三方作为传导"媒介"而发生作用的。比如,电力投资对区域经济增长会带来直接效益,是一种直接影响,而新增电力有利于提高城镇化水平则是间接影响,因为它是通过促进制造业等行业发展,以扩大城镇吸纳就业能力为传导"媒介"产生的。直接影响和间接影响因素的范围界定和识别,是区域经济影响分析的关键环节。从经济效益的角度,间接效益包含了转移到其他主体的直接效益,也就是说它是直接效益在形态上的转移。[1] 在独立于直接效益而

<hr>

① 李平等:《大型建设项目区域经济影响评价理论基础及其评价体系》,《中国社会科学院研究生院学报》2011 年第 2 期。

单独存在的间接效益中,比较常见和重要的是由于规模经济而形成的外部经济效益。[1] 此外,有利影响和不利影响都是客观存在的,其中有利影响主要涉及经济增长、财政增收等经济领域,不利影响可能涉及局部环境领域、移民生活等社会领域。不能只评价其有利影响,对不利影响选择性忽略,以增长代替发展,则是不全面、不客观的。

根据以上分析,我们提出在水电开发的区域经济影响分析中,直接影响和间接影响包括的主要内容,详见表3-2。

表3-2 水电开发区域经济影响分析直接和间接因素的界定

	直接影响		间接影响
1	对区域经济增长的拉动贡献	1	对促进地区均衡发展的影响
2	对区域能源供给和能源结构的影响	2	对地区产业结构的影响
3	对增加地方财政税收的贡献	3	对水电收益分配的影响
4	对增加区域劳动就业的贡献	4	对加快城镇化的影响
5	对改善当地基础设施条件的促进作用	5	对生态环境的影响
6	对移民生产生活的影响	6	对库区文化的影响

对表3-2分析不难发现,直接影响与间接影响是相互交织的,如左栏1"对区域经济增长的拉动贡献"是直接影响,右栏1"对促进地区均衡发展的影响"是间接影响,都是基于区域经济增长效应角度的分析,前者是新增投资产生的直接效应,后者是扩大投资带来的产业关联波及效应。前者的影响客体是水电开发所在区域,而后者的影响客体则是关联的所有地区,前者是绝对量指标,后者是相对量指标。

通常,区域经济影响分析的内容包括经济总量、经济结构、财政收入、基础设施建设等经济内容,同时也包括地区发展均衡性、收入分配的公平性,区域

---

① 林家彬:《以重要基本建设项目为主要动力的地区经济发展问题》,《开发研究》1997年第1期。

就业、生态环境和居民生活环境等社会内容。水电开发对区域经济的影响,不仅涉及经济增长、电力供给、产业结构、财政收支等经济领域,还涉及移民安置、库区发展、收入分配等社会领域,以及大气环境、水环境等生态环境领域,在我国藏民族聚居的地区,其影响还不可避免地涉及民族宗教文化等方面。

国务院《大中型水利水电工程建设征地补偿和移民安置条例》(以下简称《条例》)自颁布实施以来,作为我国大中型水电工程移民安置规划的政策依据,发挥着规范性、指导性的作用。为保障水电移民"搬得出,稳得住,能致富"奠定了坚实基础。但是《条例》针对少数民族移民安置特殊性的内容不多,仅提出了"编制移民安置规划应当尊重少数民族的生产、生活方式和风俗习惯"的原则性要求。在《建设项目经济评价方法与参数》(第三版)中,没有针对少数民族地区经济社会文化特殊性提出要求。2017年国务院令679号,对《大中型水利水电工程建设征地补偿和移民安置条例》作了几项重要修改,如将第二十二条修改为"大中型水利水电工程建设征收土地的土地补偿费和安置补助费,实行与铁路等基础设施项目用地同等补偿标准,按照被征收土地所在省、自治区、直辖市规定的标准执行。被征收土地上的零星树木、青苗等补偿标准,按照被征收土地所在省、自治区、直辖市规定的标准执行"①等,但仍没有涉及高寒山区水电移民安置方式的特殊性,这或许是现有政策中比较大的遗漏和缺陷。也使我国民族地区水电开发的区域经济影响分析缺乏可遵循的制度性规范。

区域经济影响分析涉及的内容既包括总量影响,也有结构影响,既有经济影响,也有社会影响,还有环境影响和民族文化影响,是涉及领域非常广泛的系统性、综合性、全面性影响。我们将上述各方面影响笼统地概括为"区域经济影响",本质上是经济领域影响的延伸扩展,即由经济因素引起的社会、环

---

① 参见《国务院关于修改〈大中型水利水电工程建设征地补偿和移民安置条例〉的决定》(国务院令679号),2017年5月2日,见 http://www.gov.cn/zhengce/content/2017-05/02/content_5190382.htm。

境等因素的系统性反应。根据这些系统的相互关系,我们构建了水电开发的区域经济影响的分析框架。这一分析框架又细分为六个子系统(见图3-1)。

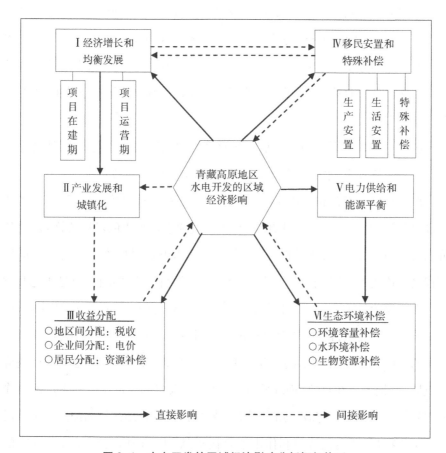

图 3-1 水电开发的区域经济影响分析框架体系

Ⅰ区域经济增长和均衡发展子系统。这个子系统主要研究水电投资对所在地区扩大经济规模的贡献,对地区经济增长速度的影响,分析这种增长与促进该地区缩小与其他地区之间发展差距的关系,以及扩大水电投资与促进区域经济布局相对均衡的关系等。

Ⅱ区域产业发展和城镇化子系统。对区域产业发展的影响既包括水电开发触发的三次产业产值变动,也包括三次产业就业结构的相对变动,即水电开发对人力、物力资源配置在不同产业间的影响和变化,从而对区域工业化、城镇化产生间接影响作用。

Ⅲ水电开发收益分配子系统。包括现有财税体制下地区间的水电收益分配、现行电价形成机制下电力输出地区与输入地区的收益分配、库区居民对水电开发收益的分享三个方面。其中,地区收益分配途径主要依靠财政税收的纵向及横向分配政策,而居民分享途径主要是通过移民安置补偿政策、资源补偿政策来实现。

以上Ⅰ—Ⅲ子系统均属于水电开发投资的区域经济效应系统,体现为水电投资的增长效应、水电开发的结构效应、水电投资的收益效应三个方面。

Ⅳ水电移民安置和特殊补偿子系统。包括水电移民生产安置、移民搬迁安置、高海拔地区特殊生产性补偿、特色文化补偿(如特色建筑装饰、宗教建筑物及其物品、民俗文化补偿等)。作为构成水电建设成本之一的建设征地和移民安置成本,既是水电开发区域经济影响评价的重要依据,也是水电开发社会影响评价的重要内容。世界银行高级顾问迈克尔·M.塞尼(Michael M. Cernea)在《发展项目中的非自愿移民:世界银行贷款指南》中提出,世界银行强调的"非自愿移民社会问题"政策声明中,要求"凡引起移民的项目计划应有效地以'把人放在首位'而开始,把恢复迁移人口的生活水平和生产能力作为优先问题考虑。这些政策指南对于更好地保护项目地区脆弱部落和少数民族的文化特征、社会经济权利作出了直接贡献"①。运用"把人放在首位"的政策指南指导分析我国青藏高原地区水能开发的区域经济影响,具有迫切现实的重大意义。在当地水电开发移民迁移安置过程中,对藏民族宗教、文化、传统习俗等方面带来哪些影响,这是以往水电开发工程比较容易忽视的环节。随着水电开发向高海拔、高寒地区纵深推进,随之带来的经济社会问题已引起各级政府、相关企业的高度重视,制定相应的补偿政策和保护措施刻不容缓,

---

① [美]迈克尔·M.塞尼:《把人放在首位:投资项目社会分析》,王朝纲等译,中国计划出版社 1998 年版,第 22 页。

并亟待根据当地水电开发实践从操作层面细化、完善。因为这个子系统涉及的不仅是水电开发的经济问题,还是更为复杂、更为敏感的社会问题。

Ⅴ区域能源保障和跨区域能源平衡子系统。能源是区域发展重要的基础设施,同时也是重要的基础产业甚至支柱产业。将能源子系统从区域经济系统中分离出来单独研究,可以更全面地分析水电等能源投资对区域经济的影响作用。这种分析思路源于西方经济学界,即将经济分为能源部门与其他经济部门两个部分,并建立相关模型来描述能源与经济的关系。由于我国能源资源分布中心与能源消费中心存在错位,对于拥有丰富能源资源的地区而言,一方面要为本区域的经济社会发展提供可持续的自给性能源保障,另一方面还需要通过"西电东送""北煤南运"向能源消费中心输送大量能源电力,以解决我国的跨区域能源平衡问题。而水电还承担着国家能源结构低碳化转型战略的重任,是可再生非化石能源的主力。一次能源消费中非化石能源的占比已被列入中国向国际社会承诺的低碳自主行动的重要指标。同时,水电开发对区域能源系统的保障作用也直接关系到民族地区的资源环境可持续发展问题。

Ⅵ区域生态环境补偿子系统。水电开发对整体和局部生态环境具有直接和间接影响,作为生态能源,水电具有环境友好的特点,具有改善大气环境的整体性生态效益。但在水电开发和电站运营过程中,对局部水环境、生物环境、地质环境可能存在一些不利影响,对这些影响进行具体分析属于项目环境影响评价的专业领域。水电开发的区域经济影响分析,虽然不涉及对生态环境的具体影响层面,但从水电开发的内外部成本的经济角度,则不能回避这个重要问题。因此,水电开发的区域经济影响分析需要从生态环境补偿的视角,将生态环境补偿成本和补偿的具体环境对象纳入影响分析系统。

上述水电开发区域经济影响分析(评价)系统框架,应当贯穿于青藏高原地区水电开发和水电投产运营的全过程。一方面,要重视前置性的项目影响分析,在水电开发项目立项评审阶段,严格按照国家要求提交项目可行性论证的所有报告,研究制定促进区域协调发展、库区移民妥善安置、藏族传统文化保护与补偿、库区环境保护、水电收益分享政策措施等,从区域经济协调发展的角度论证其项目是否可行。另一方面,还必须在电站投产运营后,保持政策的延续性和相对稳定性,严格落实项目可行性研究阶段制定的各项措施,并结合区域经济发展水平,动态调整补偿标准,适时开展后期政策评估验收,使水电开发与区域经济的发展、移民生产生活水平的提高保持联动,不断解决后期可能出现的新矛盾、新问题。

在本书中,我们没有专门就产业发展与城镇化子系统、生态环境补偿子系统方面进行具体研究,而是将这两个子系统作为"青藏高原地区水电开发投资环境的特殊性"因素进行分析,以便将研究重点集中在水电开发与其他四个区域子系统之间的关系研究上,突出水电开发与区域经济协调发展、移民安置补偿的特殊投资等关键核心问题。此外,对于少数民族移民安置补偿问题的研究,严格来说属于社会影响范畴,我们仅从安置补偿成本费用的经济学角度,将其纳入水电开发投资的内部成本和水电收益分享机制中进行研究。

第四章 青藏高原地区的水能资源及其开发

青藏高原地区是我国长江、黄河、澜沧江、怒江、雅鲁藏布江等主要江河的发源地,蕴藏着极其丰富的水能资源。其中大多数流域被规划为国家清洁能源基地,并已实施了水电开发和建设。

第一节 区域水能资源概况

西藏自治区和四省涉藏地区均位于青藏高原及其边缘地带,是我国水能资源蕴藏量最丰富的地区。这一地区的水能资源开发,对全国发展水电清洁能源、实现能源结构低碳化意义重大。

根据全国第四次水力资源复查成果,我国水能资源的80%左右分布在西部地区的12个省(自治区、直辖市),①特别是西南地区的四川、西藏、云南三个省区,其水能资源的技术可开发量分列全国前三位,集中了全国水能资源技术可开发装机容量的61%、年发电量的68%,水能资源优势地位非常突出。

分省份来看,西藏、四川、青海、云南、甘肃五省区均为全国水能资源富集地

---

① 按理论蕴藏量,全国水力资源中西部地区占86.9%,按技术可开发装机容量,西部地区占81.8%,如按经济可开发装机容量,西部地区占76.2%。

区。按技术可开发量,上述五省区单站装机容量在 500 千瓦以上的可开发水电站共有 3633 座,另有 82 座跨两省区界河的可开发水电站,技术可开发装机总容量 365749 兆瓦,年发电量 18158 亿千瓦时,占全国水能资源技术可开发电量的 73.4%。如按经济可开发量,五省区可开发的水电站共有 3633 座,另有 62 座跨省区界河电站,经济可开发装机容量 234060 兆瓦,年发电量 11247 亿千瓦时,分别占全国经济可开发装机容量的 58.3%、年发电量的 64.1%(见图 4-1)。

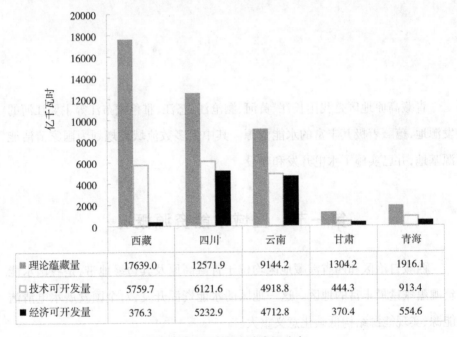

	西藏	四川	云南	甘肃	青海
■ 理论蕴藏量	17639.0	12571.9	9144.2	1304.2	1916.1
□ 技术可开发量	5759.7	6121.6	4918.8	444.3	913.4
■ 经济可开发量	376.3	5232.9	4712.8	370.4	554.6

图 4-1 五省区水能资源分布

资料来源:根据全国第四次水力资源复查成果数据绘制。

上述五省区的水电资源技术可开发量,相当于世界第一大水电站三峡水电站总装机容量的 16 倍,是三峡水电站运行 11 年以来最大年发电量的 18.5 倍。[①]

---

① 三峡水电站初期装机规模为 1820 万千瓦,加上地下电站装机规模 420 万千瓦,以及自备电源 10 万千瓦,全部总装机容量为 2250 万千瓦。

如按经济可开发量,则上述数据分别为 10 倍、11.5 倍。① 换言之,西部五省区水能技术可开发规模,就相当于 16—18 个三峡水电站的规模总量。

分流域来看,青藏高原地区的水能资源主要分布在长江干流金沙江上游,长江一级支流大渡河上游、雅砻江中上游、澜沧江上游,雅鲁藏布江,黄河上游,怒江中上游等。其中,金沙江上游是青海、四川、西藏、云南四省区界河,自上而下依次可划分为青川段、川藏段、川滇段。大渡河、雅砻江中上游均位于四川涉藏地区,澜沧江上游流经西藏和云南涉藏地区,雅鲁藏布江干流穿越西藏的中部和东南部。而黄河上游干流蜿蜒流经青海、甘肃和四川三省涉藏州县。怒江中上游自北向南纵贯藏东南和滇西北,其中松塔水电站坝址位于西藏。这些江河流域既是"十一五"以来国家规划和重点建设的大型水电基地所在,也是未来水电开发的核心潜力,是我国非化石能源发展的关键之一。中国可再生能源发展"十二五"规划提出的"十大千万千瓦级水电基地"、"十三五"规划提出的基本建成"六大水电基地",大部分都在这一地区。

表 4-1 是列入国家《可再生能源发展"十二五"规划》重点项目的西藏和四省涉藏地区水电站,共有 40 项工程之多,其中截至 2020 年已建成投产的有金沙江梨园水电站、大渡河猴子岩和黄金坪水电站、雅鲁藏布江加查水电站 4 座大型水电站,其他大部分电站处于在建阶段,部分电站尚在可行性研究设计阶段。

表 4-1 列入国家"十二五"规划重点的水电站②

区域范围	重点项目	重点流域
西藏自治区、四川涉藏地区、云南涉藏地区	叶巴滩、拉哇、苏洼龙、昌波、旭龙、龙盘、梨园	金沙江中上游

---

① 三峡水电站自 2003 年 7 月 10 日第一台机组正式并网发电,到 2012 年 7 月 4 日最后一台机组正式并网发电,实现全面投产。2012 年创下运行 11 年发电量的最高纪录 981.07 亿千瓦时,占同期全国水电发电量的 14%。参见《水力发电》杂志 2013 年第 12 期。

② 国家发改委:《可再生能源发展"十二五"规划》。

续表

区域范围	重点项目	重点流域
云南涉藏地区、西藏自治区	侧格、卡贡、如美、古学、古水、乌弄龙、里底、托巴	澜沧江中上游
四川涉藏地区	双江口、金川、安宁、巴底、丹巴、猴子岩、黄金坪、硬梁包	大渡河中上游
四川涉藏地区	两河口、牙根一级、牙根二级、孟底沟、杨房沟、卡拉等	雅砻江中上游
青海涉藏地区	门堂、宁木特、玛尔挡、茨哈峡、羊曲、班多等	黄河上游
西藏自治区	松塔、马吉等	怒江干流上游
西藏自治区	大古、街需、加查等	雅鲁藏布江中游
西藏自治区	忠玉	帕隆藏布江

第二节　国家重点水电基地建设进程

根据国家能源局发布的《水电发展"十二五"规划》《水电发展"十三五"规划》，从"十二五"开始我国重点推进了 10 个千万千瓦级大型水电基地建设，这十大水电基地分别是：长江上游、金沙江、澜沧江、雅砻江、大渡河、乌江、黄河上游、南盘江红水河、雅鲁藏布江、怒江，到"十三五"基本建成其中的六大水电基地，即长江上游、黄河上游、乌江、南盘江红水河、雅砻江、大渡河水电基地，总规模超过 1 亿千瓦。其中除长江上游、乌江、南盘江红水河外，大部分水电基地均位于西藏和四省涉藏地区。

一、规划建设的长周期性

水电开发进程较长，从流域梯级开发规划设计到电站建成投产，可以划分为两个主要阶段：一是规划设计阶段，二是施工建设阶段。

在第一阶段，从流域梯级规划设计阶段，到预可行性研究阶段（简称预可研），再到可行性研究阶段（简称可研），所有专题性、综合性设计方案都需要经过专业论证、评审和反复修改，其中许多专题（如水资源、环境影响、建设征地与移民安置规划等）还需要通过相关主管部门的逐级审批，然后在此基础上编制项目申请报告，再通过发改委、能源局的批复核准，才能正式动工，这一阶段长达数年甚至 10 年左右的时间。

然后进入第二个阶段。建设一座大型水电站，要完成大坝、发电厂房等主体工程施工，交通、环保等辅助工程建设，以及移民搬迁，直至大坝截流、发电机组全部安装完毕和正式投产发电，整个建设期则视工程所在地区的运输条件、移民难度等情况，通常需要长达 5—10 年的时间，甚至跨越我国国民经济和社会发展的 2—3 个五年规划期，这个阶段称为水电施工建设阶段。

水电开发的长周期性可以四川雅砻江中游的两河口水电站为例。相关部门从 2002 年开始进行《雅砻江中游（两河口至卡拉河段）水电规划》和两河口水电站的开发方式研究，到 2005 年完成《两河口水电站预可行性研究报告》审查。由于涉藏地区经济社会的特殊性、移民宗教问题的敏感性，以及自然环境条件的复杂性，设计方案不断调整完善，直到 2013 年才通过《两河口水电站可行性研究报告》审查，最终于 2014 年 9 月获得国家能源局对项目申请报告的核准。至此两河口水电站项目才正式动工，开始进行移民安置和大坝建设施工。该电站建设施工期长达 10 年以上，预计将在"十四五"期间建成投产发电。

针对水电开发进程这种特殊性，为加快我国能源建设进度，水电开发企业往往采取"同步推进"的办法，在获得国家发改委下发的"同意项目开展工程前期工作"的批文，取得所谓的"路条"后，通常就可以同步开始"三通一平"等前期建设工程，甚至开始导流洞施工等辅助工程，这种做法已成为水电开发项目的通行惯例。这样一来，水电项目获得国家发改委核准，正式"动工"的概念就变成了"开始坝体建设和大江截流"建设，从而使水电建设工期大大缩短。然而，正是这种"先上车后补票"的做法，容易埋下环保、移民问题隐患，使得水电开发程序饱受诟病,也使得水电站项目成为国家"环保风暴"的处罚焦点。[①]

为了改变移民安置滞后于工程建设的情况,2012 年国家发改委提出要求:坚持"先移民后建设"的水电开发方针,统筹制定移民安置规划方案及工程建设方案,科学确定移民安置周期和工程建设周期,优先实施移民安置,做到移民安置进度适度超前于工程建设进度。[②]

二、 有序开发阶段性明显

针对水电开发的漫长周期,我国《水电发展"十二五"规划》将水电开发重点任务分解为"水电规划重点流域""水电开发重点流域"两个不同时序阶段。到《水电发展"十三五"规划》,则将其进一步明确为水电的"前期工作重点""重点推进项目""重点开工项目"三个不同阶段的任务。显然,水电规划在前,水电开发在后;前期工作在先,重点推进在后。水电规划是水电开发的基础和前置条件,开工项目则是前期规划设计、项目推进的目标和结果。被列入国家"十二五"水电规划的重点流域,正是"十三五"后国家水电开发的重点开发项目所在。而被列入水电重点开发项目的,部分已在"十二五"期间开始建设,部分还在优化设计推进过程中。总之,处于"水电开发重点流域"的水能资源,在开发进程上必然优先于"水电规划重点流域"。

西藏和四省涉藏地区现阶段处于水电开发两个时序阶段的主要流域如下:

---

① 2005 年,金沙江溪洛渡电站、三峡地下电站等因环境影响评价未经审批就先行动工,受到当时的国家环保总局处罚。2009 年 6 月,金沙江中游华能龙开口电站和华能鲁地拉电站又被环保部叫停,原因是"未批先建"——企业在项目环评报告未获得批准的情况下擅自先行截流,同时受到牵连的还有华能、华电两大集团的所有拟建项目以及整个金沙江中游电站环评项目。2014 年 3 月,国家环保部因长江珍稀鱼类资源保护否决了小南海等水电项目,要求"未来三峡集团及其他单位,不得再规划和建设小南海水电站、朱杨溪水电站、石硼水电站及其他任何拦砂坝等涉水工程"。

② 参见国家发展改革委:《关于做好水电工程先移民后建设有关工作的通知》(发改能源〔2012〕293 号)。

（1）水电开发重点流域。包括大渡河、雅砻江、澜沧江中下游、金沙江中下游等流域。同时启动金沙江上游、澜沧江上游、黄河上游(茨哈峡以上)、雅鲁藏布江中游、怒江中下游等水电基地开发。

（2）水电规划重点流域。包括四川、青海、云南等省的大江大河上游河段及西藏大中型河流。具体包括:西藏那曲河、帕隆藏布、雅砻江上游、怒江、金沙江上游、澜沧江上游、黄河上游、雅鲁藏布江下游和通天河。①

从上述开发时序可知,水电梯级开发按照先易后难的思路,大多是从河流中下游向上游河段、从低海拔河谷段向高海拔峡谷段推进的。上述重点流域下游水电开发已基本完成,如大渡河下游、雅砻江下游、澜沧江下游、金沙江下游等,其中2014年投产的金沙江下游溪洛渡水电站、向家坝水电站,曾是我国仅次于三峡水电站的第二、第三大水电站。而2021年先后投产的金沙江乌东德、白鹤滩水电站规模刷新了上述纪录,白鹤滩水电站成为我国第二大水电站,溪洛渡水电站规模屈居第三,乌东德电站排在第四。流域中游大部分已进入重点开发阶段,其中部分项目正在建设,部分项目已经投产,如西藏雅鲁藏布江中游的藏木水电站,于2010年动工,2015年投产发电。四川雅砻江中游两河口电站,于2014年10月正式动工,预计2021年内可实现首台机组发电,2023年全部工程竣工。整体来看,上述流域上游的水电开发刚开始启动,多数还处于"水电规划重点流域",如金沙江上游、澜沧江上游、黄河上游(茨哈峡以上)、雅砻江上游等。

在国家"十二五"期间重点推进的十大千万千瓦级大型水电基地中,有七大基地位于西藏和四省涉藏地区,包括水电规划重点流域和水电开发重点流域,大多数都在这一区域。

表4-2、表4-3分别是"十三五"期间我国大型水电基地规划、水电基地重点建设项目,其中大部分均位于青藏高原地区。如上述规划投资全部得以

① 参见国家能源局:《水电发展"十二五"规划》。

落实,可以预计,投资规模巨大的水电开发建设将对上述地区的经济社会发展带来深刻的、长久的影响和作用。

表4-2 "十三五"大型水电基地建设规划

单位:万千瓦

序号	水电基地	规划开发总规模	2015年已建成规模	预计开工规模	预计新增投产规模	2020年建成目标规模
1	*长江上游	3128	2521.5	203	0	2521.5
2	黄河上游	2656	1528.8	614.2	384.2	1913
3	*乌江	1163	1110	52.5	0	1110
4	*南盘江红水河	1508	1207.9	0	60	1267.9
5	雅砻江	2883	1455.6	734.5	15	1470.6
6	大渡河	2524	1229.7	493.86	512.73	1742.4
7	金沙江	8315	3162	2381.25	580	3742
	合计	22177	12215.5	4479.31	1551.93	13767.4

注:*为其他地区的水电基地。

资料来源:国家能源局:《水电发展"十三五"规划》,见国家能源局官网(http://www.nea.gov.cn/2016-11/29/c_135867663.htm)。

表4-3 "十三五"期间重点水电工程项目

序号	流域	重点开工项目	加快推进项目
1	金沙江上游	白鹤滩、叶巴滩、拉哇、巴塘、金沙	昌波、波罗、岗托、旭龙、奔子栏、龙盘、银江等
2	雅砻江中游	牙根一级、孟底沟、卡拉	牙根二级、楞古等
3	大渡河	金川、巴底、硬梁包、枕头坝二级、沙坪一级	安宁、丹巴等
4	黄河上游	玛尔挡、羊曲	茨哈峡、宁木特等
5	其他	林芝、白马	阿青、忠玉、康工、扎拉等

资料来源:国家能源局:《水电发展"十三五"规划(2016—2020年)》,见国家能源局官网(http://www.nea.gov.cn/2016-11/29/c_135867663.htm)。

第三节　青藏高原地区主要流域水电开发

一、　西藏自治区

西藏自治区位于"世界屋脊"青藏高原,地势高峻,地形起伏,河流众多,水能资源十分丰富,是我国水力资源最富集的省区。根据第四次全国水力资源复查成果,西藏水力资源理论蕴藏量 201358.2 兆瓦[①],年发电量 17638.98 亿千瓦时[②],占全国总蕴藏量的 29.7%,居全国各省份首位;技术可开发量 110004.4 兆瓦,年发电量 5759.69 亿千瓦时,占全国的 20.3%,居全国第二位;经济可开发量 8350.4 兆瓦,年发电量 376.25 亿千瓦时。[③] 随着我国水电开发技术和勘测技术进步,2016 年第三次西藏自治区水力资源普(复)查最新成果显示:西藏水力资源技术可开发量逾 1.7 亿千瓦,已经超过四川省,跃居全国第一位。[④]

西藏是全国乃至世界少有的水能资源"富矿"区。其中,藏东南的雅鲁藏布江、金沙江、澜沧江、怒江是全区水力资源最丰富的 4 条河流,其流域水能资源技术可开发量分别占西藏的 69.8%、10.1%、4.6% 和 3.4%,整个藏东南的水电资源技术可开发量占西藏的 86.6%。但是,由于自然、经济、技术等各方面原因,迄今全区水能资源开发程度还很低。截至 2017 年底,西藏水电开发率不足 1%,加上在建水电站也仅占全区技术可开发量的 2.8%。目前我国待开发水电资源的一半左右位于西藏,其中雅鲁藏布江占 40% 以上,开发潜力

---

① 兆瓦(MW)为水电装机规模容量单位,1 兆瓦=1000 千瓦,下同。

② 千瓦时(kW.h)为电力功率单位,1 千瓦时=1 度电,下同。

③ 数据来源于《中华人民共和国水力资源复查成果(2003 年)总报告》。

④ 刘洪明:《西藏水力资源技术可开发量居全国首位》,2016 年 6 月 19 日,见 http://green-finance.xinhua08.com/a/20160619/1646063.shtml。

巨大。①

早在"十三五"初期,中央就明确提出:要加快推进西藏清洁能源开发,支持西藏打造国家清洁能源示范区,以此促进当地经济社会发展,并增加国家清洁能源战略储备,为调整国家能源结构做出积极贡献。

西藏主要流域水电资源及开发状况如下:

(1)雅鲁藏布江。雅鲁藏布江发源于喜马拉雅山北麓,是西藏自治区最大的河流,也是世界上海拔最高的一条大河。雅鲁藏布江从海拔5300米以上的杰马央宗冰川,自西向东奔流于"世界屋脊"的青藏高原南部,最后于墨脱县巴昔卡附近流出国境,进入印度后改称布拉马普特拉河,经印度、孟加拉国注入孟加拉湾。

雅鲁藏布江干流在我国境内长2057公里,天然落差5434米,支流众多。其中流域面积在1万平方公里以上的支流有拉萨河、尼洋河、帕隆藏布、年楚河和多雄藏布五大支流。根据自然条件、河谷形态及其流程变化,雅鲁藏布江干流以西藏的里孜、派镇为界,划分为上游、中游和下游。雅鲁藏布江水力资源主要集中在干流,干流水力资源理论蕴藏量达7911.6万千瓦,占全流域的69.5%,仅次于长江,居全国江河第二位。

雅鲁藏布江中游流域集中了几大主要支流,如多雄藏布、年楚河、尼木玛曲、拉萨河、尼洋河等。这些支流不但提供了丰富的水量,而且造就了宽广的平原,成为西藏人口最稠密、工业最集中、农业最富庶的地区。坐落在支流中下游河谷平原上的中心城区,包括拉萨市城关区、日喀则市桑珠孜区、林芝市巴宜区、山南市乃东区等,是西藏自治区政治、经济、贸易、交通和文化中心。雅鲁藏布江干流中游桑日—郎县的峡谷河段,坡降大落差集中,淹没损失小,开发条件较好,距离西藏中部负荷中心较近,是现阶段水电开发主要河段。西藏迄今已建成的第一、第二大装机规模水电站——藏木水电站、加查水电站均

---

① 苏南:《西藏水电开发:潜力大障碍多》,《中国能源报》2018年10月15日。

位于雅鲁藏布江中游峡谷河段。

2021 年,雅鲁藏布江下游水电开发被纳入《中华人民共和国国民经济和社会发展第十四个五年规划纲要和 2030 年远景目标纲要》,作为面向服务国家重大战略的重大工程项目之一,雅鲁藏布江下游水电开发与川藏铁路、西部陆海新通道、国家水网等重大工程实施相并列,成为推进国家重大科研设施、重大生态系统保护修复、公共卫生应急保障、重大引调水、防洪减灾、送电输气、沿边沿江沿海交通等一批强基础、增功能、利长远的重大项目建设工程。①

图 4-2　雅鲁藏布江中游峡谷河段（作者摄于 2014 年）

（2）澜沧江上游（西藏段）。澜沧江发源于青海省,流经西藏后进入云南,在西双版纳州南腊河口处流出国境后称为湄公河。澜沧江在我国境内长 2130 公里,落差约 5000 米,分别占全河的 44.4%、90.9%。水力资源蕴藏量约

---

① 《中华人民共和国国民经济和社会发展第十四个五年规划纲要和 2030 年远景目标纲要》,人民出版社 2021 年版。

图 4-3　西藏林芝老虎嘴水电站(作者摄于 2014 年)

3656 万千瓦,其中干流约 2545 万千瓦。澜沧江干流梯级水电开发分为云南段和西藏段。

　　根据《澜沧江上游(西藏境内河段)水电规划报告》,上游西藏段水电开发设计为六级开发方案,自上而下分别是:侧格水电站、约龙水电站、卡贡水电站、班达水电站、如美水电站、古学水电站。6 座电站总装机容量 588 万千瓦,年发电量约 288 亿千瓦时。[①] 目前,澜沧江上游河段水电开发正有序推进,由华能澜沧江水电有限公司负责开发和管理。其中,澜沧江上游云南段里底、乌弄龙两个水电项目分别于 2013 年、2014 年经国家发改委核准动工,意味着澜沧江上游河段水电开发正式启动。坝址在云南境内而水库回水延伸至西藏的古水水电站建设,将为澜沧江西藏段水电开发创造有利条件,并率先实现"藏电外送",成为向华南等地外送电力的突破口。而坝址位于西藏昌都市芒康

---

　　①　袁湘华:《加快澜沧江西藏段水电开发的思考》,《水力发电》2010 年第 11 期。

县的如美水电站,作为澜沧江西藏段梯级开发规划的第5级和控制性水库,设计装机容量210万千瓦,多年平均年发电量105.82亿千瓦时,将成为藏东南水电近期开发的另一重要电源点。

目前,在澜沧江上源扎曲河上已经建成西藏果多水电站①。该电站于2016年正式投产发电,总装机容量16.5万千瓦,年发电量8.319亿千瓦时。所发电力除了用于解决当地居民用电外,还重点为西藏玉龙铜矿生产提供电力保障。

随着西藏狮泉河、直孔、旁多、雪卡、老虎嘴、藏木、果多、多布等一系列水电站的投产运行,以水电为主的西藏综合能源体系已初步形成。截至2019年,西藏电力总装机容量358.68万千瓦,年发电量91.05亿千瓦时,其中:水电发电量39.5亿千瓦时,占全区年发电总量的88.2%。加快开发西藏水电,实施"藏电外送",已成为国家能源战略的重要组成部分。未来随着西藏清洁能源开发的推进,青藏、川藏两条"电力天路"通道逐渐建成和完善,"藏电外送"的规模将持续增长,西藏或将成为国家"西电东送"能源接续基地,为中国在应对全球气候变化领域发挥引领作用,为实现国家能源战略结构优化调整做出重要贡献。

二、 四川涉藏地区

四川涉藏地区包括甘孜、阿坝两个藏族自治州和凉山州的木里藏族自治县,地处长江上游,有金沙江、雅砻江、大渡河、岷江等江河穿越其间,支流众多、水流湍急、落差极大、水量充沛,水能资源极其丰富。

(一)甘孜藏族自治州

甘孜藏族自治州简称甘孜州,全州境内水能资源主要集中在金沙江、雅砻

---

① 2020年8月雅鲁藏布江加查水电站首台机组正式发电,成为西藏迄今第二大水电站,果多由之前的西藏第二大电站退位成第三大电站。

江、大渡河三大水系,水能资源理论蕴藏量 4704.3 万千瓦,技术可开发年发电量 1715.3 亿千瓦时,技术可开发装机容量 3662.95 万千瓦,①约占四川全省水能资源技术可开发量的 30%。

甘孜州境内主要流域水能资源及开发进程如下:

(1)金沙江上游。金沙江是长江的上游河段,流经青、藏、川、滇四省区,至宜宾与岷江汇合后始称长江(川江)。金沙江从甘孜州巴塘河口至宜宾全长 2308 公里。其中,巴塘河口至云南石鼓称金沙江上段(上游),石鼓至攀枝花称金沙江中段(中游),攀枝花至宜宾称为金沙江下段(下游)。根据全国水电"西电东送"三十年规划,金沙江下游梯级水电站将供电华东、华中、川渝、滇等省区,主要是华东和华中地区;金沙江中游梯级水电站将送电广东、云南和广西等省区,主要是广东省。其中金沙江下游河段水电开发涉及范围为四川、云南两省,但均不在涉藏地区范围内。而金沙江中游部分梯级、金沙江上游全部梯级开发则分别涉及云南、青海、四川三省涉藏地区和西藏。

金沙江上游干流全长 974 公里,流域面积 7.65 万平方公里。其中从青海玉树巴塘河口至云南奔子栏为上游河段水电开发规划范围,全长约 772 公里,天然落差 1516 米。金沙江上游大部分河段为相邻两省的界河,按流向自上而下可分为:青川段(青海四川界河段)、川藏段(四川西藏界河段)、川滇段(四川云南界河段)。如位于金沙江上游的岗托水电站,左岸属四川省甘孜州,右岸属西藏自治区昌都市,两岸居民均以藏族为主,自然条件和经济发展水平相似。而在金沙江奔子栏峡谷段,左岸属四川甘孜州得荣县,右岸为云南迪庆州德钦县,金沙江在此形成一个巨大的马蹄形大拐弯,素称"金沙江第一湾"。

(2)雅砻江中游。雅砻江是金沙江的最大支流,发源于巴颜喀拉山南麓,经青海流入四川,在四川攀枝花市汇入金沙江。雅砻江水量丰沛落差大,水能资源理论蕴藏量 3840 万千瓦,技术可开发量达 3466 万千瓦,占整个长江流域

---

① 数据来源:《甘孜州"十二五"生态能源产业发展规划》。

图 4-4 金沙江上游川滇段的"Ω"字形大拐弯（作者摄于 2019 年）

的 13.8%。

位于四川涉藏地区的雅砻江干流水电开发主要集中在中游两河口—卡拉河段，规划有两河口、牙根、楞古、孟底沟、杨房沟、卡拉 6 级开发，[①]均为百万千瓦级大型水电站，总装机容量 1123.8 万千瓦，联合运行多年平均年发电量为 512.57 亿千瓦时，是"十二五"以来的重点开发河段。其中两河口水电站是雅砻江干流中游段"龙头"水库电站，装机规模 300 万千瓦，具有多年调节能力，2014 年 10 月由国家发改委核准正式动工，预计 2021 年内可实现首台机组运行发电，2023 年全部工程竣工，届时将成为仅次于黄河干流拉西瓦水电站装机规模的涉藏地区第二大水电站，成为我国实施"西电东送"战略的优质电源点。

（3）大渡河中上游。大渡河是长江流域岷江水系的最大支流，发源于青

① 牙根电站开发拆分为牙根 1 级、牙根 2 级，因此中游 6 个梯级相应变更为 7 个梯级电站。

海省果洛山东南麓,分东、西两源,东源为足木足河,西源为绰斯甲河,两源在双江口汇合后始称大渡河。大渡河干流由北向南流经四川涉藏地区的金川、丹巴、泸定等县后折向东流,再经四川石棉、汉源、峨边、福禄、沙湾等地,在接纳青衣江后于乐山市城南注入岷江。干流以(甘孜州)泸定县、(乐山市)铜街子为界划分为上游、中游和下游。

位于四川涉藏地区的大渡河干流水电开发,主要包括大岗山水电站①及其以上的 14 个梯级水电站,总装机容量规模 1531 万千瓦,设计单独运行年发电总量 660. 89 亿千瓦时,库区淹没影响总人口约 2. 96 万人。由于大渡河流域水电开发采取多主体同时开发模式,国电大渡河、华能、华电、大唐等电力国企分段同时推进,从而加快了流域水电开发速度。目前大渡河已有泸定、大岗山、黄金坪、长河坝、猴子岩 5 座大型水电站先后建成投产,双江口电站已获得了国家发改委核准开始建设,预计将于 2022 年建成投产。此外,金川、巴底、硬梁包水电站都已开展前期筹建工作。

(二)阿坝藏族羌族自治州

阿坝藏族羌族自治州简称阿坝州,与甘孜州接壤。全州有大小河流 530 余条,多年平均水资源总量 446 亿立方米。其中黄河在阿坝州流经 165 公里,长江上游的主要支流岷江、嘉陵江、涪江均发源于阿坝州。岷江干流、大渡河纵贯全境。全州水能理论蕴藏量 1933 万千瓦,技术可开发量 1400 万千瓦,分别占全省水能资源的 14%、11%。

岷江是阿坝州水电开发较早的流域,"十二五"前已基本开发完毕,而州境内的大渡河水电资源开发建设"十二五"后才陆续启动。大渡河干支流在州内共规划了 20 多座梯级水电站开发,装机容量近 700 万千瓦。包括大渡河上游干流、绰斯甲河流域、小金川河流域、俄日河流域、脚木足河流域的梯级开

---

① 大岗山水电站位于大渡河甘孜藏族自治州与雅安市交界河段,为避免重复计算,开发量按各 1/2 装机容量和发电量计入。

发(见表4-4)。

表4-4　阿坝州大渡河干支流水能资源分布①

流域梯级	装机规模 （万千瓦）	电站数目 （座）	梯级电站名称
大渡河干流	396.0	4	双江口、金川、安宁、巴底
绰斯甲河	111.3	5	上寨、绰斯甲、观音桥、卡龙电站、蒲西电站
小金川河	30.3	5	木坡、春堂坝、杨家湾、三叉、汗牛河
俄日河	27.8	4	银恩、七家寨、俄日、红卫桥
脚木足河	133.4	4	卜寺沟、下尔呷、巴拉、达维

（三）木里藏族自治县

木里藏族自治县简称木里县,位于四川凉山彝族自治州。木里县东跨雅砻江、西抵贡嘎山,北接甘孜州,南临金沙江,水能资源极其丰富,有"全国水电大县"之称。全县大中小河流水能资源理论蕴藏量1269.37万千瓦。雅砻江在木里县域内有锦屏一级（360万千瓦）、锦屏二级（480万千瓦）、卡拉（100万千瓦）、杨房沟（150万千瓦）、孟底沟（200万千瓦）5座百万千瓦级大型水电站,可开发装机容量规模合计1290万千瓦,按50%扣除界河部分后木里县域仍有645万千瓦。此外,县境内的木里河、水洛河、鸭嘴河等三条支流水能理论蕴藏量467万千瓦,技术可开发量380万千瓦。全县水能资源技术可开发量约1070万千瓦,约占四川省水能资源技术可开发量的8.9%。

综上,四川涉藏地区水能资源集中分布在雅砻江、大渡河、金沙江上游等干支流,水能资源技术可开发装机容量共6130万千瓦,约占全省水能资源可开发量的51%。四川省继2011年水电发电量、2012年装机总量超过

---

① 资料来源于《阿坝州大渡河流域水电开发调研报告》。

湖北省,成为全国最大的水电基地后,近年随着金沙江溪洛渡、向家坝,雅砻江锦屏一级、锦屏二级,大渡河泸定、大岗山、黄金坪、猴子岩等大型梯级水电站相继投产,全省水电产能规模不断发展壮大。截至 2017 年底,水电开发装机容量规模已达到 7564 万千瓦,占全国水电规模总量的 21%,稳居各省份首位,超过拥有三峡电站和葛洲坝电站的湖北省规模 1 倍。2017 年四川外送电量 1389 亿千瓦时,同比增长 7.9%,连续 4 年外送电量超过 1000 亿千瓦时,累计外送高达 6300 余亿千瓦时。[①]"十三五"期间全省新增水电装机 1250 万千瓦,已初步建成国家重要的清洁能源基地,成为全国电力能源生产大省、消费大省和输出大省,为全国"蓝天保卫战"和二氧化碳减排作出了巨大贡献。

近年来,四川全省新投产的大型水电站几乎都分布在四川涉藏地区的金沙江、雅砻江和大渡河"三江流域"。目前上述流域还有很多在建电站,特别是雅砻江两河口电站、大渡河双江口电站,都是对整个流域梯级开发具有多年调节控制性能的龙头水库电站,而金沙江上游川藏界河段的梯级水电开发也开始启动。截至 2020 年 12 月,全省水电装机规模突破 8000 万千瓦,年发电量超过 3300 亿千瓦时,在建规模约 4000 万千瓦,其中四川涉藏地区已成为我国大型水电基地最集中的区域之一。

三、 青海涉藏地区

青海省地处青藏高原东北部,是长江、黄河、澜沧江的发源地,蕴藏着极丰富的水能资源。根据《中华人民共和国水力资源复查成果(2003 年)》,青海省水能技术可开发量在 1 万千瓦以上的河流有 108 条,分布于黄河、长江、澜沧江、内陆河四大流域。境内水力资源技术可开发量 2314 万千瓦,可建装机容量 500 千瓦以上的水电站 241 座(其中 12 座为省界河电站),年平均发电量

---

① 胡朝辉:《去年四川省同比用电量增长近 5%,清洁能源装机量和发电量全国第一》,《四川日报》2018 年 1 月 30 日。

可达 913.44 亿千瓦时。[①] 四大河流中,以黄河流域水力资源最为丰富,理论蕴藏量占全省的 63.8%。黄河干流水量稳定,落差集中,距离负荷中心近,开发条件优越,是我国水能资源的"富矿"地带和水电开发最早的地区之一,目前开发已较为充分,未来仍是国家大型水电基地开发建设的重点流域。

表 4-5 青海省水力资源流域分布状况

	理论蕴藏量占全省	技术可开发量	
		装机容量(万千瓦)	年发电量(亿千瓦时)
长江流域	20.0%	219.1	113.17
澜沧江流域	9.0%	98.8	49.25
黄河流域	63.8%	1931.3	717.85
内陆河流域	7.6%	64.7	33.17

资料来源:《中华人民共和国水力资源复查成果(2003 年)第 26 卷青海省》,中国电力出版社 2004 年版,第 12—14 页。

黄河发源于青海省巴颜喀拉山,流经青海、四川、甘肃、宁夏、内蒙古、陕西、山西、河南、山东九省区。黄河在内蒙古托克托县(河口镇)以上河段为上游,长 3472 公里。根据河道特性的不同,上游又可进一步分为河源段、峡谷段、冲积平原段三部分[②]。青海省贵德县龙羊峡以上为河源段,从卡日曲,经星宿海、扎陵湖、鄂陵湖到龙羊峡,大部分穿行于海拔 3000—4000 米左右的高原上,两岸多湖泊、沼泽、草滩,水流稳定,河水清澈,素有"天下黄河贵德清"之说。[③] 龙羊峡至青铜峡为峡谷段,河道流经山地丘陵,形成峡谷和川地相间地形,其间有龙羊峡、积石峡、刘家峡、青铜峡等 19 个峡谷。峡谷段峡窄崖陡、

---

① 参见《中华人民共和国水力资源复查成果(2003 年)第 26 卷青海省》,中国电力出版社 2004 年版,第 8—9 页。

② 上海师大等:《中国自然地理》上册,人民教育出版社 1997 年版,第 74 页。

③ 位于青海省海南藏族自治州贵德县境内的黄河干流因河水清澈,水能开发潜力巨大,赢得"天下黄河贵德清"的美誉。

河流比降落差大,蕴藏着丰富的水能资源。黄河出青铜峡后向东北流动,河床变得平缓,水流缓慢,在两岸形成大片冲积平原,如著名的银川平原、河套平原即分布于此河段。

黄河上游水电基地是我国十三大水电基地之一,也是我国水电开发最早,至今仍在开发的流域区。黄河上游干流水电开发分为两段,龙羊峡以上为上段,从鄂陵湖湖口—龙羊峡库尾的羊曲坝址,全长 1360 公里,规划有羊曲、茨哈峡、玛尔挡、宁木特等 13 个梯级水电站。中下段为龙羊峡—青铜峡段,全长 918 公里,现已建成龙羊峡、拉西瓦、李家峡、公伯峡、积石峡、刘家峡、青铜峡等 7 座装机容量超过 100 万千瓦的大型水电站,以及尼那、直岗拉卡、康扬、苏只、盐锅峡、八盘峡、小峡、大峡、沙坡头等十余座大中型水电站,投产水电站总装机规模超过 1300 万千瓦。

从流域区看,青海涉藏地区是黄河上游干流水电资源分布最集中的区域,包括黄河上游上段(龙羊峡—鄂陵湖口段)的 13 个梯级水电站,以及中段(龙羊峡—康扬河段)的 7 座水电站。目前中段水电开发已基本完成,开始转向开发难度较大的龙羊峡以上的黄河上游上段。该河段迄今除黄河源和班多电站已建成发电,羊曲、玛尔挡水电站正在建设外,大多数梯级尚未开发。

从行政区看,青海涉藏地区水电开发主要集中在海南藏族自治州和果洛藏族自治州境内。黄河干流上超过百万千瓦规模的大型水电站——李家峡水电站(200 万千瓦)、拉西瓦水电站(420 万千瓦)、龙羊峡水电站(128 万千瓦)、羊曲水电站(120 万千瓦)、茨哈峡水电站(200 万千瓦)、玛尔挡水电站(220 万千瓦)、多尔根水电站(126 万千瓦),全部位于海南州境内。其中拉西瓦水电站是黄河干流上最大的水电站,也是迄今我国青藏高原地区建设的最大装机规模的水电站。而龙羊峡电站是我国第一座高海拔(2600 米)的百万千瓦级大型水电站。此外,海南州与果洛州交界河段正在建设的玛尔挡水电站,是目前果洛州最大的水电项目,装机容量 220 万千瓦,总投资概算 215.74

亿元,已于 2016 年 6 月获得国家发改委核准正式动工。工程建设影响范围涉及果洛、海南、黄南三个藏族自治州,区域内人口 95% 为藏族。预计该电站建成投产后,将带动当地形成以水电为支撑的电解铝和铝矿深加工高附加值产业链。

此外,青海涉藏地区现已完成的流域水电开发规划的还有:长江流域的通天河流域、金沙江上游(青川段)。其中通天河水电开发规划为 8 级总装机 2838 兆瓦、年发电量 128.32 亿千瓦时的开发总规模。金沙江上游青川段规划为西绒、晒拉、果通 3 级总装机 840 兆瓦、年发电量约 39 亿千瓦时开发规模。但是,根据现阶段我国经济社会发展和生态环境建设情况,对上述两个流域河段水能资源已暂停开发。

截至 2020 年,青海省已建成水电装机容量 1193 万千瓦,仅占全省电力总装机容量的 29.6%,低于太阳能发电装机容量,但水力年发电量 599 亿千瓦时,占全省年发电总量比重却高达 63.1%,①比太阳能发电量比重高 45.5 个百分点,显示了水电在清洁能源电力中的绝对主导作用。

四、 云南涉藏地区

云南涉藏地区即迪庆藏族自治州,简称迪庆州。全州水能资源理论蕴藏量 1650 万千瓦,占云南省资源总量的 15%,主要分布在澜沧江、金沙江两大江河上游干支流。上述"两江"干流水能资源蕴藏量 1370 万千瓦,支流蕴藏量 280 万千瓦,河流天然落差大,具备开发大中型梯级电站的优良条件。

其中,澜沧江干流流经迪庆州境内 489 公里。根据《澜沧江古水至苗尾河段水电规划报告》方案,实施"一库七级"水电梯级开发,其中有 4 个梯级电站(古水、乌弄龙、里底、托巴)坝址均位于迪庆州,另有黄登水电站建设影响到迪庆州。而金沙江上游(川滇段)的旭龙、奔子栏两个梯级电站及金沙江及

---

① 刘泽根:《2020 年青海电网总装机 4030 万千瓦　清洁能源装机占比超九成》,央广网,见 http://news.cnr.cn/native/city/20210201/t20210201_525404832.shtml。

中游"一库八级"中的梨园、两家人、龙盘三个梯级也位于迪庆州境内。此外，硕多岗河是迪庆州香格里拉县境内的金沙江一级支流，水能蕴藏量丰富，调整后的优化开发方案为"一库六级"，总装机容量50万千瓦。

据初步统计，迪庆州已建成水电站68座，水电装机容量114万千瓦。根据开发规划，2020年全州建成投产水电装机容量1500万千瓦，占云南省水电总装机的15%以上。[1]

目前，迪庆州境内正在开发建设澜沧江里底电站和金沙江旭龙电站，即将开始建设的有澜沧江乌弄龙电站、托巴电站和古水电站、金沙江奔子栏电站等。

表4-6 云南迪庆州澜沧江上游水电开发

名称	坝址	装机容量（兆瓦）	年发电量（亿千瓦时）	开发状况
托巴	云南迪庆州	1400	60.67	前期
里底	云南迪庆州	420	19.52	在建
乌弄龙	云南迪庆州	9900	41.16	
古水	云南迪庆州/西藏	1800	83.37	前期

五、 甘肃涉藏地区

甘肃省位于我国西北大陆腹地，地处青藏高原、内蒙古高原和黄土高原的交会地带。省内西秦岭和祁连山余脉——乌鞘岭把全省分为三个流域：乌鞘岭以西为河西内陆河流域，乌鞘岭以东、西秦岭以北为黄河流域，西秦岭以南属长江流域嘉陵江水系。全省水力资源理论蕴藏量1724万千瓦，其中黄河流域、长江流域嘉陵江水系和汉江水系、内陆河流域分别占61.6%、26.8%和

---

① 参见迪庆藏族自治州能源办：《关于全州水电开发建设情况的汇报》，2014年7月。

11.6%。按水能资源的技术可开发量,全省可建设装机容量在 500 千瓦以上的水电站 319 座(其中 6 座为邻省界河电站),总装机容量 1062.5 万千瓦,年发电量 444.34 亿千瓦时。因此,相对于西南诸省,甘肃水能资源不算特别丰富,仅在黄河上游玛曲河段和中游黑山峡河段具有规模化开发优势,而支流水能资源多数仅适合小型引水式开发。

甘南藏族自治州(简称甘南州)地处长江、黄河两大流域上游,境内有黄河、大夏河、洮河、白龙江"一江三河"的 120 多条分支河流,水能资源相对较丰富。全州水能资源理论蕴藏量 361 万千瓦,技术可开发量 215 万千瓦,分别占全省的 21%、20%。随着流域水电开发规划方案的优化调整,近年来在黄河、大夏河、洮河、白龙江干支流上规划的总机容量已达到 300 万千瓦以上。到 2014 年甘南藏族自治州已建成水电站 181 座,装机容量 131 万千瓦,年发电量约 48 亿千瓦时。在建水电站 39 座,总装机容量近 49 万千瓦。[①] 在建和已建成水电站总装机容量规模 178.1 万千瓦,开发率达到全州水电资源技术可开发量的 82.8%,水电开发已接近尾声。

甘南州水电开发重点过去主要集中在迭部县、舟曲县的白龙江流域(属长江流域嘉陵江水系),以及卓尼县的黄河支流洮河流域。全州境内的水电开发包括:白龙江干流尼什峡至沙川坝河段共 13 个梯级电站,总装机容量 59.51 万千瓦;沙川坝至苗家坝河段共 4 个梯级电站,总装机容量 7.8 万千瓦;黄河支流洮河干流 27 级电站,总装机容量 44.06 万千瓦。上述梯级大部分已全部建成投产,其中九甸峡电站装机容量 30 万千瓦,是甘南州境内已建成规模最大的综合性水利水电枢纽工程。全州的大部分水电站为引水式开发,且装机容量大多数是 2.5 万千瓦以下的小型水电站。

---

① 资料来源于甘南藏族自治州发改委能源办。因甘南州水电开发已暂停,水电装机规模基本上无变化。

表 4-7 甘南州重点流域水能资源及开发状况

	电站名称	所在区域	装机容量（兆瓦）	年发电量（亿千瓦时）	开发状况
洮河	九甸峡	甘南藏族自治州卓尼县	300	10.02	2009 年建成
	扭子	甘南藏族自治州卓尼县	30		2009 年建成
	录坝寺	甘南藏族自治州卓尼县	51		2010 年建成
	安果儿	甘南藏族自治州合作市	25.2		2007 年建成
白龙江	锁儿头	甘南藏族自治州舟曲县	66	2.935	2012 年建成
	凉风壳	甘南藏族自治州舟曲县	52.5	2.41	2013 年建成
	喜儿沟	甘南藏族自治州舟曲县	72	2.85	2014 年建成
	大立节	甘南藏族自治州舟曲县	40.2		2009 年建成
	虎家崖	甘南藏族自治州舟曲县	28		2007 年建成
	代古寺	甘南藏族自治州迭部县	87	3.752	2011 年建成
	花园峡	甘南藏族自治州迭部县	60	2.49	2013 年建成
	九龙峡	甘南藏族自治州迭部县	81	3.655	在建
	多儿	甘南藏族自治州迭部县	32		2007 年建成
	达拉河口	甘南藏族自治州迭部县	52.5		2007 年建成
	水泊峡	甘南藏族自治州迭部县	57		2010 年建成
黄河干流玛曲段	多松	甘肃甘南州/青海黄南州	1100/2	44.52/2	暂停开发
	塔吉柯 1	甘南藏族自治州	70		
	塔吉柯 2	甘肃甘南州/青海果洛州	60/2		

注：表中仅列出已建、在建和规划装机容量 25 兆瓦以上规模的大中型水电站。
资料来源：甘南州发改委能源局。

按照原有规划，甘肃水电开发重点将逐步转向黄河玛曲段。黄河干流从青海久治县门堂乡下游流入甘肃境内，在甘南藏族自治州的玛曲一带，经阿尼玛卿山回转 180 度后，至玛曲县西北部的多松乡流出甘肃。该河段长 435 公里，河段海拔高程在 3300 米以上。其中属于甘（肃）青（海）界河长 86 公里，甘（肃）（四）川界河长 198 公里，完全在甘肃省的长度为 151 公里。黄河干流玛曲段可开发量 136 万千瓦以上,占甘南州水电可开发量的 63%。但该流域河段水电开发面临着环保、移民安置以及水电消纳等诸多难题,因此甘肃和青海两省已共同决定:暂停该流域河段水电开发。

第五章　青藏高原地区水能开发的环境特征

青藏高原是世界最独特的自然地理单元,是我国以藏族为主的少数民族聚居地和西部边疆地区。在维护国家统一、民族团结中具有特殊的战略地位。因此,在该区域进行水能资源开发将面临许多特殊性。这些特殊性既来自于青藏高原复杂的自然环境,如地形、地貌、气候、生物、生态,也来自于其独特的社会经济、民族文化环境。各种自然与人文经济因素相互交织、共同作用,不仅深刻地影响水电工程规划设计、造价成本、电力输送等开发技术层面,还将直接影响到我国水电开发政策层面,对农村土地征收政策、移民安置补偿政策、资源收益分配政策等现行政策的执行带来一系列挑战,也为中国现行水电开发体制机制的改革创新提供了契机。

第一节　自然环境

青藏高原地区在地域空间上是一个连续的整体。青藏高原的独特性、完整性,奠定了这一地区自然环境条件的同质性、相似性。

一、海拔高山脉多

青藏高原是世界上海拔最高、面积最大的高原,被称为"世界屋脊"。高海拔是青藏高原的首要特征。现代的青藏高原是近 340 万年以来青藏地区大面积整体强烈隆升的结果,是由各种起伏高度的高山、极高山以及分布其间的高海拔丘陵、平原、台地等基本地貌类型组合起来的巨地貌单元。青藏高原平均海拔 4000—5000 米[①],核心区域总面积 250 万平方公里,占我国陆地面积的 26.04%[②]。世界第一高峰珠穆朗玛峰和第二高峰乔戈里峰分别位于喜马拉雅山中尼边境、喀喇昆仑山中巴边境。青藏高原的主要山脉包括:阿尔金山与祁连山、昆仑山脉、喀喇昆仑山、唐古拉山、冈底斯山和念青唐古拉山、喜马拉雅山、横断山脉。青藏高原的高大山脉之间,分布着一系列高原、盆地和谷地,主要有:羌塘高原(也称藏北高原)、藏南谷地、祁连山谷地、柴达木盆地、河湟谷地。

二、氧气稀薄

青藏高原空气稀薄,大气中的含氧量比海平面减少 35%—40%。空气洁净密度小,使气温升降幅度加剧,呈现出气温日变化大,年变化小,"一年无四季,一日见四季"的特点。由于海拔高度的影响,青藏高原年平均气温大都低于 5℃,夏季 7 月平均气温也仅有 8—18℃,整体上气候寒冷干燥。由于大气透明度高,青藏高原上日照时数长,太阳辐射强烈。如拉萨年日照时数为 3005 小时,享有"日光城"之称。此外,青藏高原冬春季节多大风,风季持续时间长,基本与干季吻合。高原上丰富的太阳能、风能资源有利于发展可再生新能源。

---

①　马生林:《青藏高原生态变迁》,社会科学文献出版社 2011 年版。

②　除核心区域外,青藏高原还包括不丹、尼泊尔、印度、巴基斯坦、塔吉克斯坦、吉尔吉斯斯坦的部分区域。

三、 江河发源地

青藏高原是中国和南亚、东南亚主要河流的发源地和上游流经地。长江、黄河、澜沧江（湄公河）、雅鲁藏布江（布拉马普特拉河）、怒江（萨尔温江）、印度河（森格藏布江）等皆发源于青藏高原，被誉为江河之源、中华水塔，水资源十分丰富。青藏高原还是世界上湖面最高、数量最多的高原湖区，高原湖泊在当地称为"错（措）"，如纳木错、羊卓雍错、巴松错、然乌错、错那错等。青藏高原湖泊面积占全国湖泊总面积的 1/3 以上，其中仅西藏就有大小湖泊 1500 多个，湖泊面积超过 200 平方公里的有 24 个。海拔超过 5000 米的有 17 个，大多集中在藏北高原。著名的青海湖是我国最大的咸水湖，纳木错是我国第二大咸水湖，也是世界上海拔最高的大湖。

四、 生态脆弱

在青藏高原干冷严酷的气候条件下，土壤肥力普遍较差，土层较薄，植物生长缓慢，除相对低海拔的藏南谷地、横断山区外，大多数地区植被稀疏矮小，表现为高山草甸、草原或高寒荒漠景观，形成了以高原寒漠、草甸、草原为主的环境特征。而位于高原东南部边缘的横断山区则山体破碎，常发生泥石流、滑坡、山洪、水土流失等灾害，生态十分脆弱。

根据环境保护部颁布的《全国生态脆弱区保护规划纲要》，青藏高原区和横断山区（西南山地区）是我国集中连片的两大生态环境脆弱区。雅鲁藏布江中游高寒山地沟谷地带、藏北高原和青海三江源地区等地的生态脆弱性表现为：地势高寒，气候恶劣，自然条件严酷，植被稀疏，具有明显的风蚀、水蚀、冻蚀等多种土壤侵蚀现象。[1] 而青藏高原向四川盆地过渡的横断山区（即西南山地农牧交错地区），其生态脆弱性表现为：地形起伏大、地质结构复杂，水

---

① 参见环境保护部：《全国生态脆弱保护区规划纲要》，2008 年 9 月。

热条件垂直变化明显,土层发育不全,土壤瘠薄,植被稀疏;受人为活动的强烈影响,区域生态退化明显。① 青藏高原的整个生态系统和各子系统,具有结构简单、生产力水平低、稳定性差、修复能力弱等特征。生态环境一旦遭受人为破坏,将难以恢复,极易荒漠化。

因此,尽管青藏高原具有丰富的矿产、能源、草地等自然资源,但受生态环境的脆弱性制约,资源优势难以发挥。在开发自然资源的过程中,地表的脆弱性极易导致水土流失、草原破坏、土地沙化等,使资源优势转化为经济优势受到极大制约。

五、 国家生态屏障

根据国务院颁布实施的《全国主体功能区规划》,青藏高原是我国重要的生态屏障,是国家重点生态功能区的核心区域。位于青藏高原地区的国家级重点生态功能区共有 7 个,包括:三江源草原草甸湿地生态功能区、若尔盖草原草甸湿地生态功能区、甘南黄河重要水源补给生态功能区、祁连山冰川与水源涵养生态功能区、川滇森林及生物多样性生态功能区、藏东南高原边缘森林生态功能区、藏西北羌塘高原荒漠生态功能区。上述七大国家重点生态功能区面积合计 1495693 平方公里,占西藏和四省涉藏地区总面积的 66.7%②(详见表 5-1)、全国土地总面积的 1/6。青藏高原地区还设有 25 个国家级自然保护区,其中西藏自治区 9 个,四川涉藏州县 9 个,青海、甘肃和云南三省涉藏州县分别有 4 个、2 个和 1 个,国家级自然保护区总面积 603874 平方公里③(详见表 5-2),占西藏和四省涉藏地区总面积的 26.9%。此外,还有云南"三江并流"、四川大熊猫栖息地等世界自然遗产,以及众多的国家森林公园、国家地质公园、国家级风景名胜区。据不完全统计,近年该区域内又新增了青海

---

① 参见环境保护部:《全国生态脆弱保护区规划纲要》,2008 年 9 月。
② 根据国家发改委 2011 年分布的《全国主体功能区规划》附件 1 整理。
③ 根据国家发改委 2011 年分布的《全国主体功能区规划》附件 1 整理。

柴达木梭梭林(2013)、甘肃黄河首曲(2013)、西藏麦地卡湿地(2016)以及四川格西沟(2012)、白河(2017)和南莫且湿地(2018)等多个国家级自然保护区,均被列为禁止开发区。

图5-1　黄河源自然保护区藏野驴(作者摄于2016年)

图5-2　可可西里自然保护区藏羚羊(作者摄于2016年)

表 5-1　青藏高原地区的国家重点生态功能区

编号	名录	区域范围	面积（平方公里）
1	三江源草原草甸湿地生态功能区	青海省：同德县、兴海县、泽库县、河南蒙古族自治县、玛沁县、班玛县、甘德县、达日县、久治县、玛多县、玉树县、杂多县、称多县、治多县、囊谦县、曲麻莱县、格尔木市唐古拉山镇	353394
2	若尔盖草原草甸湿地生态功能区	四川省：阿坝县、若尔盖县、红原县	28514
3	甘南黄河重要水源补给生态功能区	甘肃省：合作市、临潭县、卓尼县、玛曲县、碌曲县、夏河县、临夏县、和政县、康乐县、积石山保安族东乡族撒拉族自治县	33827
4	祁连山冰川与水源涵养生态功能区	甘肃省：永登县、永昌县、天祝藏族自治县、肃南裕固族自治县（不包括北部区块）、民乐县、肃北蒙古族自治县（不包括北部区块）、阿克塞哈萨克族自治县、中牧山丹马场、民勤县、山丹县、古浪县 青海省：天峻县、祁连县、刚察县、门源回族自治县	185194
5	川滇森林及生物多样性生态功能区	四川省：(雅安市)天全县、宝兴县、(甘孜州)康定县、泸定县、丹巴县、雅江县、道孚县、稻城县、得荣县、九龙县、炉霍县、甘孜县、新龙县、德格县、白玉县、石渠县、色达县、理塘县、巴塘县、乡城县、马尔康县、(凉山州)盐源县、木里藏族自治县、(阿坝州)小金县、汶川县、茂县、理县、平武县、壤塘县、金川县、黑水县、松潘县、九寨沟县、(绵阳市)北川县 云南省：香格里拉县、玉龙纳西族自治县、福贡县、贡山独龙族怒族自治县、兰坪白族普米族自治县、维西傈僳族自治县、勐海县、勐腊县、德钦县、泸水县、剑川县、金平苗族瑶族傣族自治县、屏边苗族自治县	302633
6	藏东南高原边缘森林生态功能区	西藏自治区：墨脱县、察隅县、错那县	97750
7	藏西北羌塘高原荒漠生态功能区	西藏自治区：班戈县、尼玛县、日土县、革吉县、改则县	494381
合计	7 个		1495693

资料来源：根据《全国主体功能区规划》附件 1 整理。

表5-2 青藏高原地区的国家级自然保护区

编号	名称	区域范围及主要保护对象	面积 （平方公里）
1	四川卧龙国家级自然保护区	汶川县 大熊猫等珍稀野生动物及森林生态系统	2000
2	四川九寨沟国家级自然保护区	九寨沟县 大熊猫等珍稀野生动物及森林生态系统	720
3	四川小金四姑娘山国家级自然保护区	小金县 野生动物及高山生态系统	560
4	四川若尔盖草甸湿地国家级自然保护区	若尔盖县 高寒沼泽湿地生态系统及黑颈鹤等野生动物	1665.67
5	四川贡嘎山国家级自然保护区	康定县、泸定县、九龙县、石棉县 高山森林生态系统及大熊猫、金丝猴等珍稀野生动物	4091.43
6	四川察青松多白唇鹿国家级自然保护区	白玉县 白唇鹿、金钱豹等野生动物及其生境	1436.83
7	四川海子山国家级自然保护区	理塘县、稻城县 高寒湿地生态系统及白唇鹿、马麝、金雕、藏马鸡等珍稀动物	4591.61
8	四川亚丁国家级自然保护区	稻城县 高山生态系统及森林、草甸、野生动物等	1457.5
9	四川长沙贡玛国家级自然保护区	石渠县 高寒湿地生态系统和藏野驴、雪豹等珍稀野生动物	6698
10	云南白马雪山国家级自然保护区	德钦县、维西傈僳族自治县；高山针叶林生态系统、滇金丝猴及其生境	2764
11	西藏拉鲁湿地国家级自然保护区	拉萨市 湿地生态系统	12.2
12	西藏雅鲁藏布江中游河谷黑颈鹤国家级自然保护区	林周县、达孜县、浪卡子县、南木林县、日喀则市、拉孜县 黑颈鹤等珍稀野生动物及其生境	6143.5
13	西藏类乌齐马鹿国家级自然保护区	类乌齐县 马鹿、白唇鹿等野生动物及其生境	1206.15
14	西藏芒康滇金丝猴国家级自然保护区	芒康县 滇金丝猴及其生境	1853
15	西藏珠穆朗玛峰国家级自然保护区	定结县、定日县、聂拉木县、吉隆县 高山森林、湿地、荒漠生态系统及雪豹等野生动物	33810

编号	名称	区域范围及主要保护对象	面积（平方公里）
16	西藏羌塘国家级自然保护区	安多县、尼玛县、改则县、双湖县、革吉县、日土县、噶尔县 藏羚羊等有蹄类野生动物及高原荒漠生态系统	298000
17	西藏色林错国家级自然保护区	申扎县、尼玛县、班戈县、安多县、那曲县 黑颈鹤繁殖地、高原湿地生态系统	18936.3
18	西藏雅鲁藏布大峡谷国家级自然保护区	墨脱县、米林县、林芝县、波密县 山地生态系统垂直带谱及野生动植物	9168
19	西藏察隅慈巴沟国家级自然保护区	察隅县 山地亚热带森林生态系统及孟加拉虎等野生动植物	1014
20	甘肃尕海—则岔国家级自然保护区	碌曲县 高原湿地、草甸、森林生态系统及黑鹳等珍稀鸟类	2474.31
21	甘肃洮河自然保护区	卓尼县、临潭县、迭部县、合作市 森林生态系统及野生动植物	2877.59
22	青海青海湖国家级自然保护区	刚察县、共和县、海晏县 黑颈鹤、斑头雁、棕头鸥等珍稀鸟类及湖泊湿地生态系统	4952
23	青海可可西里国家级自然保护区	治多县 藏羚羊、野牦牛等野生动物及高原生态系统	45000
24	青海三江源国家级自然保护区	玉树藏族自治州、果洛藏族自治州等 高原湿地生态系统、野生动植物及高寒草甸与高山草原植被、青海云杉林生态系统等	152342.04
25	青海隆宝国家级自然保护区	玉树县 黑颈鹤、天鹅等珍稀鸟类及沼泽、草甸生态系统	100
合计	25个		603874

资料来源：根据《全国主体功能区规划》附件1整理。

综上，青藏高原地区面积的三分之二以上属于国家重点生态功能区，是我国重要的水源补给、冰川与水源涵养、森林和生物多样性、荒漠生态功能核心区域。该地区还拥有众多的自然保护区、世界自然遗产、国家森林公园、国家地质公园等。在这些地区开发水电,将面临如何协调、维护其自然生态平衡的严峻问题。大量禁止开发区的设立,将成为制约区域自然资源开发强度和开发规模的限制因素,从而使资源开发的规模效益降低,甚至失去开发的经济价值。

第二节　基础设施条件

青藏高原高大山脉和纵深河谷的阻隔,客观上造成这一地区长期交通不便、环境封闭、基础设施落后的状况。千百年来藏族人民与各民族的交往主要通过艰险的"唐蕃古道"和"茶马古道"进行。特别是在西藏,直到20世纪50年代后,随着川藏公路、青藏公路等通藏骨干公路建成通车,飞往其他地区航线陆续开通,西藏的封闭状态才得以逐渐改变。但交通不畅至今仍是制约高海拔山区经济社会发展的瓶颈。截至2019年末,西藏铁路营业里程仅796公里,铁路路网密度8.1公里/万平方公里,仅为全国平均铁路路网密度的5.6%。西藏的公路路网密度不足8公里/百平方公里,仅为全国平均水平的15%。

一、铁路

从铁路交通看,川、滇、甘三省涉藏地区迄今不通铁路[1],青藏高原地区只有一条青藏铁路,把青海涉藏地区、西藏自治区与外界相连。青藏铁路一期工程从青海西宁至格尔木段,1958年分段施工直至1984年才建成通车。而通常所称的青藏铁路是指二期工程,即从青海格尔木至西藏拉萨段,全长1142公里,其中穿越海拔4000米以上的路段960公里,多年冻土地段550公里,是全世界海拔最高和最长的高原铁路,被誉为"天路"。青藏铁路总投资330亿

---

① 根据川藏铁路规划,将建设成都至康定铁路段,一旦建成通车将终结四川涉藏州县不通铁路的历史。

元,历经 5 年施工于 2006 年正式通车,由此终结了西藏不通铁路的历史。在此基础上,新建了从西藏拉萨到日喀则的"拉日铁路",全长 251 公里,于 2014 年 8 月通车运行。

整体上,青藏高原地区铁路覆盖范围小,铁路网络密度低、客货运输能力不足,铁路作为长距离大宗货物运输的便捷性难以体现。根据我国铁路建设规划,将新建从四川到西藏的川藏铁路,其中从西藏林芝到拉萨的"林拉铁路"段已于 2017 年 12 月正式动工,2021 年实现通车。

二、　公路

从公路交通看,大部分公路穿行于青藏高原的崇山峻岭,要跨越金沙江、澜沧江、怒江、大渡河、雅砻江、黄河上游以及雅鲁藏布江干支流,具有多"之"字形盘山道、多陡坡急弯、多桥梁隧洞的特点,因此公路建设周期长、建造成本高、通行难度大,尤其是高海拔山路上的阴坡冻土路段,冬春季冰雪覆盖时间长,夏秋季滑坡塌方事故多,极大地影响道路的通行能力,公路养护成本也极高。

以西藏自治区为例。西藏林芝市的墨脱县城是中国最后一个通公路的县城,直到 2013 年墨脱公路才正式通车,这条公路称为"扎墨公路"。扎墨公路从波密县扎木镇至墨脱县城莲花广场,全长 117 公里,由于受气候条件制约,至今仍不能全年通行,每年冬季 12 月至次年 2 月,扎墨公路嘎隆拉隧道出口段有冰雪覆盖,能以通达;而到 4—10 月随着降雨增多,泥石流、塌方等自然灾害频发,进出通行困难。扎墨公路路面至今尚未硬化,大部分路段限速 30 公里,局部路段甚至限速 20 公里。

公路运输至今仍是青藏高原地区客流和物流最主要的交通方式,承担着区内外人员和物资流通运送的重任,这从西藏自治区的客货运输量可以得到充分反映。2019 年西藏公路客运量、货运量分别占全区客、货运输总量的 53.9%、98.5%,占全区旅客周转量、货物周转量的 20.8%、73.3%。而铁路货运量仅占 1.4%、货物周转量仅占 25.6%（见表 5-3），铁路对大宗物资运输的便捷作用完全没有得到体现。

表 5-3　西藏自治区全社会客货运输量（2019 年）

	单位	公路	民航	铁路	管道	总量
客运量	万人次	1019.58	528.46	345.19	0	1893.23
	占比	53.9%	27.9%	18.2%	0	100%
旅客周转量	万人公里	27.23	85.30	18.08	0	130.61
	占比	20.8%	65.3%	13.8%	0	100.0%
货运量	亿吨	3969.0	3.77	55.19	11.78	4027.96
	占比	98.5%	0.1%	1.4%	0.3%	100.0%
货物周转量	亿吨公里	114.47	0.65	39.91	1.12	156.15
	占比	73.3%	0.4%	25.6%	0.7%	100.0%

资料来源：《西藏统计年鉴 2020》。

青藏高原地区重要的公路交通干线包括：

（一）青藏公路（G109）

青藏公路是指 109 国道中从青海西宁到西藏拉萨的公路段，全长 1937 公里，沿途要穿越昆仑山、可可西里山、唐古拉山和藏北草原，平均海拔 4500 米以上，是世界上海拔最高的公路。由于高原面地形起伏相对平缓，且公路上多涵洞桥梁，是迄今青藏高原地区路况相对较好、较安全的公路，现为国家二级公路干线。

青藏公路在西藏境内 528 公里，青海格尔木至拉萨段 1140 公里，于 1954 年动工建设，当年底即与康藏公路（川藏公路）同时建成通车，并由此结束了西藏没有现代公路交通的历史。① 青藏公路要穿过青海省与西藏的分界——唐古拉山口，海拔高度 5231 米，这一带是一片冻土，地下长年结冰。山口天气

---

① 参见张如珍主编：《西藏公路交通史》，人民交通出版社 1999 年版。

状况极不稳定,即使在夏天,公路也经常会被大雪封道,冰雹、霜雪更是常见现象。

图5-3　唐古拉山沱沱河大桥(作者摄于2017年)

青藏公路是西藏与东部地区联系的重要通道,承担了大量进出物资运输的任务,在西藏经济发展和社会稳定中发挥着重要作用,被称为运输"生命线"。然而青藏公路的冰土路段多沉降带,路面凹凸不平,大货车经过时不得不变道躲避,经常导致严重的交通堵塞,遇到下雪天气更是必堵无疑,司乘人员被困在高海拔缺氧地方,再加上天气寒冷很容易出现生命危险。如2017年10月底青藏公路降大雪,导致唐古拉山段南北两侧堵车62公里,滞留近900辆车、1300余人,一名货车司机因高原反应死亡。当地出动大量交警、干部职工、医务人员进行现场抢险,疏导交通、救治病员、运送食品和氧气。即使在无冰雪的盛夏季节,由于路况差也经常发生交通堵塞。

（二）川藏公路（G318）

318 国道（G318 线）被《中国国家地理》称为"中国人的景观大道"，其中最美、最精彩的路段就是从四川进入西藏的川藏公路，这条路也称为川藏公路南线。川藏公路从成都至拉萨全长 2142 公里，是四川省会成都到西藏拉萨汽车通行的第一条公路。

川藏公路兴建于 1950 年，原名康藏公路（因起于原西康省雅安市金鸡关止于西藏自治区拉萨故名），1955 年改名川藏公路①，1958 年全线正式通车。这条公路以风景优美、路途艰险著称，它所穿越的青藏高原东部横断山脉地区是世界上地形最复杂、最独特的高山峡谷地区，被公认为中国路况最险峻、通行难度最大的公路。从川藏公路进西藏，沿途须依次翻越二郎山、折多山、卡子拉山、剪子弯山、高尔寺山、海子拉山、色季拉山等海拔超过 4000 米的高山，②穿越原始森林、草原、冰川，跨过大渡河、雅砻江、金沙江、澜沧江、怒江上游等大江大河干支流，经过四川甘孜州的泸定、康定、雅江、理塘、巴塘等县后，过金沙江竹巴笼大桥进入西藏，再经芒康、左贡、邦达、八宿、然乌、波密、林芝、墨竹工卡、达孜等县，最后抵达拉萨。其中波密县内的"通麦天险"路段，经常发生滑坡、泥石流、飞石、塌方等山体灾害，严重威胁过往车辆及驾乘人员安全，是 318 国道上最难通行的路段。

2016 年 4 月 13 日，历时 3 年多、总投资近 15 亿元的通麦段改建工程完工，实现正式通车。改造后通麦路段仅 24 公里，以"五隧两桥"取代了原有的危险路段，行驶时间也由过去的 2 个多小时缩短到了 20 分钟。从此，闻名中外的"通麦天险"成为历史，"通麦特大桥"也成为 318 国道上新的地标性景观（图 5-4）。

---

① 参见《西藏自治区志·公路交通志》，中国藏学出版社 2007 年版，

② 随着 318 国道改造陆续完工，通行条件已极大改善。截至 2015 年 12 月，二郎山、卡子拉山、高尔寺山等隧道已全面贯通。

图 5-4 G318 通麦特大桥（作者摄于 2017 年）

但是,318 国道从四川巴塘县到西藏芒康县自东向西要先后跨越金沙江、澜沧江和怒江"三江并流"区域,其中川藏交界的海通沟路段被称为"鬼门关"。在多雨的夏季,存在多处塌方和断道的危险。道路两侧一边是咆哮汹涌的江水,另一边是随时可能崩落的岩石,路况异常艰险,常令过往人员心惊胆战。

(三)川藏公路北线(G317)

317 国道(G317)是连接四川和西藏的另一条公路要道,从四川成都出发,终点为西藏那曲,全长 2034 公里,也称为川藏公路北线。这条公路经四川阿坝藏族羌族自治州的汶川县、理县、马尔康市,到甘孜藏族自治州的炉霍、甘孜、德格县,然后穿过岗托金沙江大桥进入西藏自治区。再经西藏江达、昌都、类乌齐、丁青、巴青、索县,在那曲与青藏公路 109 国道会合,转向南通往拉萨。

317 国道要翻越四川甘孜州德格县境内海拔 5050 米的雀儿山垭口,是四川省最高海拔的公路垭口,即使在盛夏季节也常出现冰雪路面,汽车通行时速仅10公里左右。翻越雀儿山垭口的盘山道行程约30公里,需耗时近3小时。随着317国道改造工程的完工,2017年9月26日,世界上海拔最高的公路特长隧道——雀儿山隧道正式建成通车。隧道总长7079米,可缩短山路行程2个多小时。

图5-5　盛夏雀儿山上的冰雪路面(作者摄于2015年6月)

(四)滇藏公路(G214)

滇藏公路(滇藏线)是指214国道中从云南进入西藏的公路段。214国道始于青海省西宁,经青海省海南、果洛、玉树,进入西藏昌都,再到云南省迪庆、丽江、大理、临沧、普洱至西双版纳,最后抵达云南省景洪市。在全长3256公里的路段中,除云南部分外,大部分都位于青藏高原地区,是沟通青海、西藏、云南三省涉藏地区的重要公路干线。其中,从云南到西藏的路段,通常称为滇藏公路或滇藏线。

图 5-6　G317 的岗托金沙江大桥（作者摄于 2015 年）

　　滇藏公路沿着金沙江、澜沧江河谷一路向北，途经金沙江、澜沧江、怒江大峡谷"三江并流"地区，多次横跨金沙江、澜沧江两岸，穿行于青藏高原、横断山、喜马拉雅山的崇山峻岭之间。沿滇藏公路到达西藏昌都市芒康县后，向西南与川藏公路会合经林芝到达拉萨。然后，再从拉萨向西北延伸，进入 214 国道青海省段，途经海南、果洛和玉树三个藏族自治州，穿越青藏高原的巴颜喀拉山口、阿尼玛卿雪山，以及长江、黄河、澜沧江"三江源"自然保护区，沿途风景壮美，因此 214 国道被誉为可与川藏线媲美的世界级景观大道。

　　此外，还有一条被称为"滇藏南线"的新路，被誉为第 7 条进藏公路。原有的滇藏公路则被相应改称为"滇藏北线"。与"滇藏北线"从云南迪庆州（香

图 5-7　G214 穿越阿尼玛卿雪山（作者摄于 2016 年）

格里拉）进入西藏芒康不同，滇藏南线不经过香格里拉，而是沿怒江河谷延伸，从怒江傈僳族自治州贡山县的丙中洛附近进入西藏察隅、八宿，到然乌镇后与川藏公路会合。截至 2020 年，新滇藏路还仅限于少数自驾车通行，不具备正常的通行能力，运营车辆只能到达云南怒江州的丙中洛镇。但滇藏南线已纳入国家公路交通建设规划，其中重点是丙中洛—察瓦龙—察隅县城约270 公里的"丙察察"段改扩建，这是从云南进藏路线中一段最艰险、风景最原始的路段，也被称为"最难进藏路"。

（五）新藏公路（G219）

从新疆喀什地区叶城县到西藏阿里地区的公路，是 219 国道的一段。新藏公路于 1956 年 4 月动工，1957 年 10 月建成通车，成为第三条进藏公路。新藏公路从新疆叶城到西藏阿里普兰县，全长 1179 公里，沿途翻越昆仑山脉 10个雪山大板（垭口），最高海拔 5432 米。其中海拔 4000 米以上的线路有 915

图5-8　G214途经玉树三江源自然保护区（作者摄于2016年）

公里,海拔5000米以上的线路130公里,是世界最高的公路。① 1960年新藏
公路延伸250公里到中尼边境,并修建拉孜至普兰巴噶尔公路段,全长共818
公里。

（六）共玉高速公路（G0613）

共玉高速公路是我国穿越青藏高原多年冻土带的第一条高速公路,平均
海拔4100米,是国家高速G0613公路在青海境内的重要路段。这条高速公路
起始于青海省海南藏族自治州共和县恰卜恰镇,终止于玉树藏族自治州玉树
市结古镇。共玉高速与京藏高速G6共和至茶卡公路连接,穿越青海省海南、
果洛、玉树三个藏族自治州的5县12个乡镇,途经河卡、温泉、花石峡、玛多、

—————————

① 参见《西藏自治区志·公路交通志》,中国藏学出版社2007年版,第66页。

图 5-9　滇藏南线丙中洛至察瓦龙沿途(作者摄于 2015 年)

巴颜喀拉山、清水河、歇武等,全长 635 公里。①

共玉高速公路兴建于 2011 年 5 月玉树灾后重建,2017 年 8 月全面正式通车。是在青藏高原多年冻土区建设的首条高海拔、高寒、高速的"三高"公路,也是青、藏、川、滇黄金旅游线的重要路段,其中部分路段与现有的 G214 国道并行。

（七）京藏高速公路(G6)

京藏高速公路是从北京至拉萨的高速公路,总里程 3718 公里,1996 年开始动工修建,2016 年 10 月西宁—格尔木段全线贯通。但截至 2021 年 8 月,除那曲—拉萨的 295 公里路段已通车外,格尔木—拉萨 1100 公里段的大部分路段仍未通车,原因在于青藏高原多年冻土带特殊的地理气候条件,造成这段高速公路建设面临许多难以突破的技术瓶颈。

---

① 《共玉高速正式通车运营》,《青海日报》2017 年 8 月 2 日。

图 5-10　共玉高速通天河隧道通车（作者摄于 2016 年）

　　此外,正在建设的中川藏高速公路北线和川藏高速公路南线,是川藏地区两条的重要高速公路。根据国家高速公路网路线方案,四川涉藏地区纳入国家高速公路网规划的两条高速公路分别为 G4217(川藏北线:马尔康—炉霍—德格—昌都)和 G4218(川藏南线:雅安—康定—巴塘—芒康)。其中,南线的四川雅安至康定的雅康公路路段已经建成通车,北线的汶川至马尔康段也实现了通车。近年西藏国省干线高等级化建设进入加速发展期,继拉萨至林芝的拉林高速公路、拉萨至山南的泽贡高等级公路通车后,拉日高速公路、拉那高速公路也先后启动建设。西藏和四省涉藏地区的公路交通条件将得到极大改善。

表 5-4　青藏高原地区五条国道干线公路概况

国道编号	起迄点	公路名称	经过主要市(县)	藏区公路里程(公里)
318	上海—樟木	川藏公路南线	四川:泸定、康定、雅江、理塘、巴塘、竹巴龙(川藏界);西藏:芒康、左贡、波密、林芝、拉萨	2142

续表

国道编号	起迄点	公路名称	经过主要市(县)	藏区公路里程(公里)
317	成都—那曲	川藏公路北线	四川:汶川、理县、马尔康、炉霍、甘孜、德格、岗托(川藏界);西藏:江达、昌都、类乌齐、丁青、巴青、索县	2034
214	西宁—景洪	滇藏公路	青海:西宁、共和、玛多、玉树、多普玛(青藏界);西藏:昌都、邦达、左贡、芒康;云南:隔界河(滇藏界)、德钦、奔子栏、香格里拉、虎跳峡	2162
109	北京—拉萨	青藏公路	青海:倒淌河、茶卡、都兰、格尔木、唐古拉山口(青藏界);西藏:安多、那曲、当雄、堆龙德庆	2049
219	叶城—拉孜	新藏公路	西藏:界山达坂、日土、噶尔、仲巴、萨嘎、昂仁、拉孜	1570
G0613	共和—玉树	共玉高速	青海省:海南州共和县、兴海县;果洛州玛多县;玉树州称多县、玉树市	635
G6	北京—拉萨	京藏高速	青海省:西宁、海西(茶卡)、格尔木;西藏:那曲市、拉萨市(1100km待建)	1855

资料来源:综合《西藏自治区志·公路交通志》。

综上所述,我国青藏高原地区干线公路的建设,始建于新中国成立初期,是国家集中了大量财力物力,最初按军事化方式、以部队官兵为主力修建的。在艰难的建设过程中许多战士不幸遇难或病亡。后期国家又不断投入巨资对这些公路进行整治、改扩建,修复或改线反复遭损毁的路段,不断完善其道路通行能力。因此青藏高原地区的公路建设维护难度异常大,投入成本异常高,在全国各省份中异常特殊。交通瓶颈至今仍是制约西藏和四省涉藏地区经济社会发展的重要因素,也是水电开发必须首先解决的难题。水电建设工程前期对交通设施建设的投入,将为当地的长远发展带来巨大的社会效益,为加快民族地区经济全面发展奠定良好基础。

三、 能源

青藏高原地区的电力基础设施普遍存在较大缺口。我国的无电人口地区主要是高海拔地区,一方面电力供给设施不足,另一方面人均用电量低于全国平均水平。特别是在青藏高原地区,能源供给总量不足和结构性缺电,成为长期制约当地经济社会发展的重大瓶颈。

从西藏来看,2014 年末自治区电力装机容量规模仅 169.7 万千瓦,其中水电装机容量 105.7 万千瓦、燃油火电机组 39 万千瓦,全年发电量 32.2 亿千瓦时,[①]电力消费量 33.98 亿千瓦时。全区人均发电装机容量仅 0.53 千瓦,人均用电量 1068.6 千瓦时,分别相当于全国人均水平的 53% 和 26%。到 2019 年末,全区电力总装机容量达到 358.67 万千瓦,年发电量 83.69 亿千瓦时,其中水发电 68.49 亿千瓦时。但全社会年用电总量只有 78 亿千瓦时,分别仅为青海、甘肃、新疆等西部省份电力消费总量的 10.9%、6.1% 和 2.8%。[②]

西藏原有三个区域性独立电网,其中最大为覆盖拉萨、山南、日喀则、那曲、林芝 5 市的中部电网,其次是藏东南的昌都电网,以及藏北区域电网。

以拉萨市、日喀则市、山南市、林芝市为主的"一江三河"藏中地区,是西藏经济布局的重心和主轴线。而承载西藏主要用电负荷的藏中电网,装机容量不足且调节能力较差,电力供给无法满足区域需求,冬季只能依靠燃油发电解决基本的民用电,燃油发电的高额成本长期由中央财政补贴支撑难以为继。在 2015 年藏木水电站建成投产前,拉萨市电力供给缺口较大,经常拉闸限电。整个自治区的电力基础设施也十分薄弱,全区 74 个县(区)中有 23 个县没有实现主电网覆盖,已建电网供电可靠性低。随着 2018 年 11 月藏中联网工程、2020 年 12 月阿里联网工程先后建成投运,西藏三个区域性独立电网联结成为统一的主电网,实现了青藏联网与川藏联网的互联互通,极大提高了西藏的

---

① 肖蓄:《西藏能源 50 年:清洁电力照亮雪域高原》,《中国能源报》2015 年 9 月 14 日。
② 根据《西藏自治区统计年鉴 2020》和《中国统计年鉴 2020》数据测算。

电力基础设施保障能力。

从青海省看,青海是我国"解决无电人口用电问题三年行动计划"中最后解决的无电区。这些无电区集中分布在玉树藏族自治州的 6 个县和果洛藏族自治州的久治、玛多、班玛 3 个县。[①] 其中果洛州平均海拔 4200 米以上,是全国 30 个少数民族自治州中海拔最高、气候最恶劣、环境最艰苦、经济社会发展最滞后、藏族人口比例最高的自治州。无电地区有些是缺乏可供电源,有些则是无电网覆盖。由于受当地严酷自然环境的制约,电源点开发和电网建设施工艰难,造价高昂。2015 年 12 月,玉树、果洛 150 个无电地区电力建设工程项目全面完工,解决了中国最后 9614 户共 3.98 万无电人口的用电问题。

第三节 经济规模和产业结构

青藏高原地区位于我国欠发达的西部,由于历史的、现实的各种复杂因素影响,当地的城镇化、现代化进程相比全国大部分地区滞后,表现为经济总量规模小、产业支撑力不强,"一产弱、二产散、三产层次低"等经济特征。

一、 经济规模小增速快

从经济规模看,2019 年西藏的地区生产总值为 1697.82 亿元,加上四省涉藏地区(10 个藏族自治州和 2 个藏族自治县)的地区生产总值合计总量为 4182.39 亿元,占四川、云南、青海、甘肃、西藏五省(区)地区生产总值比重的 5.0%(见表 5-5),突出反映了其经济基数小、产业支撑弱、发展不充分的特点。

---

① 贾科华:《最后一战:青海无电人口年底通电》,《中国能源报》2015 年 9 月 4 日。

表 5-5　经济规模和产业结构（2019 年）

	地区生产总值		第一产业		第二产业		第三产业	
	规模（亿元）	占全省（区）比重（%）	规模（亿元）	占GDP比重（%）	规模（亿元）	占GDP比重（%）	规模（亿元）	占GDP比重（%）
西藏自治区	1697.82	100.0	138.19	8.1	635.62	37.4	924.01	54.4
青海涉藏地区	1139.42	38.4	175.6	15.4	576.09	50.6	387.73	34.0
四川涉藏地区	829.87	1.8	141.13	17.0	208.7	25.1	480.04	57.8
甘肃涉藏地区	264.08	3.0	53.47	20.2	41.99	15.9	168.61	63.8
云南涉藏地区	251.2	1.1	15.45	6.2	95.28	37.9	140.47	55.9
合计	4182.39	5.0	523.84	12.5	1557.68	37.2	2100.86	50.2

资料来源：中国统计年鉴、五省（区）统计年鉴（2020）。青海涉藏地区包括全省 6 个藏族自治州，四川涉藏地区包括甘孜、阿坝 2 个藏族自治州和木里藏族自治县，甘肃涉藏地区包括甘南藏族自治州和天祝藏族自治县，云南涉藏地区包括迪庆藏族自治州。

近年来，在国家西部大开发政策和一系列交通能源基础设施建设的投资拉动下，上述区域经济发展呈现高速增长势头。以西藏自治区为例，西藏地区生产总值连续多年保持两位数增长，1999 年成功跃上百亿元大关，2010 年跃上 500 亿元大关，此后每年都以 100 亿元以上的增幅快速发展，2015 年全区生产总值首次突破千亿元大关，2019 年达到 1697.82 亿元，不变价增速 8.1%，成为经济新常态下增速领跑全国的省份之一。

根据《西藏"十三五"时期国民经济和社会发展规划纲要》提出的主要目标，"十三五"时期西藏地区生产总值保持年均两位数的增长态势，到 2020 年，西藏城乡居民人均可支配收入比 2010 年翻一番以上，接近全国平均水平，基本公共服务主要指标接近或达到西部地区平均水平。在国家政策的扶持下，未来西藏将全面提速基础设施建设，打造面向国内外的交通大通道，在川藏铁路、滇藏铁路、新藏铁路、高等级公路和电力基础设施建设方面实现新的战略性突破。

二、 产业结构不稳定

西藏和四省涉藏州县产业规模普遍较小,产业结构处于不稳定状态,突出表现为产业结构中二、三产业比重的变化较大。从 2019 年三次产业结构来看,一、二、三产业增加值的比重为 12.5∶37.2∶50.2,除青海涉藏州县外,其他地区第三产业比重均超过第二产业(见表 5-5),具有明显的"三二一"型特点,貌似与现代产业结构相吻合。但是这种建立在低基数水平上的产业结构是非常脆弱的,任何基建投资项目的增加都可能使其发生较大变化。如四川甘孜藏族自治州 2016 年三次产业结构为 25.8∶36.0∶38.2,相对于 2010 年的 24.7∶33.9∶41.4,第三产业比重下降了 3.2 个百分点,第二产业比重相应上升了 2.1 个百分点。然而到 2019 年,第二产业的比重却比 2016 年下降了 13.1 个百分点,第三产业比重上升到 60%。究其原因,在于其产业结构是建立在其经济总量规模小、产业关联性差的基础上,具有工业化发展初期阶段的特点,产业支撑能力较弱。

具体来看,西藏和四省涉藏地区第一产业还处于自然经济向商品经济过渡阶段,广大农村的农牧产品多是为了自给自足,商品化程度不高,产业化水平、规模化程度和劳动生产率都很低,附加值也很低;第二产业起点低、规模小、工业发展滞后;第三产业层次低,缺乏现代产业支撑,金融业等现代服务业不发达。根据产业经济学理论,第三产业的繁荣一般要建立在一、二产业的发展基础上,而当地服务业的"超前发展"是在国家长期财政补贴和大规模投资建设基础上实现的,并不具有可持续性,因此其经济结构存在"一产弱、二产散、三产水平低"的问题。

在西藏第二产业中,建筑业增加值占比较高,掩盖了工业产值规模占比小、工业化率较低的问题。如 2019 年工业增加值仅占 GDP 的 7.8%,建筑业占比为 29.7%,比工业高出 22 个百分点,工业占二产业的比重仅 21%,建筑业高达 79%,但在四省涉藏地区这种特殊的二产业结构近年已不复存在。

此外,西藏和四省涉藏地区工业部门产值,通常由矿产资源采选业、电力热力生产供应业、藏医药制造业、食品加工业等构成,存在着行业品种单一、稳定性差、市场竞争力弱等缺陷,难以形成高端制造业和完整的产业链条。以西藏为例,西藏工业增长点主要依赖于区域富有特色的矿产资源、藏医药、传统手工艺和农牧业资源产品开发。从自治区近年工业总产值构成看,排在前五位的行业依次是:非金属矿物制品业,有色金属矿采选业,电力、热力的生产和供应业,酒、饮料和精制茶制造业,医药制造业,其中2019年非金属矿物制品业产值占全区工业总产值的33.8%,有色金属矿采选业占21.2%,电力热力(主要是水电)产值占18.4%,居于工业各部门产值的第三位。"非金属矿物制品业"主要是水泥行业,"有色金属矿采选业"主要是西藏的铬铁矿和铜矿。此外,近年大规模、持续性的基础设施建设拉动水泥等建材部门快速增长,提高了当地第二产业占比。但这一影响是短暂的,随着大规模基建期的终结将发生变化,由此也加剧了产业结构的波动性。

表5-6　西藏工业行业构成

单位:%

年份	非金属矿物制品业	有色金属矿采选业	电力、热力的生产和供应业	酒、饮料和精茶制造业	医药制造业
2010	20.9	14.7	15.7	15.2	9.2
2015	19.4	16.9	14.3	16.3	8.6
2018	29.0	25.3	16.6	9.0	4.8
2019	33.8	21.2	18.4	6.8	6.2

三、 城镇化水平普遍较低

工业化是城镇化的推动力,在城镇化的初始阶段和加速阶段起着动力源的作用。西藏和四省涉藏地区的工业化水平较低。如以工业增加值占地区生产总值比重反映的西藏工业化率2019年仅21%,由于缺乏现代工业和服务业的支撑,当地城镇化水平也远低于全国平均水平,2019年城镇化率为31.5%,比同期全国城镇化率低29.1个百分点。四省涉藏州县城镇化率也明显低于所在省的城镇化率。其中最低的青海果洛州和四川木里县,城镇化率均低于30%(见表5-7)。

表5-7 西藏和四省涉藏州县城镇化率(2019年)

	总人口（万人）	占全省（区）人口比重（%）	城镇人口（万人）	乡村人口（万人）	乡村人口比重（%）	城镇化率（%）
西藏自治区	350.56	100.00	110.56	240.00	68.5	31.5
海北自治州	28.49	4.69	11.43	17.06	59.9	40.1
黄南自治州	28.02	4.61	10.79	17.23	61.5	38.5
海南自治州	47.80	7.86	21.09	26.71	55.9	44.1
果洛自治州	21.16	3.48	5.93	15.23	72.0	28.0
玉树自治州	42.25	6.95	15.57	26.68	63.1	36.9
海西自治州	52.07	8.57	37.60	14.47	27.8	72.2
甘孜自治州	119.90	1.43	39.48	80.42	67.1	32.9
阿坝自治州	89.93	1.07	37.01	52.92	58.8	41.2
甘南自治州	72.32	2.73	26.76	45.56	63.0	37.0
迪庆自治州	40.03	0.82	14.81	25.22	63.0	37.0
天祝自治县	18.10	0.68	8.02	10.08	55.7	44.3
木里自治县	13.86	0.17	3.24	10.62	76.6	23.4
合计	915.32	5.55	318.40	596.92	63.0	34.8

资料来源:数据根据《中国统计年鉴2020》及同期五省(区)统计年鉴整理。

表5-8 五省区与全国城镇化率比较(2019)

	城镇化率（%）	涉藏地区平均城镇化率（%）	与全省差值*（百分点）
西藏自治区	31.5	—	—
青海省	55.5	43.3	12.2
四川省	53.8	32.5	21.3
甘肃省	48.5	40.7	7.8
云南省	48.9	37.0	11.9
全国	60.6	38.4	22.2

注:*列数据为四省涉藏地区平均城镇化率与各省城镇化率的差值、西藏和四省涉藏地区平均城镇化率与全国城镇化率的差值(百分点)。

城镇化率低是经济社会发展长期滞后,工业化、现代化进程缓慢的结果。以西藏自治区为例,西藏地域面积大,人口总量小,居住分散,人口密度仅2.6人/平方公里,加之地处边疆、高寒缺氧、经济社会发展基础较薄弱,基础设施建设相对滞后,缺乏对经济要素的聚集力和极化力。城镇化推进难度较大。近年来,西藏城镇化取得了很大成绩,城镇化率从2001年的19.64%提高到2019年的31.54%,但与全国同期平均水平相比,城镇化率差距仍较大(见图5-11)。虽然林芝、日喀则、昌都、山南、那曲已先后建市,但西藏120多万平方公里仅有140个城镇,城镇密度为1.2个/万平方公里,远低于全国20.7个/万平方公里的平均水平。

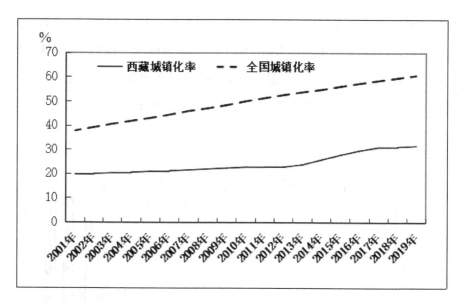

图 5-11　西藏与全国城镇化率比较

资料来源:根据《中国统计年鉴 2020》数据绘制。

四、经济增长以投资拉动为主

长期以来,西部民族地区的经济发展主要依靠固定资产的投资拉动。中央财政预算资金的投入和大规模基础设施建设投资,是当地经济增长的主要驱动力,而需求和出口对地区经济增长的贡献较小。高额度的财政补贴,大批量的项目援助,导致政府对资源配置的直接和全面控制,市场机制难以有效发挥作用,使经济缺乏内生动力机制。

目前西藏和四省涉藏州县的全社会固定资产投资总额普遍超过其地区生产总值,且差额有逐年扩大之势。以西藏自治区为例。西藏 2012 年前历年地区生产总值均大于全社会固定资产投资总额,但从 2013 年开始情况发生逆转,全社会固定资产投资额持续超过地区生产总值,2019 年二者的差额约 509 亿元(见图 5-12)。类似的情况同样发生在四川涉藏地区。2019 年甘孜藏族自治州的资本形成总额(可比价)增速达到 14.1%,比当年经济增长速度 6.5%高出 1 倍多。在这种投资拉动主导的增加方式下,一旦固定资产投资增速下滑,必然导致经济增速更大幅度的下跌。如 2014 年甘孜州全社会固定资产投资额较上年增加 59 亿元,而地区生产总值仅增加 5.6 亿元,由于投资增速从上年的 24.6%疾速下滑到 14.6%,导致全州经济增速由上年的 12.1%降至 4.2%。

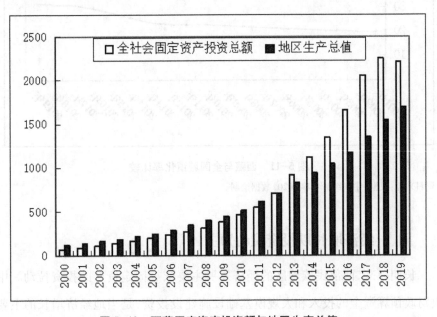

图 5-12　西藏固定资产投资额与地区生产总值

近年涉藏地区的投资动能正在逐渐衰减,传统增长方式难以持续,因此转变经济发展方式迫在眉睫,必须尽快培育多元化市场主体,进一步释放改革开放的红利,增强消费和出口对经济增长的拉动作用,不断提高其自我发展能力。

第四节　民族文化和宗教习俗

如前所述,我国青藏高原地区是以藏族为主的少数民族聚居地。按照传统的地理观念,我国青藏高原的藏族地区由高至低分被划分为上、中、下三大区域,即上阿里三围、中卫藏四如、下多康六岗。"阿里三围"指阿里地区,"卫藏四如"是前藏(拉萨河谷地区)和后藏(日喀则及以西北地区)的总称,而"多康六岗"的"多"指安多,包括青海、甘肃和四川阿坝州部分地区,"康"指康巴,包括青海省玉树州、云南迪庆州、四川甘孜州和西藏昌都市。[①] 除传统的卫藏、安多、康巴三大藏族支系外,藏民族还存在众多小支系。藏族人民在漫长的历史发展过程中创造了辉煌的民族文化,形成了具有特色的宗教习俗的生活方式。

一、 独特的语言文字

藏民族拥有自己的独特语言和文字。藏语属于汉藏语系藏缅语族藏语支,主要分为三大方言区:一是卫藏方言,包括前藏土语、后藏土语、阿里土语、夏尔巴土语、巴松土语;二是康方言,包括东南西北部的四种土语、卓尼土语和舟曲土语;三是安多方言,包括牧区土语、农区土语、半农半牧区土语。藏族中,使用康方言的人最多,其次是卫藏方言,再次是安多方言。卫藏方言和安多方言差别最大,相互之间基本上不能通话,康方言介于二者之间。[②] 藏语读

---

① 旺秀才丹:《藏族文化常识300题》,甘肃民族出版社2009年版,第16—17页。
② 旺秀才丹:《藏族文化常识300题》,甘肃民族出版社2009年版,第14—15页。

音虽有差异，但藏文字是统一的，在藏族地区通用。

二、 古老的历史文化

藏民族具有悠久的历史，是中国历史的重要篇章，吐蕃王朝与中央政府的朝贡关系形成很早，吐蕃赞普松赞干布迎娶唐朝文成公主是悠久的汉藏交流史上的著名佳话。在漫长的历史发展过程中，藏族人民创造了辉煌的藏文化。藏文化丰富了中华文化，是中华文化的重要组成部分。[①]

藏民族悠久、深厚的传统文化积淀，体现在语言文字、哲学、文学、诗歌、戏剧、音乐、舞蹈、说唱、绘画、雕塑、建筑、医药、服饰、技术、工艺、节庆、体育、游戏、民俗等各方面，都具有灿烂、博大的文化底蕴和积累。藏族的每个分支也都有自己的方言和独特文化，即使是同一分支，由于生活地域的不同，也往往有不同的民俗文化，例如卫藏又可分为前藏、后藏、雅砻、象雄等文化亚种。历史上由于环境封闭，与外界交流极少，因而一些古老民风民俗得以长期保留。各县之间、各乡之间甚至各村之间都有延续数百年以至上千年的独特语言、文化特征可以区分。

三、 自然和谐的生活方式

几千年来，生活在雪域高原的藏民族创造了与自然和谐相处的生活方式，形成了尊重自然，保护自然的生态观念和习惯法规。在佛教成为主导性宗教后，受"佛戒杀生"禁忌的影响，藏民族一般不捕杀野生动物，这种习俗逐渐上升为具有一定强制力的习惯法，并以成文的形式颁布施行。历代达赖喇嘛和历任摄政每年宣讲《日垄章法》，规定不能伤害山沟里除野狼外的野兽，以及平原上除老鼠以外的生物，违者将给予不同惩罚。并颁布了禁止打猎的命令，规定"广大地区的所有山川河流，要严格禁止打猎……"17 世纪由西藏噶玛政

---

① 中华人民共和国国务院新闻办公室：《民族区域自治制度在西藏的成功实践》，2015 年 9 月，见 http://www.gov.cn/zhengce/2015-09/06/content_2925719.htm。

权发布的《十六法典》中,规定每年从神变节(正月十五)到十月间实行封山禁令和封川禁令,以维护动植物的生长。[①] 藏民族还十分注意保护草原,千百年来一直实行"轮牧"的非正式制度,以维持草场生态平衡。

四、 全民信教的宗教氛围

西藏和四省涉藏地区普遍宗教氛围较浓郁,藏族群众几乎全民信仰藏传佛教。藏传佛教历史悠久,迄今已有 1300 余年。影响较大的主要有格鲁派(俗称黄教)、宁玛派(俗称红教)、噶举派(俗称白教)、萨迦派(俗称花教)、噶当派,以及原始的苯波教(俗称黑教)等不同教派,其中以 15 世纪初兴起的格鲁派影响最大、传播范围最广,著名的寺庙最多,成为今天藏传佛教的主流。从宗喀巴大师建立格鲁教派到 20 世纪中叶,是藏传佛教鼎盛期。这一时期的主要特点是以拉萨三大寺(哲蚌寺、色拉寺、甘丹寺)为首的数千座佛学院似的寺院在川、青、甘、藏地区和蒙古草原相继建立起来,在佛教显密教理方面创立了空前的精深哲理,形成了特殊的修持密法。[②] 此外,藏传佛教的经典、寺庙建筑、雕塑、绘画、金石工艺等都是藏、蒙等民族文化艺术修养和智慧的结晶。在宗教思想的影响下,藏族常将居住区附近的山水奉为"神山圣水",定期进行转山转水、转佛塔、煨桑等宗教活动,经常向寺庙供奉财物。藏族群众家中普遍设有经堂,供奉佛像和经书。藏族村寨随处可见白塔、经幡、嘛呢堆、转经房(筒)、寺庙等宗教设施。

由于长期封闭的自然和社会环境,青藏高原地区受外来文化冲击较少,许多传统习俗得以保留。但许多年长的当地人不识汉文、不懂汉语,与外部世界的交流有限,文化融合存在一定难度。藏民族分支较多,各自保留了其独特浓郁的民风民俗和传统文化,与其他民族有显著不同。因此,水电开发和移民安置过程中绝不能忽视这些独特的文化习俗影响因素。

---

① 参见旺秀才丹:《藏族文化常识 300 题》,甘肃民族出版社 2009 年版,第 19—20 页。
② 金申:《西藏的寺庙和佛像》,文化艺术出版社 2007 年版,第 7 页。

第五节　水电开发面临的特殊矛盾

青藏高原地区水电开发普遍面临着工程造价上升、环境保护成本更高、移民安置情况复杂、安置容量有限、安置难度大等特殊矛盾。

一、　特殊气候条件造成施工难度大

由于高寒气候条件的影响,青藏高原地区水电工程施工的难度加大,造价成本较其他地区普遍增高。一是海拔上升空气含氧量下降,容易引起人体高原反应,对于从事体力劳动的水电施工人员来说,会出现呼吸困难、体力下降、工作效率降低等状况,从而需要延长施工期,增加人工成本。同时,高海拔缺氧也会导致施工机械功率下降、动力性能降低。研究表明,海拔每升高1000米,内燃机出力平均下降9%—13%,油耗增加6%左右。在海拔2700米的某水电站工地,工程机械和运输机械功率损失达37%。[①] 二是高寒气候和昼夜温差增大引起施工费用增加。从工作时间来看,当地施工的季节性明显,冬季和夜间路面易结冰或形成冻土,人工机械均无法操作而被迫停工,造成人员和设备闲置,而夏季高原日照和紫外线辐射过强易引起建筑材料老化、人员体力消耗大等。加之当地缺乏具有竞争力的建筑工程企业,当地人力资源缺乏,水电工程施工人员主要是从外地调集,设计管理人员差旅、补贴等费用加大。如根据当地文件规定,西藏的水电工程可增加部分特殊补贴费,包括防寒装备补助、御寒补助、职工冬歇休假期间工资、职工冬歇休假差旅费等。此外,当地工程施工机械、建筑材料主要依靠从区外调入,运费成本高,加之机械和材料的消耗维修成本上升,总之,青藏高原地区特殊的地理气候条件造成水电施工难度大,直接推高了水电工程的人工成本和物耗成本。

---

① 杨铭钦等:《西藏地理气候特殊性对水电工程造价的影响》,《水力发电》2008年第6期。

二、　交通条件差导致水电工程造价上升

青藏高原地区水能开发大多位于高山峡谷、交通条件较差的区域，已有的道路通行条件难以满足大型水电工程施工的运输要求。因此，为了推进水电站建设，一般必须先行启动投资额巨大的场内外交通建设，以便于解决施工过程中大量建材物资和发电设备的运输问题。这些交通道路工程新建或改扩建，有些纳入了地方交通建设规划，并由政府财政专项资金解决部分建设资金。但也有许多是由水电开发企业投资建设，根据水电开发需求，纳入相应的工程预算费用中。由于高海拔偏远山区公路建设成本远高于平原地区，从而推高了当地水电工程的造价。

以四川涉藏地区雅砻江两河口水电站交通为例。电站建设所需要的大宗物资采用公路运输方式，从成都起沿国道108线（或成雅高速）行驶144公里到雅安，再沿国道318线行驶361公里到达甘孜州雅江县，然后沿雅砻江中游河段梯级电站的对外交通专用公路行驶13.6公里，最后抵达两河口水电站，公路运输里程长达518.6公里。而两河口水电站地处雅砻江高山峡谷河段，现有交通条件较差，难以满足电站施工建设的要求，因此需要先对雅砻江右岸雅江至电站段25公里的县道进行整治改建，并新建另一条雅砻江中游河段梯级电站的对外交通专用公路雅江—两河口电站段，其中包括大梁子特长隧道（5333米）、两河口特长隧道（5840米）、白玛中隧道、脚泥堡隧道，以及白玛大桥、白孜大桥等桥梁隧道工程，以穿越雅砻江河湾，绕避县城居民集居区及雅砻江河谷的不良地质岸坡，交通建设投资额较大。根据工程概算，两河口水电站辅助工程总投资额高达86亿元，占电站总投资的12%，平均成本高达2867元／千瓦，是"十一五"期间全国水电辅助工程平均成本的5倍。

在滇藏交界地区，滇藏公路南线从云南怒江州六库至西藏林芝察隅县段多为四级公路、等外级公路，路况整体较差，特别是丙中洛至察隅段（丙察察路），公路等级低，地质灾害发育，道路通行能力极差。为了巩固祖国边防、加

快怒江流域的经济发展和水力资源开发,云南和西藏分别将滇藏公路南线的金厂岭至察隅县段改建工程纳入各自规划,并作为怒江州"一纵一横四环"交通网络,形成滇藏新通道。滇藏新通道建设主要是将原有的滇藏公路南线道路等级提高,其中瓦窑镇金厂岭至六库段由二级公路改建为高速公路,六(库)丙(中洛)公路改建为二级公路,丙(中洛)察(瓦龙)察(隅)公路改建为三级公路。2019 年底,六库至丙中洛近 300 公里的"怒江美丽公路"顺利通车。而丙(中洛)察(瓦龙)察(隅)三级公路改建工程于 2015 年动工,目前仍在建设施工。

在藏东南地区,为了彻底改变林芝市墨脱县的交通瓶颈制约,目前正在修建进出墨脱县的第二条公路——派墨公路。这条公路始于雅鲁藏布江畔著名的派镇,连接墨脱县背崩乡,全长约 66.7 公里,由华能西藏水电开发投资公司修建。派墨公路路基宽 4.5 米,路面宽 3.5 米,设计等级为时速 20 公里的四级砂石路,总投资达 18 亿元。该公路的控制性工程是"多雄拉隧道",洞入口海拔高 3547 米,总长度 4789 米。派墨公路建成后,将使林芝市到墨脱县的路程缩短一半以上,与先期建成的扎墨公路、国道 G318 线、省道 S306 线构成区域性交通环线,极大地改善墨脱县的对外交通状况,对促进藏东南经济发展和当地百姓脱贫致富意义重大。

三、 耕地后备资源不足加大农村移民安置难度

青藏高原尽管地域辽阔,但多数属于高寒山区,是我国天然林保护和退耕还林退牧还草的重点地区,当地适宜耕作的耕地资源及土地后备资源极度匮乏。有限的耕地资源主要分布在山间低海拔河谷地带,耕地单产水平和总产量普遍不高,严酷的自然条件使当地土地的生产力和承载力较低。[①] 青藏高原地区这种特殊的土地资源状况使水电开发农村移民安置补偿面临较大制约。

---

① 劳承玉、张序:《四川藏区水电移民安置的特殊性及政策路径探索》,《中共四川省委省级机关党校学报》2014 年第 1 期。

（一）耕地面积小

分省区来看,西藏实有耕地面积233.05千公顷,仅占自治区土地总面积的0.19%,青海涉藏地区耕地面积为253.14千公顷,占六个藏族自治州土地总面积的0.36%,甘肃涉藏地区(甘南州与天祝县)共有耕地131.65万亩,折合为87.77千公顷,占辖区土地总面积的1.68%,云南涉藏地区(迪庆藏族自治州)耕地占比为1.44%。[①] 四川涉藏地区实有耕地面积165.33公顷,占辖区土地总面积的0.67%。在甘孜藏族自治州的18个县(市)中,县城海拔高度在2900米以上的就有12个,其中石渠、理塘两县县城海拔超过4000米,全州耕地面积仅占土地面积的0.60%。而且现有耕地资源大多位于河流两岸相对宽广的谷地平坝,可供成片开发的闲置土地及荒山荒坡很少。西藏和四省涉藏地区耕地面积分布详见表5-9。

表5-9　西藏和四省涉藏地区耕地面积及占比

	辖区面积 （平方公里）	年末实有耕地 （千公顷）	耕地面积占 土地面积(%)
西藏自治区	1230000	233.05	0.02
青海涉藏地区	701475	253.14	0.04
云南涉藏地区	23186	33.361	1.44
甘肃涉藏地区	52149	87.77	1.48
四川涉藏地区	245838	165.33	0.67

资料来源:根据各地市州统计年鉴(2016)数据整理。

（二）亩产价值较低

由于气候寒冷,热量资源不足,当地农作物生长缓慢,因此除少数相对低海拔河谷地带外,大部分耕地产出水平较低。如根据对青藏高原地区部分水

[①]　以上数据均来源于各省(区)、自治州统计年鉴。

电库区的实地调查,在金沙江上游川藏界河岸的四川省甘孜州白玉县,2014年粮食亩产水平为167公斤,仅为四川全省粮食亩产平均水平的46%,而一江之隔的西藏昌都市贡觉县、江达县,粮食亩产水平也分别只有251公斤和184公斤,主要作物均为小麦、青稞、豆类等。位于西藏雅鲁藏布江河谷的山南地区,2013年粮食平均亩产量为434.7公斤,以青稞为主,青稞亩产量为394.4公斤。

受农作物种类、亩产水平的影响,当地耕地产出的经济价值普遍较低,表现为每亩耕地产值水平低。根据《四川省国土资源厅关于公布执行征地统一年产值标准的函》(川国土函2014〔1170〕号)附件1和附件2,四川涉藏地区修订后的土地年产值标准为1080—2900元/亩,对应的耕地补偿等别为7—18级。其中,高海拔县如松潘、若尔盖、小金、石渠、色达等耕地补偿等别仅为7、8级,年产值标准普遍低于1200元/亩。而产出价值相对较高的土地主要位于大渡河、雅砻江河谷一带的金川、泸定、康定、丹巴、雅江等县,耕地补偿等级普遍在13、14级以上,最高达18级,耕地年产值标准为1880—2900元/亩。而西藏自治区是迄今全国尚未测算颁布征地统一年产值标准的省份之一。根据对雅鲁藏布江河谷山南地区的实地调查测算,2014年加查县耕地平均亩产值为2527元/年。整体上,这一区域耕地年产值水平远低于全国其他地区。

根据对雅砻江中游四川涉藏地区农村的实地调查,当地农牧民对土地依赖程度普遍不高,他们更看重的经济资源是丰富的林地草地,其家庭收入主要来源于采集林下的虫草、松茸和其他中藏药材等资源,这部分收入占家庭总收入的50%以上,甚至高达80%。此外,养殖牦牛、藏猪、绵山羊的收入,以及近年日益增多的各项转移性收入(如退耕还林还草、粮食直补),是当地农牧民家庭比耕地产出更重要的经济来源。

(三)"有土安置"方式难以落实

青藏高原地区耕地后备资源严重不足,"以土安置"农村移民的环境容量空间十分有限。由于受水电站回水淹没的河谷耕地生产条件相对较好,而周边未被淹没的剩余耕地有限,无法通过调剂满足移民生产的需求。因此,国务院《大中型水利水电工程建设征地补偿和移民安置条例》第十三条规定的"对农村移民安置进行规划,应当坚持以农业生产安置为主……应当使移民拥有与移民安置区居民基本相当的土地等农业生产资料"要求在高海拔、高寒地区很难落实,"耕地占补平衡"的规定很难就地实现。

四、 社会经济文化特征的影响

青藏高原地区水电开发面临的特殊矛盾还包括农村劳动力就业转移困难、16倍耕地产值无法完成移民生产安置、特色民居以及宗教设施缺乏补偿标准等。

(一)农村劳动力就业转移困难

在青藏高原地区的偏远乡村,农村移民大多只有小学文化水平,不懂汉语,缺乏传统农牧业生产以外的其他技能,难以参与当地水电建设和务工经商活动。许多农牧民以采集山林资源和放牧为生。对于他们来说,耕地资源的经济价值远低于虫草、松茸、中藏药材等山林资源,以及草场的经济价值。松茸、虫草、天然草场等资源往往附着在国有林草地上,现实中当地藏族群众都能从中取得收益,而一旦远迁则无法再享受这部分"免费"资源了。这部分资源收入来自于"国有林草地",无法纳入对当地移民的补偿中,从而使他们的实际生活水平面临下降风险,这种特殊的生产方式也导致群众不愿意外迁,大多数人都选择就近后靠安置(即就近搬迁到淹没线以上高海拔地点)的方式。

(二)16倍耕地年产值补偿标准过低

农村水电移民补偿费用通常包括土地补偿费、安置补助费、青苗等地面附着物补偿费、房屋及附属设施补偿费。根据国务院《大中型水利水电工程建设征地补偿和移民安置条例》规定:"大中型水利水电工程建设征收耕地的,土地补偿费和安置补助费之和为该耕地被征收前三年平均年产值的 16 倍……"高海拔高寒地区耕地较贫瘠,特别是流域上游地区,海拔越高耕地年产值越低,因此以耕地年产值计算的土地补偿费和安置补助标准必然较低,而土地开发、农田设施配套等成本却不断增加,使得按 16 倍年产值计算的土地补偿费和安置补助费根本无法满足移民生产安置需要。此外,为后靠移民开垦新耕地进行生产安置,会造成高海拔山区水土流失等严重的生态环境后果,不符合国家退耕还林、退耕还草和生态移民的环境保护原则。

(三)移民安置方式受寺庙搬迁影响

青藏高原地区水电移民安置普遍涉及宗教因素。如果移民搬迁,原有的寺庙供奉关系将打破,寺庙不能随移民搬迁,就可能产生移民新建庙宇的要求,而按照国家宗教事务条例,这方面的报批程序很难突破。因此移民安置要对寺庙搬迁和移民去向统筹考虑,坚持寺随人迁,人随寺走,两不分离的原则,尽量保持原有的供养服务关系。在确定一定比例的前提下,为保持原有村落的宗教、习俗、文化、语言不改变,尽量考虑整村搬迁,集中安置,避免打破移民原有的生产生活格局。

(四)对民族特色建筑补偿标准偏低

水电移民搬迁涉及大量房屋等建筑物的重建补偿。青藏高原地区藏式民居建筑特色十分鲜明,主要结构为石木、土木和木质的内框架结构,以石材砌墙,梁、柱、隔板、楼板、门窗等用木材制作,结构牢固。室内装修根据家庭财力状况进行,主要是嵌入式雕刻、彩绘壁柜、水柜、碗柜、装饰墙、各种木地板、漆绘天棚、吊顶、立柱、外墙装饰装修等。建筑物大多具有墙体厚、木材用量大且质量好、内外部装修装饰华丽的特点,凝结着丰富的民族文化和民族艺术。如雅砻江鲜水河一带的"扎坝民居",主要是一种碉与房连在一起的组合式碉房,而相距不远的道孚县民居,俗称"崩科"。在藏语里,"崩"是"木头架起来"的意思,"科"是"房子","崩科"就是"木头架起来的房子",它是一种外部造型齐整、红白色彩绚丽,极有特色的藏式木质建筑。

在四川道孚县移民搬迁住房补偿的调研中,笔者了解到,由于缺乏评估少数民族传统民居、宗教设施价值(包括其文化价值)的技术规范和标准,最初制定的补偿价格与其实际价值存在一定差距,如对藏式建筑的特殊用料、建造过程和建造技艺了解不够,对具有建造难度的传统工艺费用补偿不足。天然林保护工程实施后,大直径原木很难再获得,而且运输距离远、运输难度大,补偿费测算中也没有考虑传统建筑材料的实际价格和获取难度,因而补偿价格偏低。

(五)宗教设施迁建补偿缺乏标准

青藏高原地区水电开发造成的淹没影响可能涉及寺庙和众多佛塔、经堂、嘛呢堆、经幡、转经房(筒)等宗教设施,这在其他地区水电开发中没有或很少遇到,也是国家水电移民安置补偿条例中没有提及的。这些宗教设施即使建在国有土地上,或者产权没有界定的地方,也必须予以补偿。目前国家、省级部门制定的政策法规中都没有这方面的评估补偿标准。对业主、设计单位和地方政府而言,如何科学制定实物指标调查细则,科学量算标准和补偿标准,得到移民群众的认可,从而切实维护库区移民、寺庙僧侣的切身利益,是一道亟待破解的难题。目前对一些需要搬迁的藏传佛教寺庙建筑、个人和集体拥有的宗教设施的补偿价格存在争议。

青藏高原地区长期处于维护祖国统一、反对民族分裂的前沿阵地,要防止境内外敌对势力、民族分裂分子利用水电开发、宗教问题破坏民族团结和边疆稳定。因此,在西藏和四省涉藏地区进行水电开发,要始终保持高度的政治敏感性和责任意识,一方面坚持党的民族宗教政策,教育、约束外来施工人员尊重当地群众信仰,防范伤害民族宗教感情的事件发生;另一方面,在移民安置过程中,要高度重视对水电淹没涉及的藏族宗教设施及物品(如寺庙、白塔、经房等)的评估、补偿工作,对施工过程或淹没影响涉及的特殊建筑进行复建、迁建,对当地特有的传统文化进行保护。总之,要切实将维护稳定、反对分裂的工作贯穿于水电开发和移民安置的全过程。

第六章 水电开发的区域经济
影响评价模型与方法

对能源与经济社会发展关系的研究始于20世纪70年代。由于世界石油价格大幅度上涨,对许多国家特别是石油进口国的经济发展带来了冲击。因此,这些国家开始追求一种既能促进节能,又能促进新能源大规模发展的双赢策略。

当一个国家的能源系统发生变化时,通常会从三方面影响经济发展:一是能源行业自身的变化。由政府与私人或公共组织投资的能源行业,会因能源产品与技术的供求关系及监管机制(如税收、价格控制、定价方案等)的变化而改变。这些改变,反过来又导致了供给价格、供给数量的变化以及一次能源(也称初级能源)、二次能源与终端能源的融合。二是能源价格体系的变化,将会影响整体经济的成本和定价,并引起能源需求变化及能源与其他生产要素之间的替代可能性的变化,从而影响国家和区域两个层面的就业、收入和消费水平。三是宏观经济结构中的投资、消费、政府支出、国际贸易、通货膨胀、失业、资本市场、利率等也会相应发生变化。

本章旨在概括总结国内外能源经济影响的相关评价模型的方法,并选择适当的模型加以改进,作为青藏高原地区水电开发区域经济影响的定量分析工具。

第一节　能源与经济的相互影响关系模型

自从能源被运用于各种商品生产和消费服务以来,能源系统的任何重大变化,无论能源价格的提高,还是能源供给量的增加,都会影响到能源需求、生产过程、最终需求的部门组成和国民经济产出。这些变化因素交织影响着一个国家或区域经济的发展。例如,能源价格上升或下降的直接结果是相对投入成本的结构变化。面对这种成本结构变动,生产者会选择减少甚至放弃对高价能源的密集性投入,用资本、劳动或材料等其他投入要素来替换,从而减少能源的使用。如此,生产投入模式也随之发生了变化。此外,生产投入模式的改变,又引起产出价格水平和结构的变化,使消费和最终需求(如投资、出口以及政府购买)也相继发生变化从而在未来减少能源消耗。所有这些将影响经济发展水平和经济结构,以及各种宏观经济变量。最后,资本投资对能源价格的影响是不确定的,这取决于资本和能源的关系是互补还是替代的。

一、经济与能源发展关系的基本模型

评估能源与经济发展的相互关系,国外学界通常以构建经济—能源模型进行分析。

对经济与能源相互影响路径的讨论,是构建能源项目经济影响评估模型的基础,也是对不同评价模型进行比较的基础。

能源系统的重要改变将引起能源需求、生产流程、最终需求的部门组成和国民生产总值水平的输出。图6-1是这些影响的主要传导途径。

如图6-1所示,能源与经济系统发生相互影响的传导路径表明,构建能源项目经济影响评价模型应该包含能够代表能源行业结构、区域/国家经济及宏观经济的因素。能源行业,包括初始能源资源的来源、能源的变换和分布

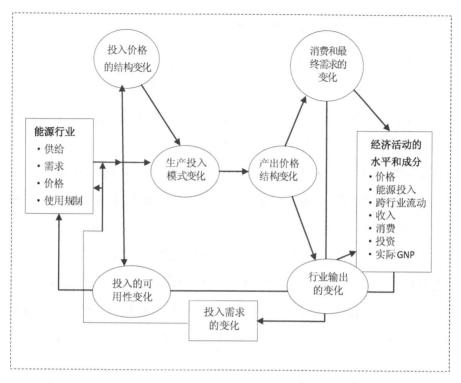

图 6-1　能源与经济系统的相互影响路径①

（如精炼与分配、电力公司、液化和太阳能）。能源项目建模分析的问题主要围绕着具体成本、资本需求、能源产量以及能源价格和燃料间的替换等。由于能源需求大多被称作中间需求，区域/国家经济的描述需要大量的关于能源行业与非能源行业的具体行业情况。因此，需要频繁地使用投入产出模型（I-O）结构（线性的生产函数）与非线性生产函数，生产要素间的替代可能性具有重要意义。此外，宏观经济对总价格、利息率、增长以及就业率等方面的影响意义重大。模型还应该强调从能源行业到经济各方面（包括部门详情、地理详情、动态调整及平衡机制）分析的连续性。

---

　　① Lakshmanan，T.R.& Johansson，B.，*Large Scale Energy Projects：Assessment of Regional Conse-quences*，New York：Elsevier Science Pub.Co.，1985，pp.187-206.

二、 经济—能源模型的演化

在 20 世纪 70 年代早期,构建经济与能源行业的相互影响关系模型,通常要考察两者之间存在的"自上而下"联系。宏观经济模型被用作一种总体经济变量,随后被设计用来测算能源行业的增长率。从能源与经济发展关系的评估模型的演化来看,可以划分为以下四个阶段。

第一阶段的经济—能源模型与 1973 年世界能源危机和能源价格上涨有关。哈德森和约根森(Hudson 和 Jorgenson,1974)的研究,首次否定了经济增长与能源需求之间紧密配合的假说,提出:随着能源价格的上涨,能源投入与其他生产要素之间存在着相当大的潜在替代可能性。[①] 哈德森和约根森使用了包含资本(K)、劳动(L)、能源(E)和材料(M)四要素的生产函数,并设置了没有先验限制替代弹性的超越对数。如果投入价格和产出水平是外生的,这样一个生产结构可以由一个成本函数 C 相等同地描述:

$$\ln C = \alpha_0 + \alpha_y \ln Y + \sum_i \alpha_i \ln P_i + \frac{1}{2} \beta_{yy} (\ln Y) 2 + \frac{1}{2} \sum_i \sum_j \beta_{ij} \ln P_i \ln$$

$$P_j + \sum_i \beta_{yi} \ln Y \ln P_i \tag{6.1}$$

其中 $i,j = K,L,E,M$;P_i 代表要素价格;Y 代表产出。如果按照投入价格对数计算,可以推导出如下需求函数:

$$\partial \ln C / \partial \ln P_i = (\partial C / \partial P_i) P_i / C$$

$$= \alpha_i + \frac{1}{2} \sum_j \beta_{ij} \ln P_j + \beta_{yi} \ln Y \tag{6.2}$$

根据来自谢泼德(Shepard)的引论,$(\partial C / \partial P_i) = X_i$ 是 i 的成本最小化投入数量。因为价格的成本函数是齐次线性的,$C = \sum_i P_i X_i$。替换为:

---

① E.A.Hudson and D.W.Jorgenson,"U.S.Energy Policy and Economic Growth",*Bell Journal of Economics and Management Science Fall*,1974,pp.461~514.

$$\partial \ln C / \partial \ln P_i = P_i X_i / \sum_i P_i X_i = S_i \qquad (6.3)$$

或者：

$$S_i = \alpha_i + \frac{1}{2} \sum_j \beta_{ij} \ln P_j + \beta_{yi} \ln Y$$

这里 S_i 是要素 i 的成本比例。替代弹性可以被定义为：

$$\sigma_{ij} = \varepsilon_{ij} / S_j \qquad (6.4)$$

其中 ε_{ij} 是共同的价格弹性。

该模型的实证分析表明，经济与能源的联系是松散的。尽管能源和其他生产要素之间的替代潜力随行业和地区的变化而变化，但替代潜力还是相当大的。

第二阶段的经济—能源模型以中期能源发展模型为典型，如美国项目独立评估体系（PIES）。PIES 包含一个能源需求模型、供给集合模型和一个合并模型，可以预测能源的价格和数量。[1] PIES 还可以处理各种各样的能源行业监管职能，并评估各种政策后果，如进口关税、进口配额、保护措施等。然而，结构上 PIES 模型接受宏观经济模型关于 GNP、消费者价格指数等宏观经济指标的预测结果。

第三阶段的经济—能源系统模型明显特点是对能源技术开发能力的评估，如布鲁克黑文（Brookhaven）能源系统优化模型（BESOM）、SRI-Gulf 模型（US）和西伯利亚动力学院模型（USSR）等模型中，对工程过程和燃料间的替代性进行分析的重要性是显而易见的。

第四阶段的经济—能源模型侧重于关注能源技术的环境影响，因此建模的时候考虑了经济、能源、环境的相互影响，环境评估功能已被添加到各种经济能源模型当中。其中的战略环境评估系统（SEAS）模型是此阶段构建的第一个区域模型，关于 SEAS 模型我们将在本章第二节进行详细分析。表 6-1

---

① W.W.Hogan, "Energy Policy Models for Project Independence", *Computers and Operations Research*, Vol.2, No.3-4, 1975, pp.251-271.

是这一阶段的主要模型简介。

表 6-1　国外部分经济—能源综合模型简介

模型、研究者等	描述的模型类型和系统	技术改变和替换	模型输入	模型使用
(1) PIES(项目独立评估体系)模型；一个美国区域模型；5~15 年范围	能源需求模型，供给集合模型，对经济平衡使用一个交互式 LP 近似定点算法的整合模型。需要搭配一个宏模型	需求的交叉价格弹性；供应方面的中间燃料油替代	需要非常大的数据库	估计政策后果，如进口关税、配额、价格变化，保护措施，电力负荷管理等
(2) Hudson-Jorgenson model of the US, 25-year horizon (Hudson and Jorgenson, 1974)	有能源行业细节的跨行业模型；宏观经济增长模型驱动的消费者需求模型	生产率的趋势；能源(超越函数)价格替换的变量弹性；变量投入产出系数	劳动力，人口，政府支出，失业等	分析经济增长与能源消耗之间的"适应"
(3) Wharton model of the US；15-year horizon (Klein and Finan, 1976)	用于耗能行业的 59 个部门投入产出模型(如铁和钢、水泥、铝等)	使用 CES 函数，为关键能源领域获取能源和中间燃料替代的流程模型，响应价格的系数列	人口，劳动力，国际贸易政策，货币和税收政策	提供不同能源、税收、价格和供给政策的详细部门影响
(4) BESOM of the US；single-year medel；25-year horizon (Hoffman, 1972)	围绕"参考能源系统"来最小化满足最终使用能源需求的成本，从资源开采到转换、分配和最终用途。需要一个宏观模型	任何新技术都可以考虑；中间燃料替代考虑	能源转换效率，每年所有技术成本；最终用途要求，环境排放	用于评估能源技术、不同的能源政策对能源系统的影响
(5) SRI-Gulf of the US；50-year horizon (Cazalet, 1977、1978)	一个区域动态"广义均衡模型"。过程技术的表示和链接子模型网络的市场调整过程。需要一个宏观模型	灵活的考虑技术、中间燃料替代，最终利用需求的价格弹性	技术和成本数据；市场渗透的数据；人口发展趋势	用于美国西部能源资源开发的经济分析；也被用于海湾石油评估合成燃料的策略

模型、研究者等	描述的模型类型和系统	技术改变和替换	模型输入	模型使用
（6）Helliwell, energy model for Canada；5-region model；15-year horizon（Helliwell，1976，1979）	能源部门的计量经济模式与加拿大的计量经济学模型	合成原油沥青砂技术；区域性变化的中间燃料替代	国际原油价格；加拿大的能源价格、税收、费率	可用来分析各种能源价格、税收、贸易和发展政策
（7）Khazzom, model for Canada；10-region；25-year horizon（Khazzom，1975）	燃料能源需求的非线性计量经济规范。需要附加的宏观模型	分时段的价格弹性需求，基于"免费"和"获得"需求的估计；中间燃料替代	人口发展趋势、个人收入、能源价格	用于评估节能可能导致的价格上涨
（8）The long-term energy demand model for Japan（Instituteof Energy Economics，1973）	一个系统动力学模型，包括三个子系统——经济、能源供需和环境的投入产出分析		人口统计学变量；私人投资增长	用于估计部门能源需求水平，而不是为了评估价格对国民经济的影响
（9）The Siberian Power Institute model of USSR；15-year horizon（Kononov，1976）	一个动态投入产出模型，描述能源供应系统（ESS）的外部产品关系，可以说明投资滞后	可以考虑许多新技术	各种能源资源输出、ESS的新能力与运输类型和能力	研究ESS在其他经济部门的大范围变化的影响，根据投资、劳动和材料的影响

三、　主要建模方法

经济—能源模型的构建需要将经济学和物理过程相结合，由此吸引了包括经济学、工程学、运筹学、物理科学和技术等在内的多学科学者进入该领域。因而，各种各样的方法便被创造出来，例如传统的固定系数投入产出（I-O）模型、变量系数模型和超越函数模型、线性规划（LP）、非线性优化和系统动力学模型等。

区分不同模型研究方法的关键是：弄清楚它们是如何描述能源部门、经济结构和宏观经济的。能源部门通常由能源参考系统来描述,并且用优化程序求解一组成本最小化能量流。经济结构则可以通过投入产出(I-O)表或总生产函数来描述。虽然这两种方法都描述了投入和产出的技术关系,但是投入产出表往往能提供更多的结构细节,而总生产函数则可以分析投入、技术变化、规模经济、投资等之间的替代作用。由于循用哈德森和约根森的研究思路,大部分经济—能源模型都是投入—产出分析方法和非线性生产函数的结合。

投入产出(I-O)模型是大多数经济能源模型的基础,因此建模方法可以分为如下几类:固定系数投入产出分析法、固定系数的线性优化法,以及基于计量经济学或过程分析的可变系数法。

固定系数投入产出分析法的典型例子是美国伊利诺伊州自动计算中心(CAC)的 367 个部门模型,模型中的系数是固定的。但固定系数显然不适于评估运输方案和各种政府项目的直接和间接能源成本及进行中期或长期预测。要计算 CAC 投入产出(I-O)模型中能源行业的技术系数,可以运用 BE-SOM 模型,[①]该模型是一种能源项目影响的综合评估模型。

线性规划(LP)和投入产出(I-O)模型可以通过各种方式结合起来。在丹齐格(Dantzig)和帕里克(Parikh)的 PILOT 模型中,线性规划(LP)通过总成本最小化和最终需求最大化来驱动整个模型。其技术还可以帮助修改隐含的生产过程投入产出表。[②] 无论是哪种案例,线性规划(LP)都包含四个要素:技术、特定位置的燃料、需求和供给。技术是线性的,为相同产品服务的多个流程促进了替代的发生。给定技术成本、供给限制、需求和物质平衡(物料平衡),线性规划(LP)可以使能源供应的总成本最小化。

---

① A.S.Kedes,etal.,"The Brookhaven TESON",BNL21223(Brookhaven National Lab Oratory),1979.

② G.B. Dantzing and S.C. Parikh, "On a PILOT Linear Programming Model for Assessing Physical Impact of The Economy of a Changing Energy Future", in F.S.Roberts(Ed), *Energy*:*Mathematics and Models*,SIMS Conference on Energy,Salt Lake City,1976,pp.1–23.

运用超越函数的结果可以从计量经济学的角度调整投入产出(I-O)模型的系数。沃顿商学院模型基于估计 CES 生产函数和时间趋势而使用灵活的投入产出系数,能够呈现一部分要素价格变化而引起的调整。该方法还通过使用流程分析得到了一些投入产出系数。

上述模型往往依赖于一个或两个分析方法,专注于一两项政策的影响,属于基本模型。事实上,能源项目的经济影响问题可能涉及能源与经济增长之间更为广泛的联系,如国家和地区的生产消费结构的变化,以及能源项目的环境影响等。因此,更需要从宏观经济层面上,通过跟踪大型能源项目的经济路径变化来客观评价其相互关系的综合模型(Integrated Impact Models)。

第二节　国外大型能源项目区域
经济影响综合评价模型

经济与能源相互影响的基础模型是非空间的,尽管它也从地方、区域、国家,甚至国际层面去作分析,但是并没有把多层次互动联系纳入那些经济影响仅限于当地的大型能源项目中。此外,虽然利用简单模型可以进行传统的局部平衡影响分析,但不能客观反映大型能源项目案例研究中复杂的相互依存关系。

鉴于区域经济系统中往往存在着多维和同步的相互依存关系,经济影响模型必须包含和结合一些子系统,如国民经济、与国家系统相互联系的多区域系统、一些空间细节特定的能源系统、区域建筑环境等。因此建立较传统模型更为复杂的经济—能源区域模型系统显得很有必要。新的模型从不同分析角度选取了描绘模型的形式,如能源系统模型、国家和多区域模型、地方财政模型、城市住房和基础设施模型等,以组合形成区域综合影响模型。这些综合影响模型具有如下共同点:

第一,它们都有宏观经济模型的要素,而且它们在不同程度上代表生产和消费。

第二,它们都尝试多区域分析,尽管通常不能包含整个国家区域。

第三,它们都包含能源供应系统和能源技术、需求和价格,都能得出能源行业和其他经济部门之间的明显联系。由于这些模型通常依据现有的模型而设计,其差异在于能源和非能源行业的部门细节、能源技术和要素替代的整合、区域经济规范和区域建筑环境(变化影响能源需求)及动态调整的规范。

以下是国外具有代表性的几个能源—经济综合影响评价模型,从中我们可以分析它们各自的优势以及对关键问题的分析覆盖程度。

一、 美国的区域投入产出模型系统(RIMS II)

自 20 世纪 70 年代以来,东亚银行(BEA)推出了区域投入产出(I-O)乘数,这些乘数显示了最终需求变化所导致的行业间购买。与此同时,美国商务部经济分析局开发了一种估算产业区域贡献的方法——区域行业乘数系统(RIMS),通过对该系统不断改进和完善,于 80 年代推出了区域投入产出模型化系统(RIMS II),以评估某一行业对区域经济的影响。RIMS II 模型是通过改进国家 I-O 模型与区域数据的关系而建立的。[①] 在利用行业收益和个人消费支出数据扩展后的模型中,居民既是劳动力的提供者也是最终商品和服务的购买者。该模型所计算出的乘数,表示经济活动的总体变化与部分变化的比率,例如,就业的总体变化与最终需求的初步变化的比率。当这些比率乘以某个特定的经济事件的最终需求变化时,其结果是对当地经济总体变化的估计。

在使用 RIMS II 时需要注意相关的假设,否则会造成对评估结果的夸大。

RIMS II 模型假设包括[②]:

[①] U.S. Department of Commerce, Bureau of Economic Analysis, *Regional Multipliers: A User Handbook for the Regional Input-Output Modeling System (RIMS II)*, Third Edition, U.S. Government Printing Office, Washington, DC, March, 1997.

[②] Rebecca Bess, Zoe-O. Ambargis, "Input-Output Models for Impact Analysis: Suggestions for Practitioners Using RIMS II Multipliers", the 50th Southern Regional Science Association Conference, 2011, pp.23-27.

（1）后向联系。影响模型可以分为后向关联模型[1]和前向关联模型，[2]以衡量一个产业的生产对经济中其他产业的影响。[3] RIMS II 模型为后向关联模型。

（2）固定生产模式。投入产出模型通常假定投入在广泛的生产水平上按固定比例使用，而不对投入进行任何替代。换言之，该模型假定一个行业在没有替代的情况下必须将其投入增加一倍，以使产出增加一倍。[4]

（3）行业同质化。投入产出模型通常假定一个行业内的所有公司都具有共同生产过程的特征。如果最初受影响的本地公司的生产结构与组成工业的公司在投入产出账户中的平均关系不一致，那么这种变化对当地经济的影响将不同于区域乘数所隐含的影响。

（4）固定价格和无供应约束。投入产出模型通常被称为固定价格模型，因为它们假定不会根据供给约束或其他因素进行价格调整。换句话说，企业可以根据需要增加包括劳动力在内的投入，以满足对其产品的额外需求。该模型假设当地经济中的企业没有满负荷运转。

（5）当地供给条件。基于国家投入产出关系的区域投入产出表需要作出调整，以解释当地的供给条件。这些调整背后的基本思想是，该区域的工业不可能生产产生最终需求变化所需的所有中间投入。在这种情况下，地方工业必须从区外的生产者那里购买中间产品和服务，从而造成地方经济的流失。

---

[1] 如果一个行业增加了产量，对生产中间投入的行业的需求就会增加。基于这种关系度量影响的模型称为后向关联模型。

[2] 如果一个行业增加了产量，对于其他行业也会有更多的产品供应用于他们的生产。基于这种关系衡量影响的模型称为前向关联模型。

[3] Miller, Ronald E. and Peter D. Blair, *Input-Output Analysis: Foundations and Extensions*, 2nd ed, New York: Cambridge University Press, 2009.

[4] 如果假设与当地经济的真实生产模式不一致，那么变化对当地经济的影响将不同于区域乘数所隐含的影响。固定生产模式的假设也与劳动投入有关。投入产出模型通常假设产出的变化将导致基于当地经济中各行业平均生产模式的工作岗位比例变化。然而，如果一个行业主要通过延长现有雇员的工作时间来增加产出，那么用 RIMS II 乘数估计的结果就会夸大当地就业的实际增长。

RIMS II 通过调整国家 I-O 与区域区位商（LQs）的关系来解释这些流失。①

（6）无区域反馈效应。RIMS II 是单一区域投入产出模型，它忽略了区域之间可能存在的任何反馈效应。

（7）时间维度。因为区域投入产出模型中没有明确包括时间，所以经济在经济活动最初变化后达到新的平衡所需的时间长度不明确。②

当使用 RIMS II 时，有四种衡量经济活动总量变化的指标，它们分别是总产量、增加值、收入和就业。RIMS II 依据投入产出模型中的直接消耗系数和列昂替夫逆系数计算出产出乘数、就业乘数和收入乘数等。

二、 奥地利 IIASA 模型系统

奥地利拉克森堡国际应用系统研究所（IIASA）针对能源系统项目开发了一系列评估模型，旨在研究从廉价化石燃料向更安全、更环保和更高价格为特征的能源转变的长期（15—50 年）过程。该模型研究的目标是评估国家和地区长期能源政策的全球意义，以及其他能源策略（物理的和技术的）对经济和环境的影响。

IIASA 的模型系统包含 4 个模型，即：宏观经济模型（MACRO）、能源需求模型（MEDEE—2）、能源供给模型（MESSAGE）和经济影响模型（IMPACT），IIASA 的模型系统见图 6-2。

---

① 对于大多数行业，LQs 是指一个行业在地区收入中所占比例与该行业在国家收入中所占比例。如果该行业的 LQ 为 1 或更高，则该行业的国家系数适用于该区域。如果某一行业的 LQ 小于 1，则将国家系数减去这一比率得到区域系数。

② 一些分析师假设调整将在一年内完成，因为基础行业数据中的流量是在相同长度的时间内测量出来的。然而实际调整期各不相同且取决于最终需求的变化以及每一项区域影响研究所特有的相关产业结构。时间问题也出现在与区域影响研究有关的另一个方面。最终需求的最初变化应该是永久性的，或者至少是足够持久的，以便让冲击在整个经济中充分发挥作用。如果最初的冲击不是持续的，比如短期的特别活动或建设项目，那么当地的公司可能会增加产出，而不会像模型所假设的那样雇佣更多的员工或从当地经济中购买同样多的额外投入。在这些情况下，变化对当地经济的实际影响将小于影响研究中估计的影响。

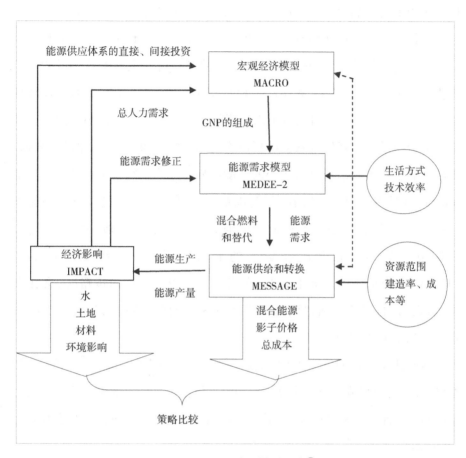

图 6-2 IIASA 能源模型系统①

图 6-2 的 IIASA 能源模型系统中,宏观经济模型(MACRO)旨在评估不同能源策略应对资本投资和劳动力需求的潜在问题以及它们对 GNP 与个人消费增长率所产生的更加普遍的影响。能源需求模型(MEDEE—2)接受了宏观经济模型(MACRO)的分析结果和一系列关于生活方式(如人均住房)、科技效率(汽车燃油效率)和生产者能源需求情景等的假设。在不同

---

① Lakshmanan,T.R.& Johansson,B.,*Large Scale Energy Projects:Assessment of Regional Consequences*,New York:Elsevier Science Pub.Co.,1985,pp.187-206.

燃料种类的替代燃料需求分配假设下,以上这些就进入了次级能源需求情景。能源供给模型(MESSAGE)试图通过各种技术来平衡能源需求和初级能源的供给。科技关系、建成速度和资源的可获得性主导着这一过程。能源供给模型 MESSAGE 由 MARKAL 模型衍生而来,是一个动态的线性规划 LP 模型,能求解给定的时间范围内能源供给总贴现费用的最小化问题。该模型的分析结果包括能源从初始到最终使用的整个物流过程,如需求数据、供给的影子价格和沿着供给途径的环境影响。经济影响模型(IMPACT)是 Irqutsk 模型的延伸,模型的时间范围被扩展到了 50 年,包含较新的能源科技以及与能源有关的新增部门,并且估计水、能源、土地、材料、劳动力和环境影响的直接和间接费用的能力也提高了。经济影响模型(IMPACT)有助于解决如下问题:在贯彻一个既定的能源策略时,会在资本、劳动力、材料等方面遇到哪些潜在的瓶颈问题,这些策略对宏观经济指标又有怎样的含义。

然而,IIASA 模型系统并不能提供在经济评估所需要的分类影响信息,如经济部门、地理细节及地区建设环境等等。但这个系统内部包含着一些具有结构与分析能力的模型成分,适用于评估某种特定经济影响,因此,也被其他模型系统所采用。

三、 美国环境因素变量评价模型(SEAS)

SEAS 模型最初是作为一个经济环境模型,用于对经济增长和各项污染减排政策相关的排放量和减排成本进行系统评估。在 1973—1974 年后,能源政策的影响日益突出,SEAS 模型的范围也扩大到包括能源供应规范、需求和投资组合方面,从而演变为一个综合的经济—环境—能源系统性综合模型。SEAS 模型的组成模块为三个内外相关的独立领域,通过功能联结和数据矩阵,建立大型的中长期(15—20 年)模型(见图 6-3)。

SEAS 模型的核心是一个包含 200 个部门的动态投入产出预测模型(IN-

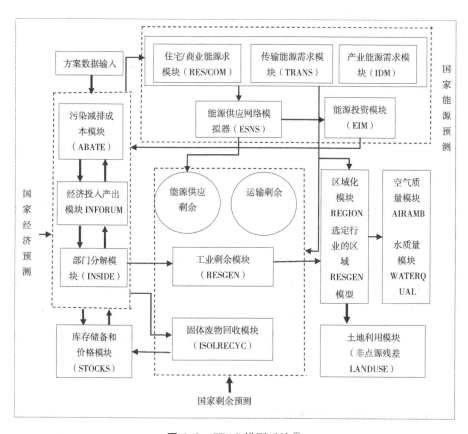

图 6-3　SEAS 模型系统①

FORUM），被称作马里兰大学产业预测模型，它与沃顿商学院的宏观经济模型相联系。INFORUM 模型在一些宏观经济假设和最终需求的背景下得出部门的年度预测值。为了描述不同污染物的排放情况，SEAS 模型系统建立了部门分解模块（INSIDE），它将 200 个部门分类成更多的产品和技术子部门（以物理术语描述的）。污染减排成本模块（ABATE）则计算任一年的污染减排的资金和运营成本，以反馈到当年产业预测模型（INFORUM）的资本和活期账户中，从而获得与下一年度有关的经济影响。

———————

　① T. R. Lakshmanan and P. Nijkamp（Eds.），*Economic-Environmental-Energy Interactions*：*Modeling and Policy Analysis*，Boston，MA：Martinus Nijhoff，1980，pp.7-39.

能源子系统模块包含能源供给网络仿真器(ESNS)的参照能源系统、三个使用终端的能源需求模型,以及能源投资模型。在 ESNS 中,与能源供给技术相对应的投资需求会反馈到能源需求模块和 INFORUM 模型中。

环境模块对排放水平的估算是基于污染物类型和生产与消费过程中的技术种类进行的。区域(REGION)模块以"自上而下"的方式将国家经济和污染预测转变为多个区域,包括不同的州、大城市,以及与空气和水的质量控制相关的多个空间单元。

SEAS 提供了一系列精心设置的替代能源策略影响的条件预测。虽然大部分 SEAS 成果目前已被美国政府所采用,但是 SEAS 的所有功能仍未被美国能源部门使用。由于美国能源部的环境影响评价司的机构定位,限制了 SEAS 在环境问题中的应用。该模型的经济部分,某种程度上由于缺少进行要素替代与多区域建模的能力,不得不接受中期能源预测系统(MEFS)和其他经济能源模型的分析结果。尽管如此,SEAS 仍然是美国案例研究中主要的环境评估工具。

四、 瑞典国家区域模型系统

在瑞典案例研究中,使用建筑模型系统的体系结构在许多方面适合于经济评估的分析范围。① 经济影响系统(宏观、区域间、区域能源需求和供应)的各主要部分都是通过现有的模型认证和衡量的(见图 6-4)。该系统在某种程度上允许能源部门与国民经济之间的区域与国家甚至是国际的互动以及传统关联。

在瑞典的案例研究中使用的宏观经济模型是伯格曼模型,它是计算开放型经济一般均衡的模型。伯格曼指出:"与调整过程(大规模燃料转换)有关的成本没有被纳入分析过程中,因此对影响的分析仅限于不同均衡条件之间

---

① B.Johansson and F.Snickars, "Large-Scale Introduction of Energy Supply Systems", Working Paper WP-82-121(Laxenburg, Austria:International Institute for Applied Systems Analysis), 1982.

的比较。"①在这方面,第二个模型所提出的通过最佳结果来分析调整路径的宏观经济模型(MACTOINVEST)②显得更有帮助。这两个模型都能得出就业、生产、投资、能源利用等的行业水平。

多区域模型,可称作 MORSE 模型,即指一个多区域、多部门模型。③ 这种混合模型对大多数消费者和生产部门采用了自下而上的方法,对能源消耗、资本形成与国际贸易则采用自上而下的方法。各种来自住房与就业、建筑结构、土地使用规划的分析所得出的模型,共同决定了能源需求的未来空间布局。这些模型是从早期的大城市斯德哥尔摩的规划研究中产生的。对能源供给系统的详细阐述是通过国际应用系统分析研究所(IIASA)模型中的能源供给模型(MESSAGE)在斯德哥尔摩地区的试验来说明的。

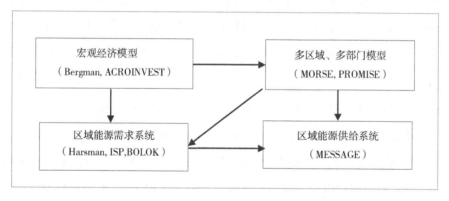

图 6-4　斯德哥尔摩经济影响模型系统④

---

① L.Bergman,"The Impact of Nuclear Power Discontinuation in Sweden",*Regional Science and Urban Economics*,1981,pp.86-269.

② H.Persson and B.Johansson,"A Dynamic Multisectoral Model with Endogenours Formation of Capacities and Equilibrium Prices:An Application to the Swedish economy",Professiona Paper pp-82-9(Laxenburg,Austria:International Institute for Applied Systems Analysis),1982.

③ L.Lundqvist,"A Dynamic Multiregional Input Output Model for Analyzing Regional Development,Employment and Energy Use",Paper presented at the European Regional Science Congress,Munich,1981.

④ R.E.Evans and Associates Norman,"A Study of the Impact of the Hugo Reservoir on Choctaw and Pushmataha Counties:A View Four Years after Completion",Fort Belvoir,VA:U.S.Army Corps of Engineers,Institute for Water Resources,IWR Research Report 80- Rl,1980.

五、 其他综合评价方法

(一)时间序列预测法

埃文斯(R.E.Evans)等在评估水电项目建设对周围区域的经济社会影响时使用了时间序列预测法。[1] 他们以电站大坝水库 1967 年开始兴建为始点，搜集该年以前的数据，包括人口、劳动力、平均收入、农业产出和制造业增加值等，排除一些特殊时期的异常数据，例如越南战争期间的经济数据，然后将剩下的数据按 1967 年为不变价格处理为时间序列数据。根据数据的趋势情况，选择线性或者非线性的拟合，模拟出这些数据与时间的关系，将该关系式假设为在不建立水库的条件下，这些经济数据随着年份发生变化的趋势，估计出在该条件下 1967 年后数据的值。最后将这些数据与建立水库之后的数据对比，计算出差异，以此来初步衡量水库对这两个县域经济的影响。因为要模拟这两个县没有建立水库的情况，按时间趋势的预测方法，虽然的确能显示出这些经济数据的差异，但其预测的隐含条件是外部环境不变，这种情况是理想的状态，在现实中很难排除其他因素对这种因果关系的影响。例如，全社会技术的进步带来的全要素生产率的提高，这种情况很可能在 1967 年后的某一年突然发生，实际的经济数据与预测值的差异就会明显出现，但很难将其归因于水库的建立。另外，经济周期本身的变动也会干扰对实际值与预测值之间差异的判断，例如在水库建成并完成蓄水的 1976 年后，美国突发的能源危机使得经济进入衰退期，所考察的经济数据可能受到拖累，使实际值与预测值的差变小，很难判断所考察的对象本身的影响力度。因此，这种方法只是粗略的判断，需要在完成后不断地进行校正，因此对项目建设经济影响的衡量效率不高。

---

① Lakshmanan T.R.& Johansson B., *Large Scale Energy Projects*: *Assessment of Regional Consequences*, New York: Elsevier Science Pub.Co., 1985.

（二）准实验变脸控制群组方法

穆斯塔法·阿勒赛义德（Mostafa Aleseyed）等用准实验对照组方法来检验 1975—1995 年间美国水坝的建立对区域经济的影响。该方法的设计包含两个步骤，第一步是在校正期内挑选出准实验对照组，接下来就是检验要研究的对象和它们的对照组在处理前期和处理期的差异。[①] Mostafa 等人是以郡县作为对象来检验水坝建设的影响的，这样做的原因有三点：一是郡县的社会经济数据比更小的政府单位更容易得到；二是水力发电所建造的大型水库更匹配郡县的范围；三是因为郡县是存在实实在在异质性的足够小的研究单位。他们首先根据所设定的水坝蓄水库的大小、建造年份以及是否缺失 4 年以上的经济数据为条件选择研究组，最终从全美约 75000 个水坝中选出了 48 个作为研究对象，以它们所在的郡县作为实验组，然后为该实验组挑选出相匹配的对照组。

挑选对照组的方法分为三个过程：第一个过程是连续校正匹配过程，该过程是条件筛选过程，包括境内不能存在大型蓄水库水坝、与实验组里的郡县的距离不能小于 60 英里以及不能有需要检验的数据的缺失，符合条件的郡县组成对照集合。第二个过程是最优可用匹配过程，通过计算对照集合中的郡县与实验组中的郡县的马氏距离来判断检验其相似度。马氏距离值越小，两个对象的相似度越高。检验变量包括产业结构指标，人口、需求和空间指标以及收入与人口的增长率。第三个过程是理想匹配过程，以对照组与实验组中匹配的对象的马氏距离最小为条件，选出最理想的对照组。选出对照组之后，进行先期检验和期后检验。先期检验就是计算实验组与对照组在 1970 年以前的检验变量的差，期后检验就是计算 1975 年后的变量的差值，最后根据这些

[①]　Mostafa Aleseyed，Terance Rephann and Andrew Isserman，"The Local Economic Effects Of Large Dam Reservoirs: U. S. Experience"，*Review of Urban and Regional Development Studies* 10，pp.91-108.

差值的变化再结合现实的经济意义来分析大坝的对区域影响的效应。

该方法较好地排除了宏观经济层面的冲击对研究对象的影响,因为这种宏观经济冲击会同时对实验组与变量组的元素产生影响,在相互比较时,可以将这种冲击相互抵消。

第三节　我国大型水电项目经济影响评价模型

在我国,大型水电工程属于投资额巨大、工期超长(跨五年或十年规划),项目实施前后对所在区域或国家的经济结构、社会结构以及群体利益格局等有较大改变,对生态与环境影响大范围广等特征的"特大型"建设项目,也就是影响重大的建设工程项目。国家发改委和建设部等联合发布的《建设项目经济评价方法与参数》(第三版)中,明确规定:对于关系公共利益、国家安全和市场不能有效配置资源的经济和社会发展的项目,除应进行财务评价外,还应进行国民经济评价。对于特别重大的建设项目,还应辅以区域经济与宏观经济影响分析方法进行评价。[①] 显然,大型水电开发建设等能源项目均属于此种类型。水电项目区域经济与宏观经济影响分析常用的数学模型包括:经济计量模型、全国或地区投入产出模型、系统动力学模型和动态系统计量模型等。其中,在大型水电项目区域经济影响研究中,尤以区域投入产出模型和投资乘数模型的运用最为普遍。

一、　区域投入产出模型及其运用

投入产出模型通过编制全国或地区投入产出流量表,建立区域投入产出的系数矩阵模型,从数量上反映各国民经济各生产部门之间的经济技术联系。利用投入产出模型可以评估部门投资对经济系统中的各部门以及经济系统总

---

① 参见国家发改委、建设部:《关于建设项目经济评价工作的若干规定》,第六条。

产出的贡献值、拉动度。根据具体建模方式的不同,投入产出模型可以分为两种:一种是以总产出结构为分析基础的标准投入产出模型,也称为以投资需求为动力的投入产出模型。另一种是以总投入的构成为分析基础的投入产出模型,也称为以供给为动力的投入产出模型。对水电开发建设期的区域经济影响评价,可以运用以投资需求为动力的投入产出模型,而水电运营期的区域经济影响评价,可以运用以电力供给为动力的投入产出模型。

将区域投入产出模型运用于大型水电工程建设的区域经济影响分析,始于中国社会科学院对金沙江下游溪洛渡电站开发的评估研究。该电站项目是我国"西电东送"骨干工程,位于四川云南交界的金沙江上,于 2005 年开工,2014 年投产运行,建设期长达 10 年,跨越我国"十一五"和"十二五"规划时期,工程投资额近 800 亿元,总装机容量 1386 万千瓦,是中国第二大、世界第三大的水力发电工程,主要供电华东和华中地区。为了研究溪洛渡水电站开发建设对四川、云南两省经济社会发展的影响作用,2002 年中国社会科学院课题组运用投入产出模型,就"溪洛渡水电站的开发建设对四川、云南经济社会发展的作用"进行定量研究。

该项研究根据产业带动度理论,分别以总产出构成和总投入的构成为基础,建立了项目所在的四川和云南两省区域投入产出模型,其基础数据来源于省级投入产出部门流量表。作为对比,该项研究还采用了实证研究法,即利用当地固定资产投资率变动计算水电投资对区域经济增长的作用。

(一)以水电投资需求为动力的模型

投入产出理论认为:任何一个经济部门的产出都要以其他部门产出的相应投入为支撑,同样,任何部门投入也必然离不开其他经济部门的产出。因此,生产部门的投入和产出的增加,都将波及上下游关联产业部门,产生产业波及效应,进而拉动整个国民经济总产出增长。

构建区域投入产出模型的关键,是将国民经济的所有行业进行分类,按照研究需要可将整个经济体系划分为若干不同部门,并根据某一时期每个部门产品在各个部门的流动和最终去向,编制该时期的投入产出表。利用投入产出表可以研究国民经济各部门之间的比例关系、依赖程度以及某一部门生产变动对其他部门乃至整个经济产生的影响。

在标准的投入产出表中,横向表示的是各部门生产活动的结果,包括中间消耗和最终使用两部分,两者之和为总产出。纵向表示的是各部门生产活动的要素,包括中间投入和初始投入(增加值),两者之和为总投入。最终,总投入等于总产出。

以总产出结构作为分析基础,其基本模型可简写为:

$$\sum_{j=1}^{n} x_{ij} + Y_n = X_n$$

即:中间产出+最终产出=总产出。

在模型中引入直接消耗系数 a_{ij},它表示每生产单位 j 产品所要消耗的 i 部门产品数量。直接消耗系数是静态投入产出模型的核心,它可以把经济因素与技术因素有机结合起来,能够结合技术因素作经济分析。

用矩阵表示为:

$$A = [x_{ij}] \cdot \widehat{X}^{-1}$$

因此,以投资需求为动力的投入产出基本模型变为:

$$X = AX + Y$$

$$X = (I - A) - 1Y$$

上式中,X 为社会总产出向量,Y 为最终产出向量,A 为直接消耗系数矩阵,I 是单位矩阵。$(I - A)^{-1}$ 被称为完全需求系数矩阵,也称为列昂惕夫逆矩阵,其经济含义是,当最终产品每增加一个单位时对社会总产品的完全需求量。

令 $\bar{B} = (I - A) - 1$,则有:

$$X = \bar{B}Y$$

矩阵 $\bar{B}$ 中的元素 $\bar{b}_{ij}$ 表示第 j 部门每增加一个单位最终产品对 i 部门的完全需求量。将矩阵同一列向元素求和 $\sum_i \bar{b}_{ij}$，其经济含义是第 j 部门增加一个单位最终产品对所有部门总产品的完全需求量，即第 j 部门最终产品对国民经济总产出的拉动作用，可称为 j 部门的"最终需求贡献系数"。

在 $X = (I - A)^{-1}Y$ 中，假定 A 在一定时期内固定不变，Y 为外生变量，X 为内生变量，当 Y 有一个增量 ΔY 时，X 的增量 $\Delta X = (I - A)^{-1}\Delta Y$，因此 $\sum_i \bar{b}_{ij}$ 也称为 j 部门的投入产出乘数，它表示 j 部门每增加 1 个单位的投入，对其他部门总产生的拉动值，从而反映了该行业对区域产业的影响程度。

据此可进一步得出该产业的影响力系数，通常也称之为"前向关联系数"，用公式表示为：

$$F_j = \sum_{i=1}^{n} b_{ij} \Big/ \frac{1}{n} \sum_{i=1}^{n} \sum_{j=1}^{n} b_{ij} \qquad\qquad i,j = 1, 2, \cdots, n$$

F_j 反映了某部门每增加（或减少）一个单位最终需求时对国民经济其他各部门生产需求的波及程度。$F_j > 1$，则该部门的生产对其他部门的生产波及程度超过社会平均影响力水平，F_j 越大，说明该产业对其他产业的影响作用越大。

上述理论模型表明，投入产出乘数的作用在于经济系统对最终产品的放大或倍增能力，显示最终产品对整体经济的带动作用。

此外，投入产出模型 $X = AX + Y$ 还可以写成 $A_c X + H = X$。

其中：

$$H = (h_1, h_2, \cdots, h_n)^T$$

$$A_c = \begin{bmatrix} \sum_{i=1}^{n} a_{i1} & & \\ & \ddots & \\ & & \sum_{i=1}^{n} a_{in} \end{bmatrix}$$

由上式可得出 $(I - A_c) X = H$。

其中,矩阵 $(I - A_c)$ 中的各个元素 $(1 - \sum\limits_{i=1}^{n} a_{ij})$,表示部门的增加值系数即增加值占总产值的比重,也称增加值率。[1]

(二)以电力供给为动力的投入产出模型

以总投入的构成作为分析的基础时,基本模型为总投入等于中间投入加初始投入,即:

$$X' = E'T + V = Xt\bar{A} + V$$

因此,

$$Xt = V(I - \bar{A}) - 1$$

其中,t 代表转置,V 代表初始投入行向量,$\bar{A} = \hat{X} - 1T$ 是分配系数矩阵(即中间产出系数矩阵)。

$\bar{A}$ 在一定时期内固定不变,假定 V 为外生变量,X 为内生变量,当 V 有一个增量 ΔV 时,X 的增量 $\Delta X = \Delta V(I - \bar{A}) - 1$。

令 $\bar{D} = (I - \bar{A}) - 1$,则 $\bar{D}$ 可称为完全供给系数矩阵,也称为产出逆矩阵,$\bar{D}$ 中的第 i 行第 j 列元素 $\bar{d}_{ij}$ 称为完全供给系数,其经济含义是:部门 i 的初始投入增加一个单位,能使部门 j 增加的总产值。$\bar{D}$ 中的第 i 行元素之和 $\sum\limits_{j=1}^{n} \bar{d}_{ij}$ 是部门 i 的初始投入增加一个单位,能使整个经济系统增加的总产值,称之为单位增加值贡献系数。

通过 $V_i \sum\limits_{j=1}^{n} \bar{d}_{ij}$ 可计算出部门 j 初始投入产生的国民经济总产值,其中 V_i 为 i 部门的初始投入,等于其增加值,从而计算出其对总产值的贡献率及对经

---

① 蒋选等:《产业经济管理》,中国人民大学出版社 2006 年版,第 126—128 页。

济增速的拉动。

二、"西电东送"效应评价分析模型

中国人民大学陈秀山、肖鹏等（2007）在对"西电东送"工程的区域效应进行评价的过程中，将评价对象按照"电力输出地"和"电力输入地"划分为两类区域，评价内容分别从能源效应、经济效应、社会效应、环境效应四方面展开，建立了西电东送效应评价分析模型。

该模型的评价重点集中在"收入分配影响"方面，将"西电东送"区域影响分为"电力输出地"和"电力输入地"两类不同区域，分别研究在现有的售电价格（即电价）政策下两类区域间、同一区域不同行业间的收入分配关系，以及公平性问题。

但是，在电力统一市场中，"输入地"与"输出地"的划分是相对的。西部水电开发区夏季是"电力输出地"，到冬季枯水期也同样面临季节性缺电，作为"电力输入地"向外购电。如四川省在夏季是"电力输出地"，到冬季则需要通过"德保直流"联网工程向西北电网购电。西藏自治区过去长期电力不足，通过青藏电力联网工程向青海购电，是名副其实的"电力输入地"，直到2015年雅鲁藏布江藏木水电站建成投产后，夏季西藏中部的电力才出现富裕并向外输出，使青藏电网这条"电力天路"成为季节性的"双向输电"通道。据统计，西藏自2015年6月开始向青海"藏电外送"，到2018年5月已累计送电17.4亿千瓦时，而西藏累计接纳青海输送电量52.1亿千瓦时。[①] 因此"电力输出地"与"电力输入地"角色是交叉变换的，其影响具有不确定性。

三、 青藏高原地区水电开发区域经济影响评价模型构建

在研究青藏高原地区水电开发建设对当地经济社会影响的综合评价研究

---

① 罗云鹏等：《"电力天路"累计向西藏输送电能52.1亿千瓦时》，2018年5月25日，见 ht-tp://it.chinanews.com/sh/2018/05-26/8523368.shtml。

中,我们运用的基本模型为投入产出模型、投资乘数模型、回归模型等。如建立以投资需求为动力的投入产出模型,定量测算出水电站建设投资引发的当地各产业部门、经济总产出的增量、贡献率,从而评估水电站建设期间对区域经济的拉动作用。同时,建立以电力供给为动力的投入产出模型,根据水电站运营期的供电方案,以电力产出分配为依据,定量测算电力供给每增加一个单位,对各经济部门、经济总产值的贡献,从而评估得出对水电运营期对区域经济规模、经济结构的影响。

综观国内许多大型能源投资项目的区域经济影响模型,基本上都是投入产出模型的基本思路和方法。但因具体项目影响涉及的区域空间尺度、区域经济结构不同,在模型参数的设置方面也有所改进和完善。

在构建青藏高原地区水电开发区域经济影响评价模型时,要重点考虑当地产业结构的特殊性、电力就地转化率、水电有效投资系数、产业增加值率、地区生产总值平减指数、水电投资额六个方面的特殊变量及参数设置。

一是产业结构的特殊性。投资拉动效应、电力需求拉动效应能否发生作用,以及拉动作用的大小,与区域产业结构的完整性、结构效率密切相关。因此在水电建设期投入产出模型参数设置中,要重点考虑与电站建设相关的钢铁、水泥、建材、机电设备、建筑、运输、金融服务等行业的发展情况。地区工业结构中,除水泥制造业外,其他大多数建材和设备制造业几乎都不存在。

二是电力就地转化率。在电站发电期,模型参数应重点考虑电力的就地转化率,电力供给的就地转化率越高,则对区域经济的影响作用越大。反之,如果新增电力全部用于向外输出,则仅表现为当地电力工业产值规模扩大,对区域其他产业的拉动作用很小。

三是有效投资系数。在运用区域投入产出模型时,应当根据当地产业结构的完整性,设置相应的有效投资系数。如果当地没有相应的制造业产能,如电站工程需要的机电设备、钢材等,就不能产生有效的投资拉动作用,则这部分投资额占比应从区域有效投资系数中扣除。此外，当地经济结构与全国或其他地区存在显著差异，因此不能照搬全国或者其他的地区的投入产出模型，否则可能导致较大的误差结果。

四是增加值率。在投入产出模型中，经济总产出是中间产出与增加值的合计值，与地区生产总值不是同一概念，增加值占经济总产出的比例称为增加值率。增加值率反映了地区经济的结构效率，工业增加值率低于服务业增加值率。因此在评估水电投资的拉动贡献时，通常要将经济总产出按增加值率折算为地区生产总值。

五是 GDP 平减指数。也称为 GDP 缩减指数，是指不变价 GDP 与当年价 GDP 的比值。通常地区经济增速都是按上年不变价测算的，而地区生产总值是按当年价测算的，两者的价格基准不同，在模型运算中不能混淆。要统一两套指标体系就需要先测算出水电建设期历年的 GDP 平减指数，再运用这些指数将当年价的 GDP 换算为基期年不变价的 GDP 值。

六是水电投资额。水电投资额分为静态投资额和动态投资额，静态投资额是工程建设中实际发生的所有费用，如枢纽工程投资、建设征地和移民安置补偿费用、设计管理费及税费等，而动态投资额是考虑融资成本和物价上涨成本的总费用，在数据上它等于静态投资额加上建设贷款利息和价差预备费。因此在模型运用中，不同的投资额参数需要匹配相应的地区生产总值增量指标，如静态投资额对应地区生产总值的不变价增量，而动态投资额对应的则是当年价 GDP 增量。①

在青藏高原地区水能开发的区域经济影响评价模型构建中，对上述参数的测算和设定至关重要，各项参数值大小也因地而异。对此我们将在水电开发的区域增长效益部分进行重点研究。

---

① 劳承玉：《西藏水电开发的区域经济影响研究》，《财经智库》2016 年第 4 期。

第四节　能源经济影响评价模型的发展方向

为了使模型系统能够充分地评估大型能源项目的经济影响,必须进一步关注收益分配问题、公共支出与服务质量、动态调整过程三方面问题:

一、收益分配问题

当一个地区提升了能源供给或改变了能源供给原料的时候,就会出现一些利益分配上的问题。一方面,能源资源的开发导致在利益分配和成本支付上的不平衡、不公平现象。另一方面,由于大规模能源系统改变带来的分配问题在评价模型中没有得到足够重视和体现,大多数的多地区模型(包括MORSE 和 SEAS 模型中的 REGION 模块)并未将这一问题纳入模型之中。因此,在模型中加入能源发展带来的分配上的影响是非常重要的。

二、公共支出与服务质量

大型能源项目建设的经济影响之一,是引起当地公共服务与支出需求迅速增长,进而推动城镇快速发展。由公共支出增加带动地区经济发展的影响模型很多,但其中大多数实际上是会计模型与经济理论等相结合的产物,难以反映地方政府采取的政策措施的影响。此外,由于公共服务质量会随着能源系统的变化而改变,如何进一步规范公共服务的质量是非常重要的。

三、动态调整过程

大型能源项目可能改变地区能源结构,这种结构变迁体现了从低价燃料到多种燃料混合的高价能源转变过程。在这种转变中,有必要区分短期、中期和长期三种调整过程。而地区与国家的经济模型中所包含的不同的经济、行为与技术关系将会因动态调整过程不同而变化。短期内恒定不变的模型参数在长期中会成为变量。且在现实中,经济、社会、科技与城市发展呈现的是动态调整的过程。因此只有充分考虑动态变化因素的经济模型才能符合要求。否则,从模型得出的条件或政策分析预测结果将会出现严重错误。因此,在评估能源项目经济影响的模型中应该意识到动态调整过程的重要性。

此外,经济模型的建立都有其严格的限制条件,而能源决策的制定过程是复杂且不明确的,这就限制了模型的运用潜力。因此建模者需要充分理解能源项目的决策进程,通过调研与决策者进行沟通和交流。

第七章 青藏高原地区水能开发的
区域经济增长效应

所谓区域经济增长效应,是指一项经济活动所产生的促进区域经济规模扩大、区域经济增长加速的作用效果,表现为一定时期内地区生产总值的快速增长。

在青藏高原地区进行大规模的水能资源开发,是涉及区域经济、社会、生态诸多系统的庞大工程。理论上,水电站建设对区域经济发展具有增长效应。在开发建设期,表现为水电投资的拉动效应,在发电运营期,表现为电力供给的拉动效应。本章我们选取这一地区的部分水电开发案例,实证考察分析上述两个阶段水电开发对区域经济的增长效应是否存在,以及这种增长效应的空间尺度和强度大小。

第一节 水电开发规模与投资规模

水电开发必然伴随着大量的固定资产投资。在我国经济增长的投资、消费、进出口"三驾马车"中,投资对经济增长的拉动贡献长期占据特殊重要地位。尽管近年来投资效率出现了明显下降,但依靠大规模固定资产增量投资作为"稳增长""调结构"的手段,在缺乏资金积累的西部地区仍受到高度重视。特别是在偏远的民族山区,交通、电力等基础条件还很差,基础设施建设面临着投资周期长、建设成本高、施工维护难度大等困难。长期以来,地区基础设施建设发展主要依靠中央财政项目资金的投入,资金缺口很大。因此通过水电开发增加区外企业(包括国企)资金投入,既是完善当地电力基础设施的必然,也是扩大民族地区经济规模、壮大其经济实力的重要途径。

根据产业经济学原理,水电开发的区域经济增长效应是区域内部经济各行业部门生产过程相互依赖的结果。在一个完整的经济系统中,存在着若干在经济技术上密切联系的行业部门,每一个行业部门的生产(或经营)活动都要以其他部门的产品(或服务)为基础。国民经济任何一个经济部门的产出都要以其他部门将其作为投入来支撑,同样,任何部门的投入也必然离不开其他经济部门的产出。因此,每个生产部门的投入和产出的增加,都将波及上下游关联产业部门,产生波及效应,进而拉动整个国民经济总产出增长。因此,水电开发无论在建设期还是发电运营期,都会对其他部门产出乃至整个经济体系产生增长效应,从而促进地区生产总值增长。这种因最终需求或最终供给变动触发的区域增长效应,与区域内新增的水电开发规模、投资规模、投资乘数呈正相关。

在开发建设期,水电对区域经济增长的促进作用本质上是以投资需求为驱动力的投资拉动效应,只不过水电固定资产投资与其他基础设施建设投资的结构不同而已。在一定的条件(如相同的区域、相同时段)下,水电开发投资规模越大,意味着投资强度越大,则其增长效应越大,即水电投资对区域经济的促进作用越大。

在电站发电期,水电开发对区域经济的促进作用,本质上是以新增电力供给为驱动力的供给拉动效应。通常,开发规模越大,电站的发电能力越强,电力生产规模越大,意味着对当地经济增长的贡献越大,对区域经济社会发展的支撑保障能力更强。

因此,对青藏高原地区水电开发规模和投资规模进行分析,有助于我们更好地判断和理解水电开发对区域经济的增长效应。

一、 水电开发平均成本

水电开发投资规模是由单位装机规模的平均成本与开发规模共同决定的,通常开发规模越大,产出效益越高。作为开发企业,都希望以最小的投入取得最大的收益,因此在水电开发规模既定的情况下,分析开发平均成本及其变化趋势十分重要。

所谓水电开发平均成本,是指建成每单位千瓦水电装机容量的平均投资额,单位为元/千瓦,其数值按投资企业对整个流域水能资源或单个电站水能资源进行开发建设的投资总额,除以开发规模即可得出。[①] 所谓水电开发投资总额,既包括开发企业自有的资本金,也包括企业从金融机构或资本市场取得的间接和直接融资额。水电开发投资总额有静态投资总额和动态投资总额两种。其中,静态投资总额包括:枢纽工程投资费用、建设征地和移民安置补偿费用、独立费用三部分,而动态投资总额则是静态投资额加上贷款利息和价差预备费,因此它包含了资金的时间成本和物价上涨成本。

水电开发成本包含设计成本、施工成本、建设征地和移民安置成本、环境补偿成本、融资成本等几大部分。水电开发平均成本也称为平均建造成本,也就是单位千瓦水电的建造成本,而水电投资规模是单个水电站或流域开发建设的总投资额。显然,水电投资规模是水电开发平均成本与开发规模的乘积。

近年来,随着我国水电开发向高海拔、高寒地区转移,面临的自然社会经济条件更加复杂,水电开发的工程成本和社会成本呈不断上升的趋势。根据实地调查情况,位于青藏高原地区的大渡河、雅砻江、金沙江、澜沧江等干流,目前水电开发成本普遍超过 1.5 万元/千瓦,成本电价超过 0.40 元/千瓦时,如果加上输变电成本,已明显高于当地火电成本电价。从西藏迄今投产的第

---

① 不包括与水电站配套的输变电设施建设投资成本,下同。

一、第二大规模的水电站——雅鲁藏布江藏木水电站、澜沧江果多水电站来看,西藏水电开发成本比四川涉藏地区更高,开发平均成本接近甚至突破 2 万元/千瓦。关于青藏高原地区水电投资成本结构的问题,我们将在第九章进行详尽分析。

二、 水电开发规模

水电开发规模是指单个电站或整个流域开发所形成的发电装机容量规模。装机容量规模越大,通常意味着同等时间内的发电能力越强,相应的建设资金投入越大。水电开发规模既关系到建设期的投资总规模,也直接决定投产后的电力生产规模,因此它也是影响水电开发的区域经济增长效应的重要因素。

进入 21 世纪以来,我国水电开发规模实现了超常规发展和历史性突破。截至 2019 年底全国水电装机规模达到 3.56 亿千瓦,比 20 世纪的 1999 年末(7279 万千瓦)增长了 489%。特别是国家"十二五"规划实施以来,新增水电投产规模(含常规电站和抽水蓄能电站)1.4 亿千瓦,新开工水电建设规模1.35 亿千瓦,平均每年水电投产规模、新开工规模均超过 1500 万千瓦。

根据国家能源局《水电发展"十三五"规划》,"十三五"期间全国新开工常规水电和抽水蓄能电站各 6000 万千瓦左右,新增投产常规水电 4349 万千瓦,相当于两个三峡水电站的规模。同时要求:继续做好金沙江中下游、雅砻江、大渡河等水电基地建设工作。着力打造藏东南"西电东送"接续能源基地、努力打造金沙江上游等"西电东送"接续能源基地。开工建设金沙江上游叶巴滩、巴塘、拉哇等项目,加快推进金沙江上游旭龙、奔子栏水电站前期工作,力争尽早开工建设。上述水电基地和重点水电项目均集中在四川和云南涉藏地区,以及川藏、滇藏交界的江河上。

根据《四川省"十三五"能源发展规划》,四川省"十三五"期间新开工水电 3056.4 万千瓦,投产水电 1362 万千瓦,到 2020 年末水电装机达到 8301

万千瓦,①在建规模约 4010 万千瓦(含界河)。其中位于涉藏地区范围的包括:金沙江水电基地开发规模 1153 万千瓦;雅砻江水电基地开发规模 1184.5 万千瓦,大渡河水电基地开发规模 649.2 万千瓦。②

根据《西藏自治区"十三五"时期综合能源发展规划》,到 2020 年西藏内需水电在建规模 230 万千瓦,外送水电在建规模达到 360 万千瓦,合计在建规模共 590 万千瓦(省区界河电站已按各 50%折算)。此外,目前我国藏东南地区金沙江、澜沧江、怒江三江流域干支流上已规划了 49 座梯级水电站,设计总装机容量达 3585 万千瓦③,如按界河两岸各 50%,则西藏为 1792.5 万千瓦。这些梯级水电站的陆续开发,将使藏东南逐渐成为国家重要的清洁能源基地。

综上,初步估算,西藏和四省涉藏地区水电开发规模"十三五"期间超过 4190.9 万千瓦(详见表 7-1)。

表 7-1　"十三五"期间重点水电开发投资项目④

	"十三五"期间西藏和四省涉藏地区重点水电开发项目 (水电站名称)	开发规模 (万千瓦)
金沙江水电基地	叶巴滩、巴塘、拉哇、岗托、波罗、昌波、旭龙、苏哇龙	1153.0
雅砻江水电基地	牙根一级、牙根二级、楞古、孟底沟、卡拉、两河口、杨房沟	1184.5
大渡河水电基地	硬梁包、金川、丹巴、老鹰岩一级、安宁、巴底、双江口	649.2
藏东南水电基地	金沙江、澜沧江、怒江干支流在建电站	590.0
黄河上游水电基地	玛尔挡、羊曲、茨哈峡、宁木特	614.2
合计		4190.9

---

① 由于水电投资增速有所放缓,截至 2020 年底四川省水电实际建成投产的总装机容量为 7892 万千瓦。

② 参见《四川省"十三五"能源发展规划》报告专栏 1。

③ 金亚勤:《西藏水电发展再提速》,《中国能源报》2016 年 1 月 4 日。

④ 参见国家能源局《水电发展"十三五"规划》《四川省"十三五"能源发展规划》《西藏自治区"十三五"时期综合能源发展规划》。

三、 水电投资总规模

水电投资总规模是指区域范围内各流域水电开发投资规模的总和,可以通过当地水电开发平均成本和开发总规模进行大致测算。如前所述,随着水电工程难度加大、移民成本和环境保护成本上升,青藏高原地区水电开发成本呈上涨趋势,近年已接近甚至突破 2 万元/千瓦大关。"十三五"期间当地水电开发建设总规模不低于 4000 万千瓦。按水电开发平均成本 2 万元/千瓦测算,则"十三五"期间的水电投资总规模超过 8000 亿元,这还仅仅是电源建设成本,如果加上相应的输变电网络设施建设投资,水电开发投资总规模超过 1万亿元。

第二节　水电开发的乘数效应

水电开发投资的区域经济增长效应,是由水电投资的乘数效应带来的。水电工程具有投资规模巨大、技术密集、产业关联度大、建设周期长等特点,对区域经济社会发展的影响和拉动作用可以分为施工建设期、发电运行期两个不同阶段,同时体现在大尺度区域(省、自治区级)、中尺度区域(市州级)和小尺度(县区级)三个层面。

为了定量分析水电投资的乘数效应,本节首先阐述了投资乘数概念以及两种主要模型。在此基础上,运用其中的投入产出模型,通过引入水电有效投资系数、区域增加值率、GDP 平减指数、电量就地转化率等四项参数变量,分别测算出西藏自治区和四省涉藏地区的水电投资乘数。

一、 投资乘数

乘数概念最早由英国经济学家卡恩提出,其后凯恩斯对投资乘数理论作了进一步完善。凯恩斯在《就业、利息和货币通论》中提出:由于消费需求不足造成的总需求不足,只能靠投资来弥补。投资需求在多大程度上能起到拉动经济增长的作用主要取决于投资乘数。当总投资量增加时,所得之增量将 k 倍于投资增量,这里的 k 就是投资乘数,因此 k 值反映了投资对经济增长的推动和促进作用大小。投资乘数发生作用的机理是:一笔投资的增加,会引起投资部门所购买的产品增加或劳务部门的收入增加,从而使这些部门能够扩大就业,增加收入,增加部门投资。而这些部门投资又会诱发相关的其他部门、其他行业的投资机会,并以次类推,最终使国民收入增加,刺激经济增长。

投资乘数用数学公式表达为:

$$\Delta Y = k \times \Delta I \tag{7.1}$$

上式中的 ΔI 表示总投资量的增量,ΔY 为投资引起的产出增量。由公式可知,投资增量乘以投资乘数即为地区生产总值的增量。

在关于固定资产投资与国民收入变化的关系研究中,运用最为广泛的理论是投资乘数理论。该理论认为,当总投资增加时,收入的增量将是投资增量的数倍。投资乘数即指国民收入的变化与带来这种变化的投资支出变化的比率。

水电投资主要集中在水电开发建设阶段,一旦建成投产后,因其发电过程中不需要消耗原材料,除人工成本和必要的设备维护、税费支出外,其他生产性投资极少。因此,水电的投资拉动效应主要体现在电站开发建设期间。

那么,水电投资乘数是由哪些因素决定的? 西藏和四省涉藏地区与其他地区的水电投资乘数效应究竟有何不同呢?

根据凯恩斯的论述,投资乘数大小与边际消费倾向有关,边际消费倾向越大,乘数越大。在实践中,通常运用两种模型法来测算投资乘数,一是基于投资与经济增长的线性回归模型,二是基于产业带动理论的投入产出模型。投入产出模型建立在地区国民经济所有部门的投入产出流量矩阵表的基础上,根据具体建模方式的不同,又可以分为两种:一种是以总产出结构为分析基础的标准投入产出模型,也称为以投资需求为动力的投入产出模型。另一种是以总投入的构成为分析基础的投入产出模型,也称为以供给为动力的投入产出模型。两种模型分别适用于测算水电建设期、投产运行期对地区经济总产出的拉动贡献。

要测算水电建设期对区域经济增长的投资乘数,可以通过建立以投资需求为动力的矩阵模型,先测算出每增加1个单位的部门产品需求所引致的对其他部门产品的完全需求(价值量),这个数值即为该部门(行业)的投资乘数。然后根据水电投资结构所拉动的各行业(如建材、机电设备、运输、金融保险等)的部门投资乘数,计算其加权平均值,即可得到水电投资乘数。

水电投入产出模型的建立较为复杂,引入的参数变量较多,评估结果可靠度较高。该模型的不足是数据存在一定的滞后性,因此对建设周期较长的水电投资可能存在误差,需要引入其他变量参数进行调整。而投资乘数的线性回归模型较为简单,历史数据的权威性、完整性较好,但模型构建通常以社会固定资产投资总额代替水电投资总额,存在回归拟合效果不够理想,且对数回归结果不具有可加性等缺陷。因此在实践中,往往需要同时运用两种模型,将测算结果进行比对,从而得出较为客观的评价分析结果。

二、 参数设置

在运用投入产出模型评估测算西藏和四省涉藏州县水电投资乘数时,要重点考虑四方面的特殊参数变量:一是反映其产业结构特殊性的变量参数,可称之为水电有效投资系数;二是增加值占总产值的比例,即增加值率参数;三是 GDP 平减指数,即通胀率参数;四是在水电站建成投产后,电力供给的就地转化率或外输率。这些参数赋值会直接影响水电投资拉动区域经济增长效应的评估结果。

(一)水电有效投资系数

水电投资拉动效应与区域经济结构的完整性、结构效率密切相关。因此在投资建设期,要重点考虑对水电建设相关的钢铁、水泥、建材、机电设备、建筑、运输、金融服务等行业部门的拉动作用。而在西藏和四省涉藏地区,与水电开发投资密切相关的行业部门在现有的区域产业结构中许多并不存在,则这些部门的投资乘数效应无法发挥作用,相应的水电投资所产生的区域增长拉动效应受到抑制。换言之,这些缺失部门的产品需求只能从区外输入,因此其产生的增长拉动效应发生了区域外溢。例如,西藏现有的工业结构中,与水电站建设相关的钢筋、钢材、油料、建筑设备、发电设备、运输设备等制造业部门等均不存在(见图7-1)。其他四省涉藏州县区域内,产业结构也存在类似空白,对此应当予以扣除,根据水电投资所对应的部门结构,设置相应的区域有效投资系数。

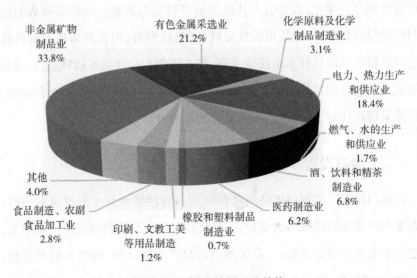

图7-1 西藏自治区工业结构

资料来源:根据《西藏自治区统计年鉴2020》全部工业行业总产值数据绘制。

根据对西藏多个水电站投资结构的考察分析,在水电建设投资总额中,发电设备等机电设备、金属设备,以及钢筋、钢材等建筑用材资金占水电投资额的比重合计约15%,科研勘测设计等独立费用占投资额的比重约15%左右,水电总投资额的30%是在自治区外实现的,因此西藏水电开发的区域有效投资系数可设为 70%。

　　从青海省的工业产值结构来看,电力工业与西藏一样占有较突出的地位,工业行业部门相对完整,加工制造业产业链条更长,特别是与电力行业相关的高能耗的有色冶金、石油和天然气开采、化学原料和化学制品制造业等行业的地位较为突出(见图 7-2),除发电设备制造无法满足电站建设需求外,其他物资大多数能实现省内配套。云南、甘肃两省的工业结构也有类似之处,因此这三个省的水电区域有效投资系数均大于西藏,可达到 85%。

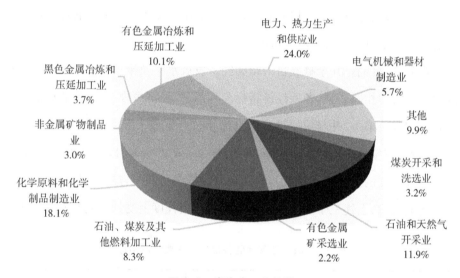

图 7-2　青海省工业结构

资料来源:根据《青海海统计年鉴 2020》按行业分规模以上企业工业增加值数据编制。

　　相比之下,四川省的工业结构较完整,拥有发电设备制造业、水泥钢材等建材业以及水电勘测设计服务业,所有设备材料等均可由省内提供,因此水电的区域有效投资系数设定为 100%。

　　然而,当我们研究西藏和四省涉藏地区水电投资的区域经济增长效应时,还需要重点考察水电开发投资涉及的各自治州、县级区域尺度的影响,也就是四省涉藏州县的水电有效投资系数。如四川涉藏地区水电开发的区域经济增长效应时,首先是研究它对水电资源地即流域所处的自治州的作用,其次才是对全省经济增长的作用。这两种维度下的区域有效投资系数差异较大。在州级区域尺度，由于经济规模小，产业链条短，产业之间的关联作用降低，水电的有效投资系数随之下降，其系数值与各自治州的经济发展水平有关。例如，四川省水电有效投资系数为100%，而涉藏地区阿坝州的水电有效投资系数仅25%，甘孜州为20%。更进一步，要深入分析水电投资对涉藏州县各流域所在县域经济的影响，还应考察该县是否偏离全省、全州经济中心，是否经济结构单一，通常县域水电有效投资系数值低于全州。显然，水电有效投资系数是我们衡量水电开发投资规模时必须设置的参数值。只有引入这个重要变量，才能避免夸大水电投资对区域经济的增长效应。

表7-2是四省10个藏族自治州的经济发展水平及排位。其中，青海省海西州经济实力相对较强，各项经济指标名列前茅，经济规模、二三产业产值、财政收入均排位第一，并与位列第二的自治州拉开了较大差距。这与海西州拥有柴达木"聚宝盆"丰富的石油、天然气、黄金等矿产资源，以及近年来太阳能等新能源产业的发展密切相关。紧随其后的依次是四川省阿坝州、甘孜州，云南省的迪庆州，上述三个州近年的经济发展很大程度上受到水电开发的影响。

表7-2　四省涉藏地区各自治州主要经济指标

省	自治州	地区生产总值		第一产业		第二产业		第三产业		财政收入	
		亿元	位次	亿元	位次	亿元	位次	亿元	位次	亿元	位次
甘肃	甘南藏族自治州	135.95	6	29.12	4	21.86	9	84.98	5	9.85	7
青海	玉树藏族自治州	59.82	9	26.20	6	22.55	8	12.73	10	11.33	9
	海南藏族自治州	152.68	5	32.42	3	76.87	4	43.39	6	27.58	5
	黄南藏族自治州	74.65	8	19.70	7	25.17	7	29.78	8	9.43	8
	果洛藏族自治州	36.48	10	6.25	10	12.77	10	17.46	9	5.89	10
	海北藏族自治州	100.67	7	17.79	8	44.42	6	38.46	7	20.95	6
	海西蒙古族藏族自治州	486.96	1	28.09	5	326.67	1	132.20	1	89.83	1
云南	迪庆藏族自治州	180.58	4	11.39	9	64.11	5	105.09	2	49.53	4

续表

省	自治州	地区生产总值		第一产业		第二产业		第三产业		财政收入	
		亿元	位次	亿元	位次	亿元	位次	亿元	位次	亿元	位次
四川	甘孜藏族自治州	229.80	3	59.27	1	82.71	3	87.83	4	81.59	3
	阿坝藏族羌族自治州	281.32	2	44.05	2	132.90	2	104.36	3	83.88	2

资料来源:根据各省 2017 年统计年鉴数据整理。

经测算,四川涉藏地区水电开发的有效投资系数为 20%—25%。为简化模型,可以将青海、云南、甘肃三省涉藏地区的水电有效投资系数均设定为 20%。这一系数值在短期内是相对稳定的,因为其工业特别是制造业发展缓慢,但从长期看是动态变化的,对此可以结合不同区域,或同一区域不同的阶段的产业结构、产业链发展情况做出调整。

(二)区域增加值率

区域增加值率是在区域经济投入产出系统中,地区生产总值(增加值)占其经济总产出的比例。根据《西藏投入产出流量表 2012》,西藏的总产出为 1508.43 亿元,增加值为 701.03 亿元,即产业增加值率为 0.4647,它表示每 1 亿元的经济总产出折算增加值为 0.4647 亿元。根据《西藏自治区统计年鉴 2016》,西藏的工业增加值率为 0.4090,即每 1 亿元的工业总产值折合工业增加值 0.4090 亿元,工业增加值率低于产业增加值率。同上,根据各省投入产出流量表,分别测算得到青海省、四川省、云南省、甘肃省的产业增加值率,分别为 0.4275、0.3703、0.4227 和 0.3635。再根据各市州统计年鉴,分别测算得出部分市州的增加值率。对于部分缺乏相应统计数据的市、自治州,我们以其工业增加值率替代。具体测算结果详见表 7-3。

表 7-3　西藏和四省涉藏地区部分市州增加值率①

	西藏自治区		青海省		四川省		云南省	甘肃省
	昌都市	山南市	海南州	黄南州	甘孜州	阿坝州	迪庆州	甘南州
市(州)增加值率	0.4598	0.4863	0.4481	0.4250	0.5233	0.4615	0.4550	0.3546
省(区)增加值率	0.4647	0.4275	0.3703	0.4227	0.3635			

　　总之,只有根据水电开发地所在的具体区域,引入相应的增加值率变量,才能对水电投资的区域增长效应做出较准确的评估。如果把投入产出模型中的"经济总产出"概念混同于"地区生产总值",不引入增加值率进行折算处理,就会造成数据失真,从而夸大水电投资对区域经济增长的乘数效应,错误地判断水电的投资拉动作用,可能导致水电投资效应"泡沫化"。事实上,近年国内一些对水电投资区域经济影响研究论文中,就出现了这种"泡沫数据",需要引起重视,并从理论和实践两方面加以澄清。

(三)GDP 平减指数

　　GDP 平减指数又称为 GDP 缩减指数,它是指当年价 GDP(即包含了通货膨胀的名义 GDP)与基期年不变价 GDP(即剔除了物价变动后的真实 GDP)的比值乘以 100。要评估水电投资对区域经济增长的贡献率,需要测算出水电开发建设期间当地经济增量,即真实 GDP 规模的净增量,首先就要测算各年度的 GDP 平减指数,再运用平减指数将当年价 GDP 折算为基期年不变价的 GDP 值。

　　根据历年《西藏自治区统计年鉴》,逐年测算得到西藏 1987 年以来的 GDP 平减指数,其平均值为 101.9,发现各年 GDP 平减指数围绕平均指数值呈上下波动的曲线(见图 7-3)。

---

　　① 根据各省(自治区)投入产出流量表、各市(自治州)统计年鉴数据测算。

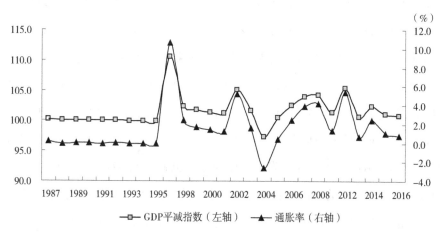

图 7-3　西藏自治区 GDP 平减指数

水电投资贡献率是评价水电开发区域增长效应的重要指标,它是指一定区域范围内水电投资的乘数效应值占建设期间地区生产总值增量的比值。在水电投资对地区经济增长的贡献率测算中,不同属性的投资额增量要与相应的地区生产总值增量相匹配。如静态投资额对应的是地区生产总值的不变价净增量,动态投资额对应的则是当年价 GDP 增量。所谓静态投资额,是指以规范的计价方法,采集某一时刻价格水平所计算出的工程项目投资总额。显然,静态投资额没有考虑物价变动因素,也没有考虑资金的时间成本。而动态投资额,则是在静态投资额基础上,增加了价差预备费和贷款利息后的总投资额。而要测算建设期间地区生产总值净增量,就需要把当年价 GDP 值用平减指数换算成基期年的不变价 GDP 值,才能得出目标年与基期年真实的地区生产总值增量。

（四）电量就地转化率

在水电站建成投产后,所发电量的就地转化率是影响地区经济社会发展的重要因素。显然,在相同的市场条件下,如果水电站所发电量主要用于满足地方经济社会发展需求,则对区域经济增长的供给拉动效应相对较大。由于目前当地普遍处于工业化、城镇化初期发展阶段,人均能源消费水平较低,电力市场的缺口还较大,电力行业的影响力系数较高,因此增加电力供给可以促进当地关联性产业发展,对延伸和打造当地的制造业产业链条具有推动作用。电量的就地转化率越高,对区域经济增长的乘数效应越大。而在充分满足当地电力需求前提下,将多余的电量向东部省份外输,则对当地经济产生的增长效应主要体现在扩大当地电力产能,增加电力工业产值,以及为地方经济创造税收,但与区域的其他产业不发生关联作用。也就是说,这时新增电力只对受电(电力输入)地区的经济增长产生供给拉动效应,电力外输率直接影响受电地区的范围和程度,而对电力输出区域本身不产生乘数效应。因此新增电量的就地转化率是衡量水电开发投资对区域经济影响的重要参数。而水电的就地转化率还受到全国电力供需市场变化的影响,近年西南水电大量弃水弃电说明外输电力市场还不够畅通,需要进一步拓展空间渠道。

三、 乘数效应

乘数效应是指水电开发投资对地区经济增长的拉动系数值,它是在各省(自治区)的水电投资乘数的基础上,引入水电区域有效投资系数、增加值率等参数运算后得出的。因此不同省(区)、自治州、县存在较大差别。乘数效应值反映了水电开发投资对地区生产总值的拉动贡献大小。以下我们分别对西藏自治区、四省涉藏地区的水电乘数效应进行具体测算和分析。

(一)西藏水电开发的乘数效应

水电开发建设工程主要包括建安工程,需要消耗各种金属和非金属建材、机电设备、金属设备,施工过程中伴随电力、民用炸药及油料消耗等。根据我国国民经济行业新分类标准(GB/T 4754—2011),水电施工中主要消耗的水泥属于"非金属矿物制品业"、砂砾石属于"其他矿物采选",木料属于"木材加工及家具",民用炸药属于"化学产品"制造业,钢材钢筋属于"金属冶炼及压延加工",发电机组等机电设备属于"通用、专用设备制造",建筑安装工程属于"建筑"业。此外,还有电力、交通运输、住宿餐饮、租赁商务服务等部门。由于西藏产业部门不齐全,许多建材生产部门目前都还是空白,特别是水电施工用量很大的钢材钢筋,以及耗资巨大的发电设备等,这些部门对西藏经济还不具有投资乘数效应。

我们选取西藏水电施工中能够就地满足需求的建材部门、建筑部门,以及相关服务业共 12 个重点部门,作为水电开发投资拉动的西藏重点制造业和服务业部门。

运用西藏自治区 42 部门投入产出模型,通过运算求解列昂惕夫逆矩阵系列值,从而得到与西藏水电建设直接相关的 12 个重点部门的投资乘数值。模型构建方法见本书第六章,运算结果详见列表 7-4。

结果显示,西藏水电开发涉及的 12 个重点制造业部门的平均乘数值为 2.132,可以此作为西藏水电投资乘数,它表示每 1 亿元的水电投资额,可以拉动全区经济总产出增加 2.132 亿元。但是,这并不是对地区生产总值的乘数效应,还需要引入增加值率和水电有效投资系数。西藏的产业增加值率为 0.4677,水电有效投资系数为 70%,则西藏水电投资的乘数效应为 0.694,也就是说,西藏每 1 亿元的水电开发投资,可以拉动当地新增 GDP 0.694 亿元。

表 7-4　西藏自治区各行业投资乘数①

行业部门	投资乘数	行业部门	投资乘数
非金属矿物制品(含水泥)	1.909	建筑	2.570
非金属矿和其他矿采选产品	2.128	交通运输、仓储和邮政	2.058
木材加工品和家具	1.914	住宿和餐饮	1.920
化学产品(含炸药)	1.440	租赁和商务服务	1.505
金属制品	2.790	水利、环境和公共设施管理	1.657

①　表中数据根据《西藏自治区投入产出流量表 2012 年》构建的投入产出模型计算。

续表

行业部门	投资乘数	行业部门	投资乘数
电器机械和器材	2.966	12部门平均乘数	2.132
电力、热力的生产和供应	3.022	水电投资乘数效应	0.694

模型运算结果表明,西藏水电开发的乘数效应小于1,即每1亿元的水电投资对区域经济增长的贡献值仅为0.694亿元,这样的乘数效应值本质上是很低的,甚至是对"乘数"概念的一种颠覆。为何会得出如此结论?是否模型构建出现了失误?或者换一种思路,究竟是什么原因导致了这种低"乘数"效应结果?

(二)乘数效应小于1的经济学分析

首先,我们借鉴国内专家学者的研究成果来分析这一问题。杨志华(2017)运用脉冲响应模型和协整关系模型,对西藏公路建设投资的短期直接效应和长期间接效应进行测算,其模型测算结果为:西藏公路建设投资在短期内对区域经济增长的影响较小,公路投资每增加1%可带动区域经济增长约0.25%,即直接拉动效应系数为0.25。而西藏公路投资长期来看对区域经济具有较强辐射拉动作用,且长期效应大于短期效应,间接效应大于直接效应。[①]

徐建龙、魏珍(2016年)运用四部门国民收入核算支出法,对1996—2014年西藏自治区的投资乘数进行测算,得出西藏投资乘数为0.794的结论,并分析西藏投资乘数小于1的原因在于:西藏存在货物和服务流入即总需求漏出现象。乘数效应被区外经济所抢占,不是因为西藏现有产业无竞争能力,而是根本就没有相关产业的生产能力,是区内产业链条短、配套能力差、产品自给

---

① 杨志华:《西藏公路建设投资对区域经济拉动效应的定量分析》,《公路交通科技(应用技术版)》2017年第1期。

率低和经济难以自我循环造成的。由于西藏投资品和要素来源地的地理范围远大于其行政区管辖范围,因此以行政管辖范围作为口径统计出来的生产总值,并没有包括它通过需求链拉动的区外生产总值增长部分,这样就会低估该项目产生的总体效应,因此测算出来的西藏投资乘数往往会低估项目的投资效益。①

本书关于西藏水电投资乘数的研究结论与上述学者不谋而合。从西藏水电固定资产投资情况判断,水电投资乘数效应小于1是客观存在的。那么,该如何解释这种与乘数概念相悖的现实呢?

从理论上分析,凯恩斯提出的投资乘数公式 $k=1/(1-c)$ 是从一个国家经济总体而言的,而且没有考虑进口和税收的漏出影响,在这种假设下,投资乘数 k 值的大小仅受边际消费倾向 c 的影响。但是,如果在一个特定区域,且这一区域的货物和服务流入额远大于流出额,边际流入倾向 m 大于边际消费倾向 c,在此情况下,运用三部门国民收入核算法,投资乘数公式变形为:

$k=1/(1-c+m)$(其中 $m>c$)

可以证明,由于货物和服务的区外流入产生总需要漏出,导致分母 $1-c+m>1$,因此 k 值就会小于1,边际消费倾向 c 与边际流入倾向 m 的差值越大,区域投资乘数 k 值越小。

从实际情况分析,西藏投资乘数小于1是由西藏现阶段经济社会发展的特殊性决定的。

第一,西藏目前的固定资产投资大量集中在交通、能源、通信等公共基础设施建设方面,投资的非营利性占比较大,而短期内基础设施投资的经济效益偏低,社会效益则较为显著,这在一定时期是合理的。

第二,现阶段西藏经济发展方式还属于典型的"政府供给型"或"财政推动型",经济增长过度依赖中央财政投资,缺乏自有资本和市场资本,其固定

① 徐建龙、魏珍:《理性认识西藏投资乘数小于1问题:以1996—2014年为例》,《西藏研究》2016年第4期。

资产投资基本上全部依靠政府,在直接融资、争取银行信贷资金、招商引资、吸引民间投资等方面明显不足,投资的低效率难以避免。

第三,西藏产业结构不完整,产业层次较低,导致投资对整个经济系统的拉动作用较弱,投资乘数偏小,这在西藏自治区所辖的各地(市)、县更突出。

第四,由于基建工程需要的钢材、机电设备等需从外省市采购,使西藏的投资乘数效应产生需求漏出现象。而这些效益漏出其实是对采购省市所在地区经济的拉动,也就是说,西藏投资乘数效应外溢到了建材设备制造产能输出省市。

例如处于川藏交界段的金沙江上游水电开发,其投资乘数效应在西藏和四川两地是不同的。对于同一电站建设投资而言,西藏部分的乘数效应可能外溢到四川,即水电投资对区域经济的拉动效应,四川大于西藏。同理,位于滇藏交界段河上的水电开发,云南的乘数效应也大于西藏。

因此,西藏水电投资乘数小于1,不是个别现象,在产业发展层次较低的民族地区,特别是在各藏族自治州(市)、县的区域层级,水电投资的乘数效应普遍小于1,这完全可以从理论上得到解释,它表明水电开发对当地经济发展的实际增长效应并没有投资乘数描述的那么大。事实上,当地水电开发中通过区外采购,对提供产品和服务的其他地区产生了大量的投资乘数效应外溢,并以此促进了外部区域的发展。

(三)四省涉藏地区水电开发的乘数效应

相比之下,青海涉藏地区、四川涉藏地区地域辽阔,水电开发集中且规模较大,经济发展受到的影响作用也较大。而云南和甘肃两省涉藏地区范围较小,水电开发规模不大,因此受水电开发的影响作用相对较小。

通过构建青海、四川、云南、甘肃四省的投入产出模型,运算得到与水电投资相关的16个重点部门投资乘数平均值。并按各省级行政区、重点开发流域所在自治州的水电有效投资系数、增加值率,分别测算出四省及各省涉藏地区的水电投资乘数效应,详见表7-5。

表7-5　四省及各省涉藏地区水电投资乘数效应

行业部门	部门投资乘数			
	青海省	四川省	云南省	甘肃省
非金属矿物制品(含水泥)	2.864	3.082	2.941	2.990
非金属矿和其他矿采选产品	2.567	2.791	2.791	2.613
木材加工品和家具	3.895	3.172	2.767	2.726
石油、炼焦产品和核燃料加工品	5.309	3.070	2.778	3.032
化学产品(含炸药)	2.579	3.041	2.884	3.481
金属制品	2.946	3.331	3.127	3.531
通用设备和专用设备	2.826	3.405	3.174	3.539
金属冶炼和压延加工品	2.734	3.335	3.083	3.531
交通运输设备	3.069	3.448	3.145	3.379
电气机械和器材	2.915	3.434	3.260	3.733
电力、热力的生产和供应	2.547	2.896	2.904	2.351
建筑	3.012	3.183	3.216	3.273
交通运输、仓储和邮政	2.411	2.447	2.321	2.250
住宿和餐饮	2.368	2.374	2.198	2.417
租赁和商务服务	2.072	2.120	2.964	1.761
水利、环境和公共设施管理	2.565	2.519	2.074	1.585
16部门平均乘数	2.917	2.978	2.852	2.870
各省水电投资乘数效应	1.060	1.103	1.025	0.902
各省涉藏地区水电投资乘数效应	0.362	0.312	0.260	0.204

注:为简化模型,青海涉藏地区、四川涉藏地区均以水电开发最集中的自治州数据测算,即青海以海南州为代表,四川以甘孜州为代表。

模型测算结果表明,水电开发对各省、各自治州的投资乘数效应存在较大差别,其中,川、滇、青三省的水电投资乘数效应大于1,甘肃省水电投资乘数效应小于1,而四省涉藏地区的水电乘数效应均小于1,其中最低的甘肃涉藏地区乘数效应值仅0.204。

具体测算方法以青海为例。首先运用青海省投入产出模型，测算得到与青海水电投资相关的 16 个重点部门的投资乘数值，取其加权平均值 2.686 为青海水电投资乘数。该省产业增加值率为 0.4275，水电有效投资系数值为 85%，则青海省水电投资的乘数效应为 1.060。它表示每 1 亿元的水电开发投资，可以拉动青海省地区生产总值增加 1.06 亿元。青海水电开发重点流域主要集中在黄河干流上游的海南、黄南藏族自治州。其中海南州水电有效投资系数为 25%，增加值率为 0.4963，则海南州水电乘数效应值 0.362，以此作为青海涉藏地区的水电乘数效应值。

四、 绝对效应与相对效应

水电开发对区域经济增长的拉动效应分为绝对效应和相对效应。绝对效应是指水电开发投资对区域经济规模总量的贡献，以水电对地区生产总值的拉动值表示。相对效应则是指在一定时期内对区域经济增量的相对贡献，以水电对地区经济增量的贡献率衡量。

根据国民经济核算支出法原理，对水电投资拉动贡献的定量化表述有两种方式：一种是计算水电投资总额增量占同期当地 GDP 增量的比重，该比重即为投资对经济增长的贡献率；第二种是利用上述贡献率作为权数乘以报告期的 GDP 增速，所得百分比即为投资对经济增长的拉动度。两种表述法的计算公式分别为：

$$\text{水电投资对区域经济增长的贡献率} = \frac{\Delta I}{\Delta GDP} \times 100\% \tag{7.2}$$

$$\text{水电投资对区域经济增长的拉动度} = \frac{\Delta I}{\Delta GDP} \times \sqrt[n]{\frac{GDP_n}{GDP_0}} - 1 \tag{7.3}$$

其中：ΔI：水电投资拉动形成的国民经济总额增量；

ΔGDP：报告期 GDP 增量；

GDP_n：报告期 GDP 值；GDP_0：基期 GDP 值；

$(\sqrt[n]{\dfrac{GDP_n}{GDP_0}} - 1)$：报告期 GDP 年均增速。

上述公式中的 ΔI 是水电投资拉动形成的地区经济总产值增量，也就是水电开发对区域经济增长的绝对效应，而贡献率、拉动度，则是水电开发对区域经济增长的相对效应。显然，相对效应与区域经济总量规模及其增速有关。对于经济总量规模较大的大尺度空间区域，即使水电开发产生的绝对效应值较大，相对效应值仍可能较小。而对于经济总量规模较小的中、小尺度空间区域，即使水电开发的绝对效应较小，但相对效应却可能很大。

第三节　水电开发的经济增长效应案例分析

青藏高原地区水能开发流域众多，涉及区域范围广，各地区自然经济社会发展存在明显差异，因此水电开发带来的经济增长效应有所不同。为此，我们运用点线面结合的方法进行研究。

第一，以全国水电大省四川为大尺度空间区域，定量分析测算能源投资对全省经济增长的长期效应和短期效应。第二，在五省（区）不同流域分别选择水电站作为案例"点"，以所影响的不同尺度区域范围——省（自治区）级、自治州（地市）级、县（市）级分别作为典型区域"面"，分析水电开发带来的区域经济增长效应。第三，选择水电开发较集中的区域，结合其行政区所辖范围内的水电开发流域"线"状投资，分析水电开发对区域经济增长效应及其动态影响。

一、　能源投资对区域经济增长的长期与短期效应

水电开发建设投资对区域经济的增长效应可以从长期效应和短期效应的角度进行考察。

四川是我国水电开发建设第一大省，全省现有水电装机规模、年发电量规

模和在建的大型电站规模均超过拥有三峡电站、葛洲坝电站的湖北省,名列全国首位。近年四川能源投资重点集中在水电开发和相关联的电网设施和联网工程上,且投资项目大多数位于四川涉藏地区。因此,研究选择四川省作为案例,以全省 1991—2016 年能源建设投资与经济增长统计数据,运用 ADF 检验、协整检验、向量误差修正模型(VECM)和脉冲响应模型,构建能源建设投资与区域经济增长关系的定量模型,以实证分析全省能源建设投资对区域经济增长的长期效应和短期效应。

(一)变量选取

能源建设投资是指能源工业的固定资产投资,包括能源资源开发投资、能源生产项目投资,以及能源设施(如输变电网络、电力联网工程)建设投资等。我们以四川全省能源工业投资额(IN)作为衡量能源投资量的指标,以实际GDP(以 1991 年为基期不变价)作为衡量区域经济增长的指标。

考察四川省 1991—2016 年历年的能源工业投资总额、全省地区生产总值两组数据(见表7-6),初步观察发现:除个别年份外,全省的能源投资与地区生产总值总体上保持同方向的变化趋势。1991—2016 年,全省能源工业投资从 34.06 亿元增加到 1659.9 亿元,增长了近 49 倍,同期全省地区生产总值则从 1016.31 亿元上升到 32680.5 亿元,增长了 32 倍,表明四川省能源投资与GDP 规模基本保持同步增长的态势。

表7-6 四川省历年能源投资与经济增长

年份	能源工业投资额 (亿元)	地区生产总值 (亿元)	能源投资增长率	名义 GDP 增长率
1991	34.06	1016.31	—	14.1%
1992	36.20	1177.27	6.3%	15.8%
1993	47.43	1486.08	31.0%	26.2%
1994	60.93	2001.41	28.5%	34.7%

年份	能源工业投资额（亿元）	地区生产总值（亿元）	能源投资增长率	名义 GDP 增长率
1995	84.01	2443.21	37.9%	22.1%
1996	108.03	2871.65	28.6%	17.5%
1997	152.08	3241.47	40.8%	12.9%
1998	132.99	3474.09	−12.6%	7.2%
1999	147.46	3649.12	10.9%	5.0%
2000	136.55	3928.20	−7.4%	7.6%
2001	116.4	4293.49	−14.8%	9.3%
2002	139.8	4725.01	20.1%	10.1%
2003	162.8	5333.09	16.5%	12.9%
2004	302.61	6379.63	85.9%	19.6%
2005	430.73	7385.10	42.3%	15.8%
2006	573.06	8690.24	33.0%	17.7%
2007	654.52	10562.39	14.2%	21.5%
2008	677.33	12601.23	3.5%	19.3%
2009	823.83	14151.28	21.6%	12.3%
2010	1050.40	17185.48	27.5%	21.4%
2011	1314.68	21026.68	25.2%	22.4%
2012	1427.26	23872.80	8.6%	13.5%
2013	1429.29	26392.07	0.1%	10.6%
2014	1574.31	28536.66	10.1%	8.1%
2015	1603.04	30053.10	1.8%	5.3%
2016	1659.90	32680.50	3.5%	8.7%

资料来源:根据《中国能源统计年鉴》《四川省统计年鉴》计算,能源投资额与地区生产总值均按当年价。

根据四川省能源投资的增长情况,可以划分为三个明显阶段。

第一阶段为 2004 年前,全省能源投资的增长趋势不明显,其中个别年份甚至出现了负增长。

第二阶段为 2004—2011 年,其间全省能源工业投资增势迅猛,尽管 2008

年遭受了汶川大地震的重创打击,使当年能源投资增速降至 3.5%,但这 7 年的年均增速仍高达 23.3%,其中 2004 年全省能源投资增速创下了历史峰值 85.9%,而同期全省经济发展也进入了高速增长阶段,按当年价的名义 GDP 年均增速为 18.6%,不变价 GDP 年均增速达到 13.7%,超过 25 年的平均水平,反映了能源建设投资对全省经济增长的促进作用。

第三阶段从 2012 年开始,四川能源投资增长趋于缓慢。2013 年能源投资增速仅为 0.1%,近年约在 3% 的低位徘徊,这与同期经济发展步入新常态、经济增速降低密切相关,进一步反映了能源投资与全省经济增长的相关性。

(二)序列的平稳性检验

为了使两个变量的数量级相匹配,我们分别对能源投资额和地区生产总值两个变量取对数 $\ln IN$、$\ln gdp$,这样所得的数据也易消除异方差的问题。

在建立 $\ln gdp$ 与 $\ln IN$ 两个变量的协整关系之前,首先要对这两个变量进行单位根检验,在此我们选用的是 ADF 检验方法。在检验中,$\ln IN$ 和 $\ln gdp$ 的模型中都包含了常数项与时间趋势项,变量的滞后长度则根据 Schwert 的建议,取最大滞后阶数为 $p_{\max} = [12 \times (T/100) 1/4]$,其中 T 为样本容量,然后使用由大到小的序贯规则,看 ADF 检验中最后一阶回归系数是否显著,最终 $\ln IN$ 选择的滞后阶数为 2 阶,$\ln gdp$ 的滞后阶数为 1 阶。检验结果如表 7-7 所示,从中可以看出变量 $\ln gdp$ 与 $\ln IN$ 的水平值均不平稳,而在一阶差分过后是平稳的,因此 $\ln gdp$ 与 $\ln IN$ 均为一阶单整序列。

表 7-7　各变量的 ADF 检验结果

变量	ADF 检验值	5%临界值	1%临界值	是否平稳
$\ln gdp$	−2.970	−3.600	−4.380	不平稳
D($\ln gdp$)	−2.018	−1.782	−2.681	平稳
$\ln IN$	−3.5	−3.6	−4.35	不平稳
D($\ln IN$)	−3.519	−1.746	−2.583	平稳

（三）协整检验

由于 lngdp 与 lnIN 为同阶单整序列,因此我们需要使用 Johansen 检验确定上面两个变量是否存在协整关系,并在此基础上进一步确认其协整秩,以便进行 MEL 估计。

首先确认 VAR 模型的最优滞后阶数,根据 STATA 提供的 LR、FPE、AIC、HQIC、SBIC 准则,最佳滞后阶数为滞后三期。Johansen 检验结果见表 7-8。包含常数项的协整秩迹检验与最大特征值检验都表明:两个变量间存在着协整关系,并且只有一个线性无关的协整向量。

表 7-8　Johansen 协整检验结果

原假设 H0	迹统计量	5%临界值	最大特征值统计量	5%临界值
0	20.9623	15.41	20.9619	14.07
1	0.0004	3.76	0.0004	3.76

（四）向量误差修正模型

由于 lngdp 与 lnIN 存在着协整关系,可以采用向量误差修正模型（VECM）,进一步检验能源建设投资（lnIN）与经济增长（lngdp）的长期与短期关系。根据协整结果得到以下协整方程:

$$LGDP_t = 4.71 + 0.68 \, LIN_t$$

上述协整方程反映了变量间长期稳定的关系,由此可以得出能源建设投资对四川经济增长有着长期正向影响的结论,其系数为 0.68,即能源建设投资每增加 1%,可以带来区域经济产出增长 0.68%,因此合理的能源投资规模具有促进区域经济增长的长期效应。

同时我们得到向量误差修正模型,如表 7-9 所示,第一项误差修正系数为 0.002,在统计上并不显著,说明短期内经济增长的变化需要经过长时间的调整才能趋于均衡。在短期内,能源建设投资对区域经济增长有着正效应,但其系数值仅为 0.023,远远不及能源建设投资的长期增长效应。这或许在于能源产业初期投资额巨大,资金回收期长,投资效益具有滞后性。同时我们还发现:在短期关系中,经济增长对能源投资同样具有显著的正向影响,即经济增长可以有效地拉动能源建设投资。

表 7-9　向量误差修正模型

error correction:	CointEq1	LD.lngdp	L2D.lngdp	LD.lnIN	L2D.lnIN
D(lngdp)	0.002	0.816	-0.081	0.023	-0.018
D(lnIN)	1.029	1.938	1.612	0.377	0.426

注:LD.lngdp 与 L2D.lngdp 分别表示 lngdp 差分的滞后一期和滞后二期,LD.lnIN 与 L2D.lnIN 分别表示 lnIN 差分的滞后一期和滞后二期。

为了更加直观地反映经济增长与能源建设投资的短期动态变动关系,我们运用脉冲响应模型来测算四川经济增长对能源建设投资的脉冲响应函数与累积脉冲响应函数。

首先检测 VECM 模型的稳定性,结果表明除了 VECM 模型本身所假设的单位根之外,伴随矩阵的所有特征值均落在单位圆之内。进一步考察模型的正交化脉冲响应函数,结果发现:当给 lnIN 一个标准差的冲击时,起初 lngdp 的反应并不明显,而在后几期,效果才逐渐显示出来,说明能源建设投资对区域经济增长的影响具有时滞的特点。同时还可以发现,在含有单位根的协整系统中,lnIN 的冲击对于 lngdp 具有持久的影响,其累积脉冲响应函数近似一条斜率为正的直线,说明能源建设投资对长期经济增长有着较大的拉动作用。

（五）实证结论

研究结果表明:四川能源建设投资与区域经济增长具有长期均衡关系,且对经济增长的长期效应较短期更为显著。主要研究结论如下:

第一,在短期效应方面,运用脉冲响应函数分析表明,能源建设投资每增加 1% 会带动区域经济增长 0.023%,并具有一定的滞后性。

第二,在长期效应方面,能源建设投资每增长 1%,将会带动区域经济产出增长约 0.68%。

第三,能源投资的长期效应高于短期效应,因此对区域经济增长的拉动作用需要通过更长的运行周期来验证、考察。

第四,由于能源投资效应具有滞后期,因此基于能源支撑保障的重要性,能源建设投资需要适度超前。只有未雨绸缪,抓住机遇,从根本上消除能源制约瓶颈,才能为新一轮经济增长奠定基础。

二、 水电站建设对省域经济的增长效应

为了进一步论证水电开发对区域经济增长的作用,我们以西藏和四省涉藏地区近年建成的大型水电工程为案例,具体分析水电开发对大尺度(自治区、省级)区域的经济增长效应。

(一)藏木水电站案例

藏木水电站位于西藏自治区雅鲁藏布江中游峡谷段,是西藏迄今已建成的最大水电站,也是雅鲁藏布江干流上建设的第一座水电站。藏木水电工程是西藏"十一五"和"十二五"规划实施的重点能源项目,由华能西藏公司负责开发管理。该电站装机规模为 51 万千瓦,由 6 台单机 8.5 万千瓦容量的发电机组构成,设计多年平均年发电量 25 亿千瓦时。

1. 电站建设期的增长效应

藏木水电站于 2007 年 11 月开始筹建,2014 年 11 月初步建成,实现第一台机组发电,2015 年 6 月全部机组投产发电,工程总投资达 96 亿元。① 因此,

---

① 贾科华:《西藏跨入大水电时代》,《中国能源报》2014 年 12 月 1 日。

我们以 2007—2015 年作为藏木水电投资建设期,考察在此期间,项目工程所在地——西藏自治区的区域经济发展状况,并测算藏木水电站开发的经济增长效应。

在藏木电站投资建设期间(2007—2015 年),西藏自治区经济规模从 2006 年末的 290. 76 亿元,到 2010 年跃上 500 亿大关,此后每年都以 100 亿元以上的增幅快速发展。到 2015 年,仅有 300 多万人口的西藏,地区生产总值首次突破千亿,达到 1026. 39 亿元,并以 11% 的增速领跑全国。在藏木水电站 9 年建设期内,西藏的年均经济增速(可比价)高达 11. 9%,经济总量规模净增 735. 63 亿元(见图 7-4)。

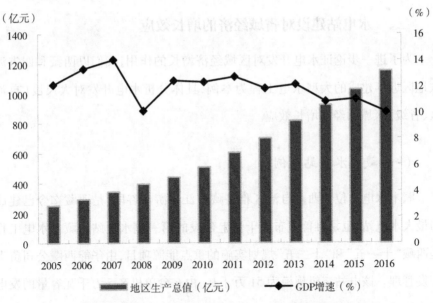

图 7-4 藏木水电站建设期间西藏经济发展规模与增速

根据西藏水电投入产出模型测算结果,西藏自治区水电投资乘数效应为 0. 694。藏木水电站总投资 96 亿元,对西藏地区生产总值的拉动贡献值为 66. 62 亿元。根据公式(7.2)、公式(7.3),测算得到藏木水电站建设投资对西藏经济的贡献率为 9. 1%,对经济增长的拉动度为 1. 1%,即在藏木电站持续 9

年的建设期内,每年可以拉动全区经济增长1.1个百分点(见表7-10)。

表7-10　藏木水电站建设对西藏自治区经济的增长效应

	建设期				运营期		
	投资额 (亿元)	拉动值 (亿元)	贡献率 (%)	拉动度 (%)	发电量 (亿千瓦时)	拉动值 (亿元)	占比* (%)
藏木水电站	96.00	66.62	9.1	1.1	25.0	6.79	0.59

注:＊占比按水电站全部机组投产后2016年地区生产总值测算。

2. 电站投产运营期的增长效应

藏木水电站共有6台发电机组,分别于2014年11月、12月实现第一、第二台机组投产发电,2015年6月底后续4台机组全部投产发电。因此,该电站有2年的完建期,其新增25亿千瓦时的发电量是分两年完成的,平均每年为自治区新增水电12.5亿千瓦时。

根据国民经济核算的生产法原理,藏木电站两年中平均每年新增的电力增加值约为2.7亿元,全部投产后每年的电力增加值为5.4亿元。[①] 由于藏木电站的发电量全部供给西藏自治区,即电量就地转化率为100%,因此对全区经济社会的发展具有重要的支撑和保障作用。运用西藏投入产出流量表,建立以供给为动力的投入产出模型,测算得到西藏电力增加值的贡献值系数为2.704,表示每1亿元的电力供给可以拉动西藏总产出增加2.704亿元,折算增加值为1.257亿元。因此藏木水电站每年5.4亿元电力产值,可以拉动西藏地区生产总值6.79亿元,占当年全区GDP的0.59%(见表7-10)。

随着西藏工业化、城镇化的不断发展,经济技术的进步、产业链的延伸将使西藏电力增加值的贡献系数逐步增大,因此藏木水电站的电力供给将对西

① 藏木水电站建设由中央财政扶持,充分体现了国家对西藏经济社会发展的优惠政策。由于上网电价中并未包含全部投资成本,因此电价水平较低,根据相关资料采用电价为0.27元/千瓦时(不含增值税)。

藏经济发展产生更大的拉动作用。

（二）泸定水电站案例

我们再以四川大渡河泸定水电站为案例,具体分析水电站开发建设对大尺度省级区域经济的增长效应。

泸定水电站位于四川省甘孜藏族自治州(简称甘孜州)泸定县,是大渡河干流水电规划 22 级开发方案中的第 12 个梯级,属大型水电开发工程。电站坝址距离泸定县城仅 2.5 公里,由华电国际电力股份有限公司和大唐国际发电股份有限公司共同出资组建的四川华电泸定水电有限公司负责开发管理。根据电站工程设计概算,泸定水电站的静态投资总额为 74.36 亿元,动态投资总额 86.63 亿元,建设投资期(含筹建期)长达 6 年。泸定电站总装机容量规模为 92 万千瓦,单独运行时多年平均年发电量 38.89 亿千瓦时,装机年利用小时数 4334 小时,具有日调节功能,经济技术指标良好。水库淹没影响及枢纽工程占地涉及甘孜州泸定、康定 2 县 4 个乡(镇)8 个村 13 个村民小组。工程建设占地总面积 14840 亩,共需搬迁总人口 3815 人。

在泸定水电开发建设期间及投产运营期间,对四川省经济发展具有一定的增长效应。

1. 电站开发建设期的增长效应

泸定水电站从 2007 年开始筹建,2009 年 3 月获得国家发展改革委核准正式动工,到 2011 年 10 月首台机组并网发电,2012 年 6 月全部机组正式投产运行。因此,泸定水电站的建设投资期为 2007—2012 年。

运用四川省水电投入产出模型测算结果,水电投资的乘数效应为 1.103,表示水电投资每增加 1 亿元,可使全省 GDP 增加 1.103 亿元。泸定水电站动态投资额 86.64 亿元,可以拉动四川省经济增长 95.56 亿元,这是该电站开发投资对全省经济增长产生的绝对效应值。

从相对效应看,泸定电站建设期间,正是四川省经济高速增长期,2010

年、2011 年全省经济增速连续保持在 15% 以上,在泸定水电站建设投资的 6
年间,全省经济平均增速为 13.9%,经济规模增加了 13641.58 亿元。泸定水
电站对全省经济增量的贡献率为 0.7%,对全省经济的拉动度为 0.1 个百分点
(见表 7-11)。

表 7-11 泸定水电站建设对四川省经济的增长效应

	建设期				运营期		
	投资额 (亿元)	拉动值 (亿元)	贡献率 (%)	拉动度 (%)	发电量 (亿千瓦时)	拉动值 (亿元)	占比* (%)
泸定水电站	86.63	95.56	0.7	0.1	37.82	8.71	0.03

注:*占比按水电站全部机组投产发电当年即 2012 年全省地区生产总值测算。

2. 电站投产运营期的增长效应

泸定水电站于 2011 年、2012 年分期投产发电,单独运行时多年平均年发
电量 37.89 亿千瓦时。当上游双江口水电站建成投产后,泸定水电站与其联
合运行。根据四川省人民政府令第 95 号《四川省流域梯级水电站间水库调
节效益偿付管理办法》,泸定水电站有效电量应将双江口水库调节增加的补
偿效益的 70% 返还。扣除 70% 效益返还后泸定水电站正常运行时多年有效
电量为 38.44 亿千瓦时,其中枯水期电量增加 0.99 亿千瓦时。由于两者的电
量差别不大,加之双江口电站迄今尚未建成,本项研究以单独运行时的发电量
测算。

根据设计,泸定水电站所发电力以"网对网"的方式全部送入华东电网,
参与西电东送。因此其运行发电后对四川经济的贡献主要体现在增加电力产
值,从而增加地区生产总值。根据生产法核算原理,电站投产当年四川省的水
电标杆上网电价为 0.288 元/千瓦时,按泸定电站发电量每年相应的电力增加
值为 8.71 亿元,占 2012 年全省 GDP 的 0.03%(见表 7-11)。

泸定电站全部机组投产发电后,在发电规模不变、上网电价不变或增幅较

小的情况下,新投产水电站的电力增加值比重将逐年下降,并随着区域经济规模的扩大逐渐弱化。

(三)主要结论

从单个电站建设投资的相对效应来看,由于四川省经济总量规模较大,单独一座水电站的开发建设对全省经济的增长效应并不明显。但在全省打造水电支柱产业,以大规模水电开发建设全国最大的清洁能源基地的过程中,水电投资对全省经济发展的累加增长效应显著。据统计,四川省"十二五"期间共建设(续建)水电开发项目 3420 万千瓦,①5 年新增水电装机规模 3869 万千瓦,其中绝大多数新投产电站都位于四川涉藏地区,大规模水电开发建设投资促进了地区经济的快速发展。

三、 水电站建设对市州及县域经济的增长效应

当我们把研究的区域空间尺度缩小到水电开发的核心区域——自治州(地市)、县(区)范围时,其区域经济增长效应会发生很大的变化。以下我们仍以西藏藏木水电站和四川泸定水电站为案例进行分析。

(一)藏木水电站案例

1. 电站所在区域概况

藏木水电站工程位于西藏自治区山南市(原山南地区)加查县境内。据史学家考证,山南是藏民族和藏文化的发源地。山南市土地肥沃,草场丰茂,宜农宜牧,历史上有"藏南谷地""西藏粮仓"之称,至今仍是西藏的主要商品粮基地之一。2016 年山南市实现地区生产总值 126.53 亿元,在西藏自治区的 7 个地市中处于第 3 位。按可比价计算,年增长率为 9.9%,经济增速保持

---

① 数据来源于《四川省"十二五"能源发展规划》《四川省"十三五"能源发展规划》。

在高位合理区间。三次产业产值结构比为 5∶49∶46。全市常住人口约 36.1 万,其中 82.3% 为农业人口。2016 年 3 月国务院批复山南地区撤地设市,为山南的经济社会发展带来了新契机。

藏木水电站坝址位于山南市加查县,为雅鲁藏布江中游深切河谷区。全县人口约 2 万。经济类型以农业为主,出产小麦、青稞、豆类等农产品,是西藏自治区商品粮基地县。近年来,加查县明确将县域经济的发展定位于"高原水电之都、千年核桃之乡、生态文化旅游胜地",2016 年全县实现地区生产总值 12.75 亿元,同比增长 7.4%,其中工业增加值 1.93 亿元,二、三产业发展增速明显加快。

2. 电站建设期的增长效应

在藏木水电站开发建设的 9 年期间(2007—2015 年),山南市地区生产总值从 2006 年末的 28.67 亿元增加到 113.62 亿元,增长了近 4 倍,按年均增速(可比价,下同)为 11.9%。

根据西藏水电投入产出模型,山南市水电投资乘数效应为 0.199,按藏木电站建设投资总额 96 亿元测算,得到藏木电站建设对山南市经济增长的贡献值即增长效应为 19.15 亿元,对建设期内山南市地区生产总值增量的贡献率为 22.5%,占 2015 年山南市地区生产总值的 16.9%,按可比价年均增速,对山南市经济增长的拉动度为 1.9 个百分点。

从县域经济发展来看,在藏木水电站投资建设期间,加查县 GDP 从 13074 万元增加到 139536 万元,增长超过 10 倍,可比价年均增速高达 23.6%,超过山南市、西藏自治区的年均增速。特别是在藏木电站大规模投资的 2007 年、2008 年,加查县经济增速分别达到创纪录的 31.5%、52.6% 的历史峰值(见图 7-5)。

根据西藏水电投入产出模型,加查县水电投资的乘数效应为 0.10,则藏木电站建设对加查县经济的增长效应为 9.57 亿元,对建设期内全县 GDP 增量的贡献率为 75.7%,相当于 2015 年加查县地区生产总值的 68.6%(见表

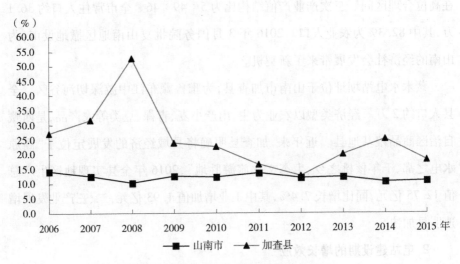

图 7-5　藏木电站建设期间市县经济增速

7-12),因此对加查县经济增长发挥了显著的投资拉动作用。

表 7-12　藏木水电站建设对市县经济的增长效应

	对山南市的增长效应			对加查县的增长效应		
	拉动值 (亿元)	贡献率 (%)	占比[※] (%)	拉动值 (亿元)	贡献率 (%)	占比[*] (%)
建设期	19.15	22.5	16.9	9.57	75.7	68.6
运营期	6.79	18.3	4.6	6.79	——	53.2

注:*建设期占比按 2015 年 GDP,运营期占比按 2016 年 GDP。

3. 电站投产运营期的增长效应

藏木水电站完建期跨 2014 年、2015 两个年度。因此从统计上来看,其新增的 25 亿千瓦时年发电量是分两年实现的,平均每年的新增电力增加值为 2.7 亿元,全部投产后每年的电力增加值为 5.4 亿元。由于藏木电站的电量就地转化率为 100%,按西藏电力增加值的贡献值系数 2.704 测算,每年的电力产值可分别拉动山南市、加查县新增 GDP 6.79 亿元,分别占 2016 年山南市、加查县地区生产总值的 4.6%、53.2%(见表 7-12)。

因此,藏木水电站运营期间,对山南市、加查县的经济增长效应显著。特别是对于经济规模小、工业欠发达、基础设施建设滞后的加查县来说,一座大型现代化水电站的建成并长期运行,能迅速扩大当地的工业规模,促进与电力密切相关产业的发展,为地方政府带来大量税收,从而极大地增强县域经济实力,对全县经济发展所发挥的促进作用十分显著。近年,加查县以藏木电站建设为契机,提出建设"高原水电之乡""能源基地富县"的发展定位,确立了水电在全县经济发展中的重要作用。

藏木水电站作为西藏自治区迄今建成的最大规模水电站,其开发建设极大提升了雅鲁藏布江畔重镇山南市和加查县的经济地位,为当地经济社会发展带来了新契机。随着拉萨市至山南市快速通道的建成,拉萨与山南将形成一小时经济圈,神秘而古老的山南也将获得更高的知名度,受到世人的瞩目。

(二)泸定水电站案例

1.电站所在区域概况

泸定水电站位于四川甘孜州泸定县泸桥镇,是著名的"红军飞夺泸定桥"历史遗址地,甘孜州的经济规模和经济实力在全国 10 个藏族自治州中处于相对领先地位,全州地区生产总值、财政收入排名基本保持在藏族自治州的第三位,2017 年甘孜州地区生产总值达到 261.5 亿元,按上年可比价增长 9.1%。经济发展从前期的低迷状态逐渐修复,增速开始回升。三次产业增加值占GDP 的比重分别为 23∶40∶37,第二产业快速增长。全州常住总人口约 118 万,城镇化率 29.3%。

泸定县处于大渡河河谷带,是甘孜州内海拔较低、自然条件相对较好的县,全县常住总人口约 8.9 万,城镇化率达到 42.5%。全县地区生产总值和工业化率在甘孜州的 18 个县市中多数年份排名第三位。2017 年实现地区生产总值(GDP)185446 万元,三次产业增加值比重为 20∶38∶42,三产业居主导地位。2017年经济增长率仅为3.1%,其中,第二产业增速出现连续下滑,第一、三产业增速持平,整个经济对工业特别是泸定电站的关联依附性较强,产业发展不均衡。

2. 电站建设期的增长效应

在泸定电站建设过程中,需要水泥60.06万吨、钢材10.71万吨、油料4.31万吨,以及大量的木材、炸药、机电设备、金属结构设备等建材物资和机电设备。建设期间还需要投入大量劳动力,施工高峰年集中人数达到5952人,从而扩大了对相关生产资料部门和生活资料部门产品的需求,促进了当地建筑业、运输物流业、生活服务业的发展,通过泸定水电站的投资拉动,使项目所在地甘孜州经济规模迅速增长。

(1)对甘孜州经济增长的拉动效应。泸定水电站的建设投资期为2007—2012年。根据投入产出模型运算结果,甘孜州水电乘数效应为0.312,即每1亿元的水电投资可拉动全州地区生产总值增加3120万元。泸定电站总投资额86.63亿元,可拉动甘孜州地区生产总值27.0亿元,对电站建设投资期间全州经济增量(110.1亿元)的贡献率达24.6%。在此期间甘孜州的年均经济增速为13%,泸定电站建设产生的投资拉动使全州经济年均增长3.2个百分点。但这种增长效应并不具有持续性,2013年后随着泸定电站工程投资结束而消失。水电站进入发电运营期后其产值基本稳定,不再具有新的增量产出。

(2)对泸定县经济增长的拉动效应。更进一步,我们从泸定电站开发建设对枢纽工程所在地泸定县经济增长的作用进行分析。泸定县位于农业发展条件相对较好的大渡河河谷地带,是全州重要的"粮仓"、蔬菜基地和水果基地。在泸定水电站核准动工前,2006年末全县GDP为4.84亿元,经济增速8%,到泸定水电站正式投产的2012年末,全县GDP达到16.1亿元,经济增速创下35%的历史纪录(见图7-6)。全县地区生产总值6年间增长了330%,泸定水电站的建设投资无疑是关键性因素。

尽管泸定县水电乘数效应仅0.104,但由于泸定水电站总投资额高达

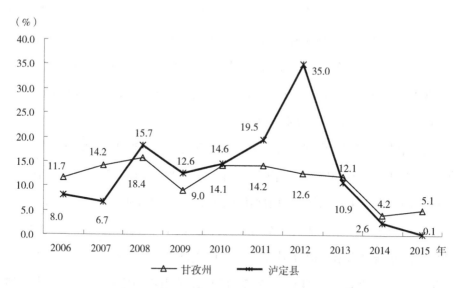

（%）

图 7-6　泸定水电站建设期间当地经济增长曲线

86.63 亿元,对县域经济的拉动贡献值仍达到 8.94 亿元,这对于只有 16 亿元经济总量规模的泸定县而言,经济贡献率是非常显著的。在泸定水电站建设投资期间(2007—2012 年),全县的经济规模净增 11.25 亿元,其中泸定电站的投资拉动贡献率高达 79.4%,对建设期内全县经济的拉动度达 10.9 个百分点(见表 7-13),创造了不可复制的"增长奇迹"。

表 7-13　泸定水电站对州县经济的增长效应

	对甘孜州的增长效应				对泸定县的增长效应			
	拉动值 （亿元）	贡献率 （%）	拉动度 （%）	占比 （%）	拉动值 （亿元）	贡献率 （%）	拉动度 （%）	占比 （%）
建设期	27.0	24.6	3.2	—	8.94	79.4	10.9	—
运营期	8.71	19.1	2.4	4.3	8.71	94.0	32.9	47.6

注:拉动度按投产当年经济增量测算,占比按 2013 年经济总量规模测算。

3. 电站投产运营期的增长效应

（1）完建期的增长效应。所谓完建期是指从水电站第一台机组安装试运行到整个电站全部机组安装完毕全部投产发电的期间。泸定水电站从2011年到2012年四台发电机组相继投产,完建期为两年时间。也就是说,新增的年发电量是分两年逐步实现的。泸定水电站多年平均年发电量37.82亿千瓦时,在两年完建期内平均每年新增18.91亿千瓦时,相应新增电力增加值8.71亿元,即平均每年新增4.36亿元。

根据模型测算结果,泸定水电站在完建期第一年(2011年)对甘孜州经济增长的贡献率为14.8%,第二年(2012年)的贡献率为19.1%。对当年全州经济的拉动度为2.4%,新增电力增加值约占2012年全州地区生产总值的5%。

从对泸定县域经济增长的作用来看,根据模型测算结果,2011年、2012年泸定电站新增电力增加值分别占全县GDP的38%、27.1%,对2012年泸定县经济增长的贡献率高达94%(见表7-12),以致当年泸定县域经济增速达到35%,第二产业增速创造了78.7%的历史峰值,其中工业增加值实现了111.3%的增速,全县工业规模在一年之内翻了一番多。

(2)稳定运行期的增长效应。2012年后泸定水电站的电力产值便成为一个经济存量,增量部分为零,因为一座水电站的产能是由装机规模和发电小时数所决定的,一旦形成不可能轻易变化,其多年平均年发电量基本上是一个常数。这表示一个地区既有的水电产值不可能与当地GDP保持同步增长。在不发生弃水弃电,且上网电价水平不变的情况下,水电站的多年平均年发电量、电力增加值可以视为一个恒量。

从甘孜州来看,以2015年为例,泸定水电站的电力增加值仍为8.71亿元(假设电价未调整),不存在新增量,则对当地经济增长也就没有新增贡献率。从甘孜州来看,全州当年GDP为213.04亿元,泸定电站产值占全州GDP的比重由投产当年的5%下降为4.1%。由于泸定水电站的电力产值不能与GDP同步增长,从而可能拖累全州经济增速,当年全州经济增速下滑到5.1%。

从泸定县来看,尽管2013年泸定水电站产值占全县GDP的比重仍高达

47.6%,但对全县经济发展的增长效应已经消失,2013 年全县经济增速剧烈下滑,并在宏观经济下行的双重影响下坠落谷底,2014 年、2015 年全县经济增速仅为 2.6%、0.1%,其中第二产业增速分别为 0、-5.1%,可见泸定水电站建设对泸定县域经济的增长效应衰减,不具有可持续性。

但是,如果泸定水电站所发电量并非全部外输,而是全部就近供给本地区,在有效拉动本地电力市场需求,电力消费量持续上升的前提下,可以为当地各产业部门提供充分的能源供给,则新增电力将对区域产业发展和经济增长产生持续拉动效应。

图 7-6 是甘孜州和泸定县在泸定水电站投资建设期、投产发电期前后的经济增长曲线图。如图所示,泸定县经济增长曲线波动剧烈,反映了在此期间经济增长不稳定,受泸定水电站开发投资的影响明显。2011—2012 年既是泸定水电站发电设备安装投资建设期,同时也是电站机组相继投产发电试运行期,水电开发投资与电站投产试运行的影响叠加下,故对泸定县经济发展产生了巨大的增长效应,2012 年全县经济增速出现了历史峰值 35%。但这种效应是短暂的,随着大规模水电站投资建设期的结束,其增长效应也迅速消失。由此导致 2013 年泸定县经济增速急剧下降到 10.9%,一年间下滑了 24 个百分点,并低于当年甘孜州经济增速。随后几年仍一直延续下滑的势头,2014 年全县经济增速仅 2.6%,2015 年更是坠落到 0.1% 的谷底。泸定县域经济发展的这种急剧波动,究其根本原因,除了近年全国经济步入新常态、宏观经济周期性因素的叠加影响,还与县域内大规模水电开发投资建设期的结束密切相关。全县经济增速下行严重,反映了县域经济对工业特别是泸定水电站的依附性太强,产业结构不合理,发展不均衡。因此,关于水电站建设与县域经济发展的关系,需要保持长期关注,进一步深入探讨。

（三）主要结论

综合上述分析,水电站在开发建设期、投产运营初期(完建期),对西藏和四省涉藏州县经济具有显著的增长效应,对短期内迅速扩大地方经济规模的促进作用十分明显,特别是对原有经济规模较小、欠发达的县域经济具有短暂性、爆发性的巨大贡献,甚至推动当地达到创历史纪录的经济增速峰值。

但是,这种增长效应在新增电力大量外输的情况下,无论是建设期还是运营期都缺乏可持续性,可能造成县域经济发展的剧烈波动。事实上,近年来随着民族地区众多水电站的集中投产发电,新开工电站投资减缓后,水电开发对区域经济的增长效应正在逐渐衰减。这种影响不仅体现在小尺度的县域经济层面,对中尺度的州(地市)级经济影响也很大。如四川省甘孜州经济发展近年出现"急刹车"现象,年均增速从两位数一路下滑,低于同期全省的平均增速,这是水电开发在促进当地经济高速增长后难以持续的客观反映。水电开发区的各级政府、相关企业对此应高度重视,尽快培育新的、成长性高的支柱产业,延伸水电产业链。只有做大区域经济规模基数,以水电产业为龙头,形成以电力能源产业为支撑的新兴产业链,实现增长动能的转换,才能促进民族地区经济持续、稳定、健康发展。

第八章　青藏高原地区水能开发的区域收益效应

水电开发建设作为一项基础产业投资,必然带来一定的经济收益。不仅水电企业可以获得投资利润从而发展壮大,同时对于水能资源开发所在区域来说,所有参与施工建设的企业和水电运营企业都要向地方财政缴纳税收,从而有助于增加地区财政收入,壮大区域经济实力,这也正是各级地方政府不遗余力大力招商引资的动力所在。此外,资源开发投资项目通常能为当地带来一定的新增就业和收入,使所有参与者(包括当地居民、移民)从中增加收入。因此理论上,水电开发收益可以覆盖大部分的利益相关者,实现开发企业、地方政府、当地居民(包括水电移民、非移民等)多方对水电收益的共享。但目前这还是一种理想化的水电收益分配模式,实践中需要通过构建和完善一系列的体制机制来逐步实现。本章我们重点研究水电开发对地方财政带来的收益效应。

第一节　水电开发涉及的相关税制

水电开发对于地方财政税收较少的西部民族地区来说,不仅扩大了税基,也开辟了新的税源,可以促进地方公共财政一般预算收入水平的大幅度提高。

根据《中华人民共和国预算法(2018年修正)》的规定:地方各级一般公共预算收入包括地方本级收入、上级政府对本级政府的税收返还和转移支付、下级政府的上解收入。[①] 一般公共预算收入具体包括:各项税收收入、行政事业性收费收入、国有资源(资产)有偿使用收入、转移性收入和其他收入。[②] 通常这一口径也称为"地方财政总收入"。

根据国家统计局对"地方一般公共预算收入"这一统计指标的具体解释:"属于地方一般公共预算的收入包括城市维护建设税(不含铁道部门各银行总行、各保险公司总公司集中缴纳的部分),房产税,城镇土地使用税,土地增值税,车船税,耕地占用税,契税,烟叶税,印花税(不含证券交易印花税),增值税50%部分,纳入共享范围的企业所得税40%部分,个人所得税40%部分,海洋石油资源税以外的其他资源税,地方非税收入等。"[③]因此《中国统计年鉴》中的"地方一般公共预算收入"项目是地方各项税收收入加地方非税收入之和,不包括地方获得的转移性收入。本章研究中一律采用国家统计局及各省(自治区)统计局的"地方一般公共预算收入"数据,在统计口径上与2011年前的"地方一般预算收入"相同。

一、 增值税及其附加税费

水电开发无论是建设过程中,还是建成投产运营过程中,所有参与工程建设的施工企业、发电企业都需要缴纳相关税费,从而为地方财政增收做出贡献。同时,水电开发建设还可以带动相关产业发展,为地方财政带来更多税源,创造更多的间接税收贡献,促进地方财政实力不断增强。

水电开发建设期和运营期都涉及增值税。但不同阶段的增值税征收对象、税基和税率有较大差别,二者不可混淆。

---

① 参见《中华人民共和国预算法(2018年修正)》第七条。
② 参见《中华人民共和国预算法(2018年修正)》第二十七条。
③ 国家统计局:《中国统计年鉴2020》,中国统计出版社2021年版。

（一）水电建设期增值税

在水电开发建设期,过去由地方税务局对项目承建施工企业征收的建筑安装营业税(简称建安税)、营业税附加税费,2016年后改为由国家税务局统一征收建筑业增值税及其附加税费,即纳入"营改增"范围。根据财政部、国家税务总局《关于全面推开营业税改征增值税试点的通知》(财税2016〔36号〕,以下简称《通知》)、财政部、国家税务总局《关于建筑服务等营改增试点政策的通知》(财税〔2017〕58号),从2016年5月1日起,在全国范围内全面推开营业税改征增值税(以下简称"营改增")试点,建筑业、房地产业、金融业、生活服务业等全部营业税纳税人,纳入试点范围,由缴纳营业税改为缴纳增值税。根据《通知》附件1《营业税改征增值税试点实施办法》、附件2《营业税改征增值税试点有关事项的规定》,建筑业的增值税税率和增值税征收率分别为:11%、3%。小规模纳税人适用简易计税方法(征收率3%),而一般纳税人通常适用一般计税方法。

因此,水电建设期的增值税征收分为两种情况,第一种是按3%简易计税方法。根据规定:一般纳税人为建筑工程老项目提供的建筑服务,可以选择适用简易计税方法计税。也就是说,2016年4月底前已开始建设施工的水电工程,可以按照3%的征收率。第二种情况是对一般纳税人。根据水电水利规划设计总院可再生能源定额站2016年4月发布的《关于发布〈关于建筑业营业税改增值税后水电工程计价依据调整实施意见〉的通知》,水电建筑安装工程费用按"价税分离"计价规则计算,税金按建筑业适用的增值税率11%。因此,水电工程建设期应纳税额=销项税额−进项税额。由于涉及进项税的抵扣,实际税负情况较为复杂。

为完善增值税制度,财政部和税务总局从2018年5月1日起调整了增值税税率。根据《国家财政部、税务总局关于调整增值税税率的通知》(财税〔2018〕32号)的规定:纳税人发生增值税应税销售行为或者进口货物,原适用

17%和11%税率的,税率分别调整为16%和10%。上述规定降低了水电开发企业和水电生产企业的增值税税率。

(二)水电运营期增值税

在水电投产运营期,对电力企业要征收电力增值税。根据《中华人民共和国增值税暂行条例》,水电企业的增值税率为17%。而根据财政部、国家税务总局《关于大型水电企业增值税政策的通知》规定,装机容量超过100万千瓦的水力发电站(含抽水蓄能电站)销售自产电力产品,自2013年1月1日至2015年12月31日,对其增值税实际税负超过8%的部分实行即征即退政策;自2016年1月1日至2017年12月31日,对其增值税实际税负超过12%的部分实行即征即退政策。[①]

增值税附加税费包括城市维护建设税、教育费附加、地方教育费附加。城市维护建设费简称城建税,以增值税纳税额为基数,城市市区税率为7%、县城建制镇税率为5%;教育费附加以增值税纳税额为基数,按费率3%征收;地方教育费附加以增值税纳税额为基数,按费率1%征收。

二、 建安营业税及其附加税费

建筑安装营业税属于地方税,是指2016年5月国家全面实施"营改增"税收改革前已动工或投产的水电项目,在建设期间由施工承包企业对当地缴纳的主要税种,按总承包工程合同金额的3%征收。对分包工程,由总承包纳税人依法规代收代缴。营业税附加税费包括城市维护建设附加税、教育费附加费、地方教育费附加费,以营业税纳税额为基数,税费率与增值税附加税费相同。

---

① 财政部、国家税务总局:《关于大型水电企业增值税政策的通知》(财税〔2014〕10号),2014 年 2 月 12 日,见 http://www.chinatax.gov.cn/n810341/n810765/n812141/n812267/c1079200/content.html。

三、 企业所得税和个人所得税

水电开发建设和发电运营中都需要缴纳相应的企业所得税和个人所得税。

根据《中华人民共和国企业所得税法》的规定,企业所得税税率为25%,以企业登记注册地为纳税地点,因此只有企业注册地才能获得企业所得税(40%地方分成部分)。企业所得税纳税人的认定标准为是否具有独立法人资格,不具有独立法人资格的分支机构由其总公司统一汇总计算并缴纳所得税,母公司与子公司之间可以合并缴纳所得税,使部分税收由注册地与税源地分享。根据国家发展改革委颁布的《西部地区鼓励类产业目录》(国家发改委令2014年第15号)、《产业结构调整指导目录(2011年本)(修正)》(国家发改委令2013年第21号),水力发电属于西部地区鼓励类产业。按照国家税务总局《关于深入实施西部大开发战略有关企业所得税问题的公告》的规定,自2011年1月1日至2020年12月31日,对设在西部地区以《西部地区鼓励类产业目录》中规定的产业项目为主营业务,且其当年度主营业务收入占企业收入总额70%以上的企业,经企业申请,主管税务机关审核确认后,可减按15%税率缴纳企业所得税。[1] 因此,在2020年前投产运营的水电企业,企业所得税率为15%。此外,西藏还规定,在西藏进行绿色新能源建设并经营的,自项目取得第一笔生产经营收入所属纳税年度起,免征企业所得税7年。

根据2018年全国人大《关于修改〈中华人民共和国个人所得税法〉的决定》,个人所得税第七次修正,从2018年10月1日起,工资、薪金、劳务等个人所得税起征点由原来的每月3500元提高到每月5000元。工资薪金所得、劳务报酬所得、稿费所得、特许权使用费所得四项综合所得,适用3%至45%的

---

① 国家税务总局:《关于深入实施西部大开发战略有关企业所得税问题的公告》(国税总局公告〔2012〕第12号),2012年4月6日,见 http://www.chinatax.gov.cn/n810341/n810765/n812151/n812421/c1083733/content.html。

超额累进税率。经营所得,适用税率5%至35%的超额累计税率。利息、股息、红利所得,财产租赁所得,财产转让所得和偶然所得,适用比例税率,税率为20%。

四、 水资源税（费）

水资源税由原水资源费的"费改税"而来。根据财政部、国家税务总局、水利部2017年颁布实施的《扩大水资源税改革试点实施办法》(财税〔2017〕80号)规定,水力发电取用水应纳的水资源税额计算公式为:应纳税额＝实际发电量×适用税额。试点省份开征水资源税后,水资源费征收标准降为零。该《办法》规定,各试点省水电水资源税的具体适用税额,除中央直属和跨省(区、市)水力发电取用水外,由省级人民政府统筹考虑本地区水资源状况、经济社会发展水平和水资源节约保护要求,在《试点省份水资源税最低平均税额表》规定的最低平均税额基础上分类确定。试点省份的中央直属和跨省(区、市)水力发电取用水税额为每千瓦时0.005元。对于跨省(区、市)界河水电站水力发电取用水水资源税的税额,《办法》规定:与涉及的非试点省份水资源费征收标准不一致的,按较高一方标准执行。跨省(区、市)水力发电取用水的水资源税在相关省份之间的分配比例,比照《财政部关于跨省区水电项目税收分配的指导意见》(财预〔2008〕84号)明确的增值税、企业所得税等税收分配办法确定。试点省份主管税务机关应当按照前款规定比例分配的水力发电量和税额,分别向跨省(区、市)水电站征收水资源税。跨省(区、市)水力发电取用水涉及非试点省份水资源费征收和分配的,比照试点省份水资源税管理办法执行。[①]

根据规定,水资源税改革试点期间,税收收入全部归属试点省份,从而可

---

① 参见财政部、国家税务总局、水利部:《扩大水资源税改革试点实施办法》,2017年11月24日,见 http://www.chinatax.gov.cn/n810341/n810765/n2511651/n2511678/c3289405/content.html。

以直接增加地方财政收入。截至 2018 年,纳入水资源税试点的西部省份仅包括四川、陕西、宁夏,而西藏、青海、云南三省(区)均没有纳入,因此水资源"费改税"对水电开发企业的影响主要在四川省内,由于四川原有的水资源费征收标准为每千瓦时 0.5 分钱,与现有的水资源税额标准相同,因此对缴纳企业而言并无实质性影响。

对于没有纳入试点地区的其他省份,仍然要征收水资源费。各省份的具体征收标准存在差异。如云南省大型水电站的水资源费征收标准为每千瓦 1 分钱,西藏自治区水资源费征收还没有明确标准。但对于川藏、滇藏界河上,由央企开发的水电站,根据《关于调整中央直属和跨省水力发电用水水资源费征收标准的通知》(发改价格〔2014〕1959 号)规定,中央直属和跨省水电站水力发电用水水资源费,现行征收标准低于每千瓦时 0.5 分钱的,自 2015 年 1 月 1 日起调整为每千瓦时 0.5 分钱;现行征收标准高于的,维持现行征收标准不变,最高不超过每千瓦时 0.8 分钱。

五、 其他资源税

水电站建设期间还涉及耕地占用税、其他非金属矿(砂石、黏土)等资源税。资源税属于地方税,因此其税率(税额)征收标准各地存在较大差异。如根据《西藏自治区耕地占用税实施办法》规定,在西藏自治区区内占用耕地(指所有种植农牧物的土地)①建房或者从事非农业建设的单位或者个人,应当按实施办法的规定缴纳耕地占用税。耕地占用税税额依据各地人均占有耕地情况和经济发展水平核定。各地(市)的税额标准为:拉萨 20 元/平方米,昌都 18 元/平方米,那曲 18 元/平方米,阿里 18 元/平方米,林芝 15 元/平方米,日喀则 15 元/平方米,山南 15 元/平方米。各县(含县以下)耕地占用税

---

① 根据《西藏自治区耕地占用税实施办法》规定(藏政发〔2008〕58 号),占用林地、牧草地、农田水利用地、养殖水面以及渔业水域滩涂等其他农用地建房或者从事非农业建设的,均视为占用耕地。

税额按所属地市税额标准的 80% 计征。占用基本农田的,适用税额在当地适用税额标准的基础上提高 50%。占用林地、牧草地、农田水利用地、养殖水面以及渔业水域滩涂等其他农用地建房或者从事非农业建设的,适用税额在当地适用税额的基础上减征 50%。① 而根据《四川省耕地占用税实施办法》(川府发〔2008〕27 号)规定,耕地占用税以纳税人实际占用的耕地或其他农用地面积为计税依据,按照规定税额一次性征收。耕地占用税的税额规定为:以县级行政区域为单位,人均耕地面积不超过 1 亩的地区,税率为 10—50 元/平方米。人均耕地超过 1 亩但不超过 2 亩的地区为 8—40 元/平方米。人均耕地超过 2 亩但不超过 3 亩的地区为 6—30 元/平方米,人均耕地超过 3 亩的地区为 5—25 元/平方米。② 省内各市(州)耕地占用税的平均税额也有明确规定且存在较大差别,如甘孜州为 15 元/平方米,成都市为 33 元/平方米。

水电工程建设所用砂石、砾石及其他建筑用石料、砂土等也在地方资源税征收范围内。根据《西藏自治区人民政府关于改革资源税征收方式的通知》(藏政发〔2013〕118 号),砂石、砾石及其他建筑用石料、砂土的资源税实行从价定率征收,税率为 1%,木材的资源税实行从价定率征收,税率为 7%。《青海省资源税改革实施办法》(青财税字〔2016〕1201 号)规定,砂石、黏土(原矿)按 2 元/立方米从量定额征收。《四川省财政厅、四川省地方税务局关于资源税全面改革有关政策的通知》(川财税〔2016〕18 号)规定,资源税按照《国家列名资源品目适用税率表》和《国家未列名资源品目适用税率表》规定执行,对黏土、砂石实行从量计征,税额为 3.0 元/立方米。

六、 水库移民扶持基金

原名为大中型水库库区基金,简称"库区基金"。根据财政部《大中型水库库区基金征收使用管理暂行办法》(财综〔2007〕26 号)规定,为促进库区和

---

① 引自《西藏自治区耕地占用税实施办法》(藏政发〔2008〕58 号)第四条。
② 引自《四川省耕地占用税实施办法》(川府发〔2008〕27 号)第六条。

移民安置区经济及社会发展,国家将原库区维护基金、原库区后期扶持基金及经营性大中型水库承担的移民后期扶持资金进行整合,设立大中型水库库区基金。大中型水库库区基金从有发电收入的大中型水库发电收入中筹集,根据水库发电实际上网销售电量,按不高于 8 厘/千瓦时的标准征收。也就是说,水电站建成发电后,发电企业要按销售电量缴纳"大中型水库库区基金"。根据规定:"跨省、自治区、直辖市的大中型水库库区基金,按照发电企业所在地区的库区基金征收标准征收,金额缴入中央国库,由中央财政按相关省份应分享的比例,根据资金入库情况按季拨付给相关省级财政。"①2016 年 1 月财政部发文,进一步将大中型水库移民后期扶持基金、跨省(区、市)大中型水库库区基金、三峡水库库区基金进行整合,合并为中央水库移民扶持基金。将省级大中型水库库区基金、小型水库移民扶助基金合并为地方水库移民扶持基金。② 2017 年 6 月又颁布规定,将大中型水库移民后期扶持基金的征收标准统一降低 25%。其征收管理、收入划分、使用范围等仍按现行规定执行。③ 因此,大中型水库移民后期扶持基金的实际征收标准降低为 0.006 元/千瓦时。该基金主要用于支持实施库区及移民安置区基础设施建设和经济发展规划,解决水库移民的其他遗留问题,以及库区防护工程及移民生产、生活设施维护。

第二节　水电开发收益分配关系

水电开发的收益包括财政税收、水资源费、库区基金收入等。这些收益分

---

① 引自财政部《大中型水库库区基金征收使用管理暂行办法》(财综〔2007〕26 号)第二条、第三条、第九条。

② 参见财政部《关于取消、停征和整合部分财政性基金项目有关问题的通知》(财税〔2016〕11 号)。

③ 参见财政部《关于降低国家重大水利工程建设基金和大中型水库移民后期扶持基金征收标准的通知》(财税〔2017〕51 号)。

配要按不同级别行政区的责权利进行划分或纵向分配,如财政税收的纵向分配、水资源费、库区基金收入划分等,同时,还存在着同级别行政区之间的横向分配关系,如跨省(区)、跨市(州)、跨县界河上的流域水电开发工程,其资源开发收益需要在同一行政级别的区域之间分配,才能保证水电开发收益分配的公平性。此外,库区基金(含移民后期扶持基金)收入主要用于水电库区的基础设施建设和移民后期生产生活扶持,是水电开发收益在水库淹没影响社区、搬迁移民群体之间的一种补偿性分配。

一、 水电收益的区域纵向分配机制

水电开发产生的新增税收,分中央与地方共享税、地方税两种,其中增值税、所得税、资源税均属于中央与地方共享收入。资源税按不同的资源品种划分,大部分资源税作为地方收入。地方税过去的主体税种是营业税,营业税全面改革为增值税后,水电开发产生的地方税主要是资源税,如耕地占用税、砂石税、水资源税,以及契税(印花税),此外,还有增值税、企业所得税的附加税费,也属于地方税。而无论是中央与地方共享税还是地方税,都存在着按不同行政层级进行纵向利益分配的关系。

(一)共享税收入的纵向分配

根据我国分税制的具体划分,增值税为中央与地方共享收入,增值税中央分享75%,地方分享25%。① 2016年实行全面"营改增"后,国务院对增值税的分配比例进行了调整,规定:所有行业企业缴纳的增值税均纳入中央和地方共享范围,中央分享增值税的50%,地方按税收缴纳地分享增值税的50%。② 从而使地方分享比例提高了25个百分点,以保持目前中央和地方财力大体

① 参见《国务院关于实行分税制财政管理体制的决定》(1993)。
② 参见《全面推开营改增试点后调整中央与地方增值税收入划分过渡方案》(国发〔2016〕26号)。

"五五"格局。

所得税也属于中央与地方共享收入。根据国务院《所得税收入分享改革方案》和《关于明确中央与地方所得税收入分享比例的通知》,从 2004 年起,所得税分享比例继续按中央 60%、地方 40% 执行。

而在西藏自治区,中央为扶持西藏经济社会的发展,对增值税和所得税的中央部分实行税收全额返还,也就是说,在西藏自治区境内开发水电所产生的税收,都全部留给西藏,中央不参与收入分配,这显然是由西藏发展的特殊性所决定的,是中央对西藏经济社会发展的特殊优惠政策,而其他四省涉藏地区不享有此项税收扶持政策。

但是,这种差异化的税收纵向分配政策,对于环境条件相似的西藏与其邻省(区)界河上的水电开发来说,会导致完全不同的收益分配效果。如金沙江上游川藏界河段的同一水电工程,按中央与四川的税收分享政策,水电增值税的 50%("营改增"前为 75%)、电力企业所得税的 60% 均归属于中央财政,水电税收的大头属于中央。原属于地方税的建筑安装营业税改革为共享税增值税后,地方财政的主体税种营业税不复存在,使水电开发对地方财政的收入效益有所弱化。而西藏则完全不同。按照中央与西藏的税收分享政策,上述归属于中央财政的税收将全部返还自治区,使水电开发对西藏地方财政的收益效应增强。这种差异化税收分配政策导致界河两岸省区从同一电站工程所获得的收益悬殊,不利于界河上同一电站制订相对统一的水电移民安置补偿标准,甚至可能埋下隐患,影响库区社会和谐稳定和可持续发展。界河两岸同属藏族聚居区,自然条件差异不大,税收分配政策差异悬殊,对此需要从国家层面进行调节,在水电开发中制定相对统一的税收分配措施,使四省涉藏地区能够享受与西藏基本相同的水电税收优惠政策,更好地促进偏远民族地区的经济社会发展。

此外,未在当地注册但在当地从事生产经营的建筑企业和电力生产企业,当地财政无法得到其缴纳的企业所得税及增值税的地方分成部分。对此需要强化税收属地化管理原则,督促电力生产企业在当地注册成为具有独立法人资格的子公司,同时对外来建筑企业加强税收管理,保证税收按期入库。

(二)地方税收入的纵向分配

地方税的收入分配不仅包括分税制下归属于地方财政的固定收入,如原有的营业税、营业税附加税费、印花税等,也包括中央与地方共享税的地方收入部分,都要在税源地所在地的省(区)、市(州)、县三级财政之间进行纵向分配,具体政策由各省(区)、各市(州)分别制定,因此水电开发产生的地方税收在省级及以下的纵向分配政策存在较大差异。

根据西藏自治区对纵向财政管理体制的规定:营业税、增值税(地市、县区留成部分)、企业所得税(分享部分)、个人所得税(留成部分)、城建税、耕地占用税、印花税分别纳入相应的地(市)、县(区)级财政固定收入。自治区与地(市)、县(区)共享收入,主要包括资源税、土地增值税。按比例分成办法,资源税分成比例为自治区 30%、地(市)30%、县(市、区)40%;土地增值税分成比例为自治区 60%、地(市)20%、县(市、区)20%。按现行政策由中央返还自治区的企业所得税、个人所得税和增值税上缴中央部分,通过不同渠道返还各地(市)、县(市、区)。其中,企业所得税和个人所得税全部返还地(市)、县(市、区);增值税 75%部分的 70%返还地(市)、县(市、区),其余 30%由自治区通过调控转移到地(市)、县(市、区)。① 因此,在西藏开发水电产生的大部分地方税收、共享税的地方分成,以及所得税上缴中央的 60%部分,均纳入相应的地(市)、县(区)级地方财政。自治区主要对资源税、土地增值税、增值税的中央返还收入进行分配,如将增值税中属于中央财政的 75%("营改增"后调整为 50%)部分,分享其中的 30%,其余的 70%全部返还下级财政。

在中央与西藏、西藏市(地)的纵向分配政策下,水电开发库区所在的县

---

① 参见《西藏自治区人民政府关于改革和完善财政管理体制若干规定的通知》(藏政发〔2004〕14 号)。

（区）财政可以分享大部分税收，获得显著的财政收益效应。但因企业注册地带来的税收与税源分离问题是普遍存在的。如当地水电开发通常由国有大型电力企业（集团）主导，其总公司注册地远离水电开发区。近年在自治区、自治州地方政府的强烈要求下，许多电力企业（集团）都在水电开发地注册成立了新公司，以便地方财政能够从中获得相应的税收。如华能集团在云南昆明注册成立了华能澜沧江水电股份有限公司，在四川成都注册了华能四川水电有限公司，在西藏拉萨注册成立了雅鲁藏布江水电开发投资有限公司，作为中国华能集团公司的全资子公司，以便使不同的水电开发地区能够获得按企业属地划分的税收收入。但显然，同一家水电开发企业（集团）很难在一个省份内的同一流域连续注册多家公司，而通常只会在首府（省会）城市注册一家子公司，然后在同一流域区不同的水电项目开发地设立分公司或项目处。如华能西藏发电有限公司注册地为拉萨市，而在山南市加查县、林芝市巴宜区、墨脱县分别设立了华能藏木水电分公司、华能林芝基地建设办公室、华能西藏墨脱电力有限公司等。因此，根据税法规定，非法人的分公司企业所得税将统一上缴注册地拉萨市，相应的电站项目所在地（市）、县（区）级财政，可以按照其总分支机构营业收入比例，获得少量的税收分成。但因其计算较复杂，这部分税收对于分支机构所在地实际上是无法掌控的。

国电大渡河流域水电开发有限公司作为四川涉藏地区大渡河干流开发的最大投资企业，其注册地在四川省成都市，其后在水电开发地甘孜州、阿坝州政府的要求下，又分别注册成立了不同的开发公司，包括国电大渡河大岗山水电开发有限公司、国电大渡河猴子岩水电建设有限公司、国电大渡河双江口工程建设管理分公司、国电金川水电建设有限公司……，以便使水电开发所在的自治州、县，都能够取得按税源属地划分的税收收入。

在四川、青海、云南、甘肃四省涉藏地区，省级及以下财政的纵向分配政策有所不同。以四川省为例，根据《四川省人民政府关于调整省与市地州财政管理体制的通知》规定，四川省与市（地、州）的共享收入包括：增值税（25%部分),营业税(不含金融保险业营业税),个人所得税,资源税,房产税,印花税,城镇土地使用税,契税,省分享比例为35%,市(地)分享比例为65%。[①] 为了体现对民族地区的照顾,对甘孜州、阿坝州、凉山州,省暂不参与分享。上述共享税的地方分享部分全部归项目所在的州(市)级地方财政。在四川涉藏地区,从州、县级财政的纵向分配关系来看,根据甘孜州政府颁布的《关于州内部分重大建设项目税收合理分配的意见》和《关于州内重大建设项目税收征收管理和入库级次问题的实施意见》,装机规模在5万千瓦以上(含5万千瓦)的电站,均纳入税收分配的范围。大型水电开发属于"全招商引资项目",其建筑安装营业税按州财政40%、县财政60%的比例分享,增值税、所得税的地方实得部分按州、县各50%比例分享。增值税附加、营业税附加及印花税不分成,全额纳入水电站库区所在的县级地方财政收入。同属涉藏地区的阿坝州则规定,地方税和共享税的地方分成部分,按州级、县级财政各50%的比例分享,附加税划归县级财政,实行就地入库。[②]

二、 水电收益的区域横向分配机制

水电收益的区域横向分配关系,是指水电开发税收在同级行政区之间的分配关系,包括省际界河上的水电项目、电站淹没区域和坝址区域跨越两个省份、两个市(州)、两个县的水电项目。相邻的省份之间、市(地、州)之间、县域之间,围绕水电开发税收归属展开的"横向竞争",历来受到普遍关注,在民族地区更为突出。

一是跨省份界河上的水电项目。凡与西藏交界河段(如川藏、滇藏、青藏)的跨省(区)流域水电开发项目,都存在税收政策的差别问题。西藏作为

---

① 参见《四川省人民政府关于调整省与市地州财政管理体制的通知》(川府发〔2000〕4号)。

② 参见阿坝藏族羌族自治州财政局等:《关于实行州县分税制财政管理体制后分享税收缴库办法的通知》。

全国唯一的藏族自治区,注册企业享受特殊的财政税收优惠政策。如川藏两省区的对比为:(1)水电增值税:西藏和四川两地税率都是17%,西藏的财政优惠政策是:年度所缴各项税收(企业所得税、增值税、营业税)总额达到200万元的生产经营实体,享受财政激励政策。(2)所得税:西藏和四川两地税率分别是15%和25%。西藏优惠10个百分点,同时从投产年度第一年起免税7年并对高管有激励政策。四川水电企业所得税税率为25%,从投产年度第一年起实施"3免3减半"西部大开发税收优惠政策。(3)房产税:西藏未开征房产税,四川房产税率为12%和1.2%,分别按租金和原值征收。(4)城镇土地使用税:西藏普遍低于四川涉藏地区,如西藏昌都市适用税额为2元/平方米,四川甘孜州适用税额为3—6元/平方米。(5)耕地占用税:各地差别较大,西藏低于四川涉藏地区,如昌都市适用税额为14—18元/平方米,四川甘孜州适用税额为12—25元/平方米。

显然,作为经济人的企业通常都会权衡区域政策差异,努力实现经营由高税率地区向低税率地区转移。水电开发企业、工程建设企业从自身利润最大化目标发出,必然充分利用西藏自治区的各项税收优惠政策,选择在西藏自治区注册企业,以便获得税收减免,降低工程造价,提高盈利水平。如果川藏界河上各电站项目都注册在西藏,将显著降低企业的税收成本,提高企业效益,同时对于西藏来说,也能获得更多的共享税(上缴中央财政部分)收入,而这部分税收在四川涉藏地区将纳入中央财政。但这样的结果是涉藏州县不能从界河水电开发中获得任何收益,却要同样承受巨大的淹没损失和不利影响,这是极不公平的。由于我国没有建立财政横向转移支付制度,西藏不可能就此对四川涉藏地区进行横向补偿,因此,两地政府都会"争抢"水电企业注册。无论企业在界河的哪一边注册,对界河另一边的区域来说,都有失公平,也成为现实中争议的焦点问题之一。因此,涉及水电收益的地区横向分配问题,只能通过合理的利益分配政策和更高层级的政府机构来协商解决。

二是电站淹没区域和坝址区域跨越两个省份的水电项目。由于大型高坝径流式水电站的开发特点,水电建设施工区、电站生产厂区与水库淹没区范围往往不一致,由此可能带来各区域的损失与收益不对等,付出巨大淹没损失代价的库区不一定能获得税收收益。这个问题最初始于我国也是世界迄今最大的水电工程——三峡水电站。由于库区淹没区主要在重庆,而三峡坝址区位于湖北,因此两省(市)围绕三峡电站税收的归属问题一直争议不断。从税收分配情况来看,三峡工程的税收征管共分为三个阶段:(1)建设阶段(2003年第一台机组发电前),税收根据属地原则主要由湖北省负责征收管理,税收直接入湖北库和中央库;(2)完建阶段,从2003年第一台机组发电到2009年完工,该阶段的税收按三峡工程综合淹没实物比例分配;(3)全部投产完工后,因国家没有制定具体的税收分配方案,两省(市)继续沿用之前重庆84.33%,湖北15.67%的分配比例。①

在西部地区,由于高山峡谷使回水淹没区范围更广,导致大中型水电项目的淹没坝址区与淹没库区跨省(自治区)、跨市(地、州)的情况普遍存在,围绕税收收益的横向分配问题日益突出。

为了妥善处理地区间利益分配关系,保障水电建设的顺利进行,促进区域经济社会协调发展,财政部于2008年制定了处理跨省区水电站税收分配问题的四项基本原则。② 一是以地区间平等协商为主,经协商难以达成一致意见的,经有关省申请,由财政部参照《关于跨省区水电项目税收分配指导意见》研究办理;二是兼顾各省区在项目建设和运营阶段做出的贡献,适当考虑项目建成后坝址所在省份为项目维护运转承担的公共支出成本;三是为企业创造良好的经营环境,妥善处理地区间财政利益,避免增加企业负担,保障水电项目平稳运行;四是坚持以人为本,帮助解决移民安置等重点和难点问题,促进库区经济社会稳定协调发展。因此,以"地区间平等协商为主"的方式,也就

---

① 刘润哲:《区域间税收与税源背离问题的研究——以三峡工程税收分配问题为例》,2017年第7期。

② 财政部:《关于跨省区水电项目税收分配指导意见》(财预〔2008〕84号)。

是平级地方政府之间"讨价还价"的方式,成为解决水电税收地区分配的一种重要方式,为水电开发建设工程而召开的协调会,签署的纪要、协议等文本,也就成为水电税收区域分配的重要依据。

以金沙江上游四川西藏交界河段(川藏段)的水电开发为例。四川省甘孜州和西藏昌都市两地从各自的角度出发,都要求电站项目公司注册在当地。因此,负责金沙江上游水电开发的中国华电集团四川公司为川藏段的8个电站项目组建了两个独立法人子公司,分别在昌都市(原昌都地区)和甘孜州注册。这一举措有利于平衡界河两岸相邻藏乡的利益关系,建立公平合理的水电税收横向分配机制,更好地支持西藏和四川涉藏地区共同发展。水电水利规划设计总院还专门成立了金沙江上游水电开发协调领导小组,负责研究协调金沙江上游水电开发相关工作。由国家发改委、国家能源局、水电水利规划设计总院,以及西藏和四川两省(区)财政、税务、相关电力企业等部门共同参与,对川藏段水电开发时序安排、水电工程移民安置补偿政策、水电开发项目注册和税收分配等问题进行充分讨论、反复协商,最终达成共识,明确了川藏段的8个梯级电站中,苏洼龙等4个水电站的注册地在西藏自治区,叶巴滩等另外4个电站注册地在四川省,并对两省(区)水电收益的横向分配形成了初步意见。对水电工程项目红线部分的税收(增值税、营业税、企业所得税、城市维护建设税及教育费附加等),依据财政部《关于跨省区水电项目税收分配的指导意见》,由两省共享,建设期按"五五"分成比例进行分配。对工程红线外部分税收按属地原则征缴。所谓"红线"范围,是指水电工程项目建设征地涉及的行政区域,也就是当地政府发布的《大中型水利水电工程建设征地范围内禁止新增建设项目和迁入人口的通告》即"停建令"(也称为"封库令")涉及的区域范围。

对于纳入横向分配范围的水电税收,通常需要按照因素法测算出省份间的分配比例。如对于坝址跨省份的界河电站,财政部提出按照移民人口和淹没土地面积两个因素测算,权重分别为55%和45%。而对于坝址不跨省份、但淹没影响和移民搬迁范围跨省份的水电工程,则按照移民人口(含坝区)、淹没土地(含坝区)面积、坝址所在地为项目维护运转承担的公共支出成本三个因素测算分配比例,权重分别为49.5%、40.5%和10%。三项因素中,移民人口和淹没土地面积按照国家批复的项目施工企业补偿投资中有关数据确定。① 同时,为反映各种类型土地资源对群众生产生活的不同影响程度,核定淹没土地面积时要把耕地、林地与其他类型土地按1∶0.5∶0.2的系数折算为当量面积。

对于同一省份内跨市(州)水电税收的征管分配问题,部分地区也制定了相应的政策,如四川省《关于省内跨市(州)水电水利项目有关税收征管问题的通知》(川府函〔2007〕31号)、《关于明确跨市(州)水电水利项目税收分配四因素的具体口径的通知》(川府办发电〔2007〕103号)。根据相关政策,水电建设期内的税收收入,按照"四因素测算法"确定各市(州)的横向分配系数,即根据各行政区内安置的移民人口占比、淹没面积占比、淹没区地方税收收入基数占比、投资额占比四项因素,计算相应的分配权重。②

即使收入税收分配的因素划分、权重设置已非常细化,也不可能穷尽水电开发区的各种复杂情形。如水电移民人口,既有住房被淹没需要搬迁安置的人口,也包括耕园林③被淹没或征占需要生产补偿的人口,抑或上述两者情况兼有的移民人口,三种口径涉及不同的权重。再者,库区水电移民涉及迁出地、迁入地两类区域。迁出区的淹没损失,是以迁入地的环境容量(土地、宅基地)空间来补偿的,因此安置区接纳的移民人口、配套补偿的耕园地面积、林地、宅基地等都应当作为重要的考量因素。

---

① 参见财政部:《关于跨省区水电项目税收分配指导意见》(财预〔2008〕84号)。

② 劳承玉等:《能源投资对地方财政的税收贡献与分配政策研究——以四川水电开发建设为例》,《西南金融》2012年第8期。

③ 根据《水电工程建设征地移民安置补偿费用概算基础》,耕园地是库区淹没影响实物调查统计项目之一,包括耕地和园地,其中耕地分为菜地、水田、水浇地、旱地等,园地分为茶园、果园、桑园等,下同。

因此,解决水电收益的横向分配问题,除了通过区域之间平等协商的方式外,应该更多地尊重市场经济规律,按照损失与收益对等的原则公平分配。考虑到库区所在的市、县政府在移民安置数几年后仍要支付大量的人力财力解决大量遗留问题,建议在水电税收收入分配中,进一步加大移民人口因素的权重,并将接纳安置远迁移民的区域也纳入水电税收的横向分配范围。

三、 水电收益的社区分配机制

所谓社区分配,是针对水电开发涉及区域范围内的移民和非移民的经济补偿与收益分配。水电开发使企业获得了投资收益即利润,也使各级政府获得了相关税收,而为水电开发付出利益损失的移民和受到一定程度影响的非移民群众,能否以及如何分享水电开发的收益,是关系国家、集体、个人利益分配的核心问题,不仅反映在水电开发建设整个过程,而且贯穿水电站正常运行30年甚至更长的时期内。

目前制约大坝水电工程最大的因素不是技术和管理,而是带来大量淹没损失和非自愿移民。特别是地处青藏高原边缘的高山峡谷地区,大坝回水淹没了本来就十分稀少的河谷耕地资源,以及相对低海拔的林地资源,进一步压缩了当地资源环境空间,加剧了人地矛盾。不愿远迁的农牧民群众只能搬迁到更高海拔的地方,导致其生产和生活条件变差以及各种成本上升。正如世界大坝委员会在《水坝及发展:一个新的决策框架》报告所指出的:"我们深信水坝对人类发展贡献重大,效益显著,然而很多情况下,为确保从水坝获取这些利益,而付出了不可接受的,通常是不必要的代价。特别是社会和环境方面的代价,通常是由异地安置的移民、下游的社区、忠实的纳税人和自然环境来承担。"因此,按照责权利统一的原则,让水电开发收益通过合理的分配机制惠及所有"利益相关者",才能体现社会公平。对此,世界大坝委员会建议,在参与性、公平性、透明性、效益性和可持续性基础上,运用新的决策方法,评估所有利益相关者的风险和权益,为水资源和能源开发项目提供新的决策框架:

受到负面影响的群体,应当参与项目的决策和规划,并分享项目的利益。

青藏高原地区由于地广人稀,居住分散,同等开发规模产生的水电移民人数较少,水电移民占比也比其他地区小。针对高海拔、高寒地区自然和人文环境的特性,大幅度提高水电移民的生产安置和搬迁安置人均补偿费用标准,完全可以保障移民搬迁后的生活水平在原有的基础上有所提高,从而解决当地水电移民的短期生存问题。但是要解决其长远发展问题,需要进一步把水电开发与带动当地群众就业增收结合起来,建立水电开发利益共享的长效机制,让移民和当地群众能够切实分享到水电开发的成果。目前这种新型的长效补偿机制在部分水电项目中已经开始试点。

例如,在云南金沙江中游、四川雅砻江、青海黄河上游的部分水电项目中,开始试行以电站的发电收益对农村移民实行长效货币化补偿,明确规定补偿期限与水电站运营期限相同。也就是说,只要水电站发电产生了收益,就从收益中返还一部分给水电移民,作为对他们丧失土地等生产资料的部分补偿。这种方式本质上是将水电移民的安置补偿与水电开发的收益分配结合起来,把短期一次性补偿变为长期逐年补偿,得到了当地广大移民群众的普遍认可。本书第十章将对此进行重点研究。

事实上,水电开发收益不仅包括投资收益,还应当包括水能资源租金,后者体现为资源特许使用费(开发权出让金),即水能资源溢价带来的超额垄断利润。此外还有地方政府参股水电开发的收益等,都应当纳入水电利益共享分配机制中。整体上,目前我国对水电收益的社区分享重视不够,水电开发的利益共享机制还没有建立起来。

第三节 水电开发对地方财政的
增长效应案例分析

为了分析地方财政税收与水电开发的关系,我们调研收集了西藏和四省涉藏地区部分大中型水电站所在的自治州、县地方财政一般预算收入情况,从中选取区域作为案例样本,分析水电开发与地方财政收入增长之间的关系。

一、 海南藏族自治州

海南藏族自治州(简称海南州)位于青海省东部黄河上游流域,因地处我国最大的淡水湖"青海湖"以南而得名。海南州拥有迄今我国青藏高原地区、也是黄河上游流域区规模最大的水电站——拉西瓦水电站。2018 年末全州常住总人口 47.63 万人,地区生产总值 158.20 亿元,在青海省 6 个自治州中居第二位,地方公共财政预算收入 10.45 亿元,比上年增长 1.3%。

(一)水电开发在当地经济发展中的地位

黄河干流在海南州穿越 5 县 20 乡,流长 411.3 公里,水能资源十分丰富。黄河上游是我国水电开发较早的流域区,现已基本完成了龙羊峡以下河段的水电开发,目前龙羊峡以上河段的玛尔挡、茨哈峡、羊曲三座单站超过百万千瓦装机规模的大型水电站正在建设。

水电开发在海南州的经济发展中占有重要地位。在海南州所辖境内,仅黄河干流就集中了龙羊峡、拉西瓦、尼那、山坪、羊曲、班多、茨哈峡、尔多、玛尔挡等众多大中型水电站,其中,龙羊峡、拉西瓦、羊曲、茨哈峡、玛尔挡装机容量均超过 100 万千瓦,已投产水电站装机规模达到 600 万千瓦,约占青海省 2019 年水电装机总规模(1193 万千瓦)的 50.3%,全年水力年发电量 262.4 亿千瓦时,占当年全省水力发电总量(520 亿千瓦时)的 50.5%,[①]也就是说,青海省 50%左右的水电是海南州生产的。因此,海南州是青海省水电开发最集中的地区,特别是拉西瓦电站所在的贵德县,电力热力产值占全县规模以上工业总

---

① 青海省统计局:《青海省统计年鉴 2020》。

产值的71%、工业销售总产值的72%,成为黄河水电"第一县"①。鉴于此,我们选择以海南州作为水电开发的典型区域样本之一,考察水电开发对地区经济的收益效应。

图8-1　黄河龙羊峡水电站(作者摄于2016年)

以下是海南州黄河干流的主要大型骨干水电站基本情况:

(1)龙羊峡水电站。位于海南州共和县与贵德县交界地,是黄河上游的第一座大型梯级水电站,电站总装机容量128万千瓦,年均发电量59.42亿千瓦时。龙羊峡水电站除发电外,还具有防洪、防凌、灌溉、养殖等综合效益。该电站从1976年开始建设,1987年4台发电机组陆续发电,直到1989年才全面投产。如今,依托龙羊峡电站建设发展起来的共和县龙羊峡镇,已开辟了龙羊峡大坝旅游景区、三文鱼等冷水鱼养殖基地,丹霞地貌加上高峡出平湖的美

---

① 青海省能源局:《青海省水电发展情况》(2016年);海南州统计局:《海南统计年鉴2015》。

图8-2　龙羊峡库区的高峡平湖与丹霞地貌（作者摄于**2016**年）

景,每年吸引着大批国内外游客前往,为当地旅游、交通、餐饮服务业带来大量收入,为地方财政持续贡献税收。

(2)拉西瓦水电站。位于海南州贵德县和贵南县交界的黄河干流上,是我国青藏高原地区迄今已建成的最大规模水电站。拉西瓦水电站总装机规模420万千瓦,多年平均年发电量102.23亿千瓦时,动态总投资额149.86亿元,是黄河流域装机容量最大、发电量最多、单位千瓦造价成本最低、经济效益良好的水电站。该电站工程曾创下大坝最高、出线电压等级最高、单位千瓦投资国内最低等多项中国"之最"。作为我国"西电东送"北通道的骨干电源点,拉西瓦电站工程由中国电力投资集团黄河上游水电开发有限公司负责开发管理,建设项目于2001年开始施工准备,2004年截流,2006年4月主体工程开工,2009年后陆续投产发电,建设期长达7年多。到2021年拉西瓦电站已连续发电运营12年。

(3)羊曲水电站。位于黄河干流海南州兴海县与贵南县交界处,装机容量 120 万千瓦,总投资额 717964 万元,投产后多年平均年发电量 45.3 亿千瓦时。羊曲水电站于 2011 年正式动工,原规划总工期 64 个月(约 5 年半),由于多方面原因,至今仍在施工建设中。

(4)玛尔挡水电站。位于黄河干流海南与果洛两个藏族自治州交界处,于 2016 年 6 月正式动工新建,是青海涉藏地区目前正在建设中的大型水电工程,电站海拔超过 3200 米,建成后将成为黄河上最高的大型水电站。玛尔挡水电站装机容量 220 万千瓦,总投资概算 217 亿元,电站施工总工期 8 年,投产后多年平均年发电量 70.54 亿千瓦时。

(二)水电开发与地方财政收入增长的关系

为了分析黄河干流水电开发与海南州经济发展和地方财政收入的关系,我们通过调研,收集了海南州 1985 年后的经济规模、投资规模以及地方财政预算收支数据,详见表 8-1。

表 8-1　海南经济发展和财政收支指标

单位:万元

年份	地区生产总值	全社会固定资产投资额	地方财政预算收入	地方财政预算支出
1985	——	23098	1607	4987
1990	75787	24752	3446	12031
1995	101788	10737	4813	16255
2000	149541	58086	5946	29087
2005	295399	258405	10117	78811
2006	345036	346700	11800	104300
2007	415062	433900	16000	147200
2008	523214	576700	21200	209400
2009	587233	636300	24400	232600
2010	698923	691743	30339	376863
2011	826517	836293	37331	695716

续表

年份	地区生产总值	全社会固定资产投资额	地方财政预算收入	地方财政预算支出
2012	1043476	1085821	43684	743505
2013	1155620	1397487	54663	709574
2014	1263228	1855032	70810	858950
2015	1401971	2320608	97918	997452

资料来源:海南藏族自治州统计局:《海南统计年鉴2015》。

　　为使数据表现更为直观,我们将其绘制成图8-3,并根据2005年后海南州全社会固定资产投资增速得到图8-4。

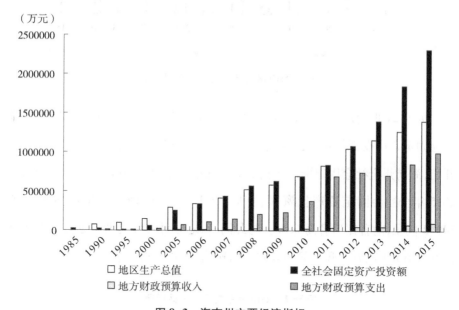

图8-3　海南州主要经济指标

　　对比分析图表数据,明显反映出2000年前,海南州无论是经济规模还是固定资产投资规模都很小,且全社会固定资产投资总额小于地区生产总值。到2010年两项指标接近,双双达到69亿元左右的规模,而同期地方财政一般预算收入只有3亿元,仅占地方财政总收入(含转移支付收入)的2.9%,地方财政支出严重依赖国家财政转移支付。

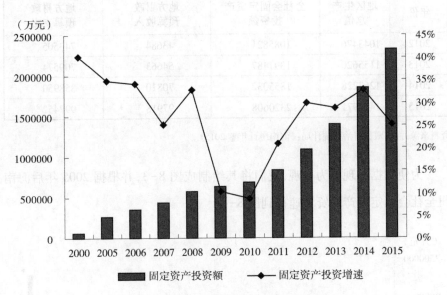

图8-4 海南州全社会固定资产投资增速

进入21世纪以来,海南州各项建设投资规模急剧扩大,2000—2015年全社会固定资产投资年均增速高达27%,个别年份甚至超过40%。从2001年开始,海南州全社会固定资产年投资规模连续多年超过地区生产总值规模,到2015年全社会固定资产投资额达到232.1亿元,同期全州地区生产总值140.2亿元,前者比后者高65%。与此同时,地方财政收支水平也有了大幅度提升,2015年地方财政一般预算收入增速达到38.3%(见表8-2)。

表8-2 海南州主要经济指标增速

年份	经济增速 (%)	固定资产 投资增速(%)	地方财政一般预算 收入增速(%)
2000	3.7	40.2	4.3
2005	11.3	34.8	11.2
2006	14.1	34.2	17.0
2007	14.0	25.2	34.8

续表

年份	经济增速（%）	固定资产投资增速（%）	地方财政一般预算收入增速（%）
2008	13.8	32.9	32.7
2009	13.6	10.3	15.1
2010	17.7	8.7	24.5
2011	12.1	20.9	23.0
2012	14.1	29.8	17.0
2013	9.0	28.7	25.1
2014	10.5	32.7	29.5
2015	9.3	25.1	38.3

资料来源：根据海南州《海南统计年鉴2015》数据计算整理。

根据对海南州境内大型水电开发投资建设时序的全面调研，结合全州固定资产投资额、地方财政预算收入增长情况综合分析研究，可得出以下基本结论：

第一，在青藏高原地区迄今最大装机规模的水电工程——拉西瓦电站开发建设期间（2001—2008年），海南州大部分年份的固定资产投资增速达到30%以上，与此同时，地方财政预算收入增长显著，全州财政预算收入增速在2007年达到最高值34.8%，较2005年上升了23个百分点。

第二，2009年后随着拉西瓦水电站全面投产发电，全州固定资产投资增速从上年的32.7%急速下滑到10.3%，2009年跌入8.7%的低谷，同期地方财政预算收入增速也出现下滑，从2008年的32.7%下滑到15.1%，降幅超过50%。

第三，2011年，随着羊曲水电站获得国家发改委核准动工，海南州固定资产投资增速重新回升到20%以上，并在2014年、2015年分别达到32.7%、25.1%的增幅，同期地方财政预算收入增速也逐步回升到20%以上，2015年达到38.3%的超高速增长。

第四，从2015年海南州部分重点投资项目看，其投资重点行业主要集中在水电开发、光伏发电,以及与水电相关的生态旅游、灌溉、航运、水产养殖等领域(见表8-3),因此水电开发对全州各产业发展产生了波及效应,带动了相关产业发展,水电能源产业已成为海南州地方财政预算收入的支柱产业。

表8-3　海南州部分重点项目投资情况(2015年)

项目名称	计划总投资 (万元)	本年完成 投资(万元)
羊曲水电站	717964	45212
龙羊峡水光互补项目	540372	540372
龙羊湖生态旅游开发	160000	17584
拉西瓦灌溉工程	131936	30168
汉能光伏发电项目	126414	126414
华能光伏发电项目	116409	116409
中利腾辉光伏发电及并网项目	97395	78699
贵德县拉西瓦光伏发电项目	8900	4400
龙羊峡到拉西瓦库区航运建设工程	7210	1670
拉西瓦养殖场4000吨鲑鳟鱼规模养殖项目	7000	5000

资料来源:海南州统计局。

第五,进入21世纪,海南州地方财政预算收入增长较快,与全州固定资产投资增长趋势基本吻合,并受到水电开发投资的深刻影响。地方财政预算收入增速呈波动型增长态势。最高(2015年)达到38.3%,最低(2000年)仅4.3%,其间,在2009年、2012年出现两次低谷,增速分别为15.1%、17.0%,从而反映了水电的区域收益效应是不稳定的,易引起地方财政收入增速的大幅波动(见图8-5)。

最后,从未来发展看,列入青海省"十三五"能源重大建设项目的黄河干流羊曲水电站、茨哈峡水电站、玛尔挡水电站,均位于海南州境内,三座大型电站已经动工。同时,海南州还将作为青海省的两大可再生能源基地之一,立足于黄河上游水电开发形成的调峰优势,大力发展水风光多能互补发电,建设千

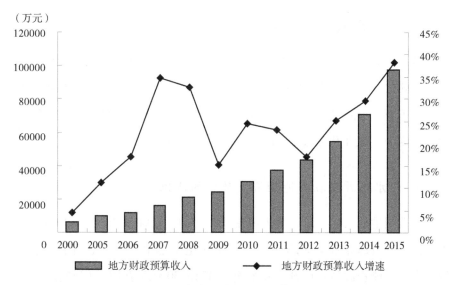

图 8-5 海南州地方财政预算收入

万千瓦级的大型可再生能源基地。① 通过联合调度,充分利用水电的调节性能对太阳能光伏发电和陆上风力发电等波动性电源进行补偿,以增强新能源发电的稳定性。目前海南州已建成龙羊峡水光互补发电项目,攻克了大规模光伏电站接入电网的难题。在此基础上将建设全球最大的单体水风光多能互补集成优化示范工程,包括 416 万千瓦水电、400 万千瓦光伏、200 万千瓦风电,三种电源将通过多能互补 750 千伏汇集站,实现水光风电协调控制②,多能互补送入电网。

因此,海南州的固定资产投资及其增速,在过去、现在和将来都与黄河干流的水电开发投资、新能源开发投资密切相关。围绕水电开发形成的一系列能源产业、非能源产业,已经成为全州经济发展的支柱,也成为地方财政税收的重要支撑。

---

① 资料来源于青海省能源局。

② 邓万里:《青海将建全球最大水光风能互补工程》,《经济参考报》2018 年 5 月 2 日。

二、 甘孜藏族自治州

甘孜藏族自治州(简称甘孜州)位于四川省西北部高原,是全国 10 个藏族自治州之一。截至 2018 年末,州常住人口约 119.6 万,其中城镇常住人口 37.87 万,城镇化率为 31.66%。2018 年甘孜州地区生产总值 291.2 亿元,可比增速 9.3%,工业化率仅 25.1%。

(一)水电开发在当地经济发展中的地位

甘孜州地处长江上游。境内河流众多,大渡河、雅砻江、金沙江(上游)等干支流水能资源非常丰富,是我国十三大水电基地中大中型电站最集中的区域。全州水能资源技术可开发年发电量 1715.30 亿千瓦时,可开发装机容量 3662.95 万千瓦,均占四川省的 30%左右。在国家水电发展"十二五"规划重点推进的 10 个千万千瓦级水电基地中,有 3 个位于甘孜州,在国家水电发展"十三五"规划基本建成的 6 大水电基地中,有 2 个位于甘孜州。

水电开发和水电产业已成为甘孜州经济发展的推动力和重要支柱。从投资来看,2016 年全州全社会固定资产投资额 438.28 亿元,其中电力生产供应业的投资额为 204.68 亿元,占全州总投资额的 46.7%,居各行业之首,比第二位的交通运输业投资额高出 1 倍以上。① 2017 年全州建成的水电装机容量规模达到 1153 万千瓦,相当于三峡电站总规模的约一半。

2008—2017 年,中央各大电力国企集团在甘孜州境内的大渡河、雅砻江干流集中开发建设了一批大型水电工程,其中 5 座梯级电站已先后投产发电,包括猴子岩电站、长河坝电站、黄金坪电站、大岗山电站和泸定电站。目前已获得国家发改委核准的在建大型水电站有 4 座,包括:雅砻江两河口电站、大渡河硬梁包电站、金沙江上游叶巴滩电站、苏洼龙电站。上述 9 座大型水电站

---

① 到 2018 年末,甘孜州电力生产和电力供应业投资占全社会固定资产投资额的比重下降为 35.5%,仍高居各行业之首,交通运输业投资大幅度上升,占比达到 31.3%。

总投资额超过 2000 亿元,已建成和在建的水电装机规模超过 1600 万千瓦(见表 8-4)。加上丹巴、牙根、愣古、孟底沟等已获得"路条"进入筹建阶段的电站,总规模相当于一个三峡电站。其中,2014 年核准动工的雅砻江两河口水电站,动态投资额超过 600 亿元,是迄今四省涉藏地区投资额最大的基础设施建设项目之一,相当于青藏铁路 330 亿元总投资额的 2 倍、黄河上游拉西瓦水电站总投资额的 4 倍。

表 8-4　甘孜州境内大型水电开发概况

电站名称	建设期	投产期	动态投资额(亿元)	装机规模(万千瓦)	年发电量(亿千瓦时)	开发企业(集团)
猴子岩	2011—2016	2017	192	170	75.6	国电
长河坝	2010—2016	2017	129	260	110.5	大唐
黄金坪	2011—2016	2017	100	85	38.61	大唐
大岗山	2010—2016	2017	180	260	114.3	国电
泸定	2009—2012	2013	75	92	37.82	华电
两河口	2014—	—	665	300	110	雅砻江
硬梁包	2016—	—	161	112	51.42	华能
叶巴滩	2016—	—	333.6	224	90.88	华电
苏洼龙	2015—	—	178.9	120	54.26	华电
合　计			2014.5	1623	683.39	
其中:已投产			676	867	376.8	

注:(1)表中数据均来源于国家发改委网站公布的核准批复文件、水电开发央企(集团)的公开报道;
　　(2)投产期中"—"表示电站尚未投产。

表 8-4 中的电站建设期初始年份均为国家发改委核准动工年,而实际投资期始于筹建期,大多为核准年份上推 2 年甚至更长时间,因此近十年是甘孜州水电开发最集中、电站投产最密集的关键 10 年。我们选择甘孜州作为区域样本,分析地方财政收入与其水电开发的关系,具有典型代表性。

（二）水电开发与地方财政收入增长的关系

那么,水电开发是否切实为甘孜州地方经济发展带来了收益效应呢？为此,我们收集整理了在水电集中开发的 10 年内,甘孜州地区生产总值、全社会固定资产投资额、电力投资额、财政收支及其增速指标,见表 8-5、表 8-6。

表 8-5 甘孜州主要经济指标

年份	地区生产总值（亿元）	全社会固定资产投资额（亿元）	电力投资额（亿元）	电力投资额占比	地方财政一般预算收入（亿元）
2007	79.23	98.98	59.89	61%	6.65
2008	95.66	122.89	79.35	65%	10.64
2009	103.15	160.06	100.32	63%	13.02
2010	122.83	211.11	130.07	62%	16.3
2011	152.22	257.43	157.77	61%	20.25
2012	175.02	326.23	193.37	59%	21.57
2013	201.22	406.38	215.99	53%	22.12
2014	206.81	465.72	274.05	59%	27.55
2015	213.04	421.83	220.98	52%	31.44
2016	229.88	438.28	204.68	47%	32.26
2017	261.50	461.32	—	56%	27.37

表 8-6 甘孜州主要经济指标增速

单位:%

年份	经济增速（可比价）	全社会固定资产投资增速	电力投资增速	地方财政一般预算收入增速
2007	14.2	—	—	57.6
2008	15.7	24.2	32.5	60
2009	9	30.2	26.4	22.4
2010	14.1	31.9	29.7	25.2
2011	14.2	21.9	21.3	24.2
2012	12.6	26.7	22.6	6.5
2013	12.1	24.6	11.7	2.5
2014	4.2	14.6	26.9	24.5
2015	5.1	-9.4	-19.4	14.1

续表

年份	经济增速（可比价）	全社会固定资产投资增速	电力投资增速	地方财政一般预算收入增速
2016	7.0	3.9	−7.4	10.1
2017	9.1	5.3	——	——

资料来源：甘孜州统计局。除经济增速按可比价，其他均按当年价。

根据实地调研，结合数据综合分析，得出以下基本结论：

第一，在甘孜州水电集中开发的 10 年间，全州固定资产投资总额均超过地区生产总值，其中又以电力投资为主，电力投资（包括电力生产和电力供应投资）总额达 1636 亿元，占同期甘孜州全社会固定资产投资总额的 56%。特别是 2013 年后，全州电力投资额每年都超过 200 亿元，最高 274 亿元，占比达到 59%。2010—2015 年，全州各年度电力投资规模均超过地区生产总值（见表 8-5）。因此，甘孜州的经济发展受水电开发建设的影响极大，各项经济指标的波动与水电投资波动的趋势基本一致（见表 8-6）。

第二，水电开发建设投资带来全州固定资产投资的高速增长和剧烈波动。如 2008—2012 年全州电力投资增速每年都超过 20%，2013 年开始下降，2015 年则急剧萎缩，当年电力投资、固定资产投资增速分别为−19.4%、−9.4%，加上宏观经济基本面不利因素的叠加影响，全州经济增速急剧下滑，从 2013 年的 12% 下降到 2014 年的 4.2%。2015 年后由于两河口、苏洼龙、叶巴滩等新核准电站相继动工，加上雅康高速公路建设投资启动，拉动全州经济增速回升并在 2017 年达到 9.1%。因此，水电开发建设投资对全州固定资产投资和经济增长都带来了深刻的影响，同时也加剧了地方经济发展的不稳定性。

第三，从水电开发对地方财政收入的影响来看，二者具有同步正相关性。2008 年全州电力投资增速高达 32.5%，同年地方财政一般预算收入增幅也创下了 60% 的最高纪录，其中税收同比增长 53%，作为地方税主体税种的营业税同比增长了 48%，此后 3 年甘孜州财政一般预算收入增速一直保持在 20%

以上。但2012年、2013年出现"断崖"式下跌,2013年电力投资增速比上年下降了10个百分点,而同期地方财政一般预算收入增速也下降了4个百分点。2014年随着电力投资增速恢复到26.9%,同年地方财政一般预算收入增速由上年的2.5%迅速反弹回升到24.5%,次年又快速下调到14.1%,上下波动剧烈,充分反映了两者之间的密切关联性(见图8-6)。

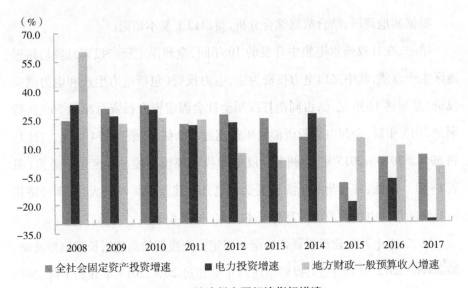

图8-6　甘孜州主要经济指标增速

第四,整体上,甘孜州地方财政一般预算收入增长对基础设施建设投资具有高度依赖性,电力投资与地方财政一般预算收入具有高度正相关性。近年来随着甘孜州境内的新水电站开发启动,加之雅康高速公路建设投资,2018年全州社会固定资产投资增速达到13.7%,同年地方财政一般预算收入增速回升9.7%。进一步证实投资拉动仍然是涉藏地区最主要的经济增长动力,转变经济增长方式、实现经济动能机制转换任重而道远。

第九章 青藏高原地区水能开发的投资结构

水能资源开发即水电站建设(以下简称水电开发)是能源企业的投资行为,必然要遵循投资的基本规律。本章主要介绍了投资理论、水电开发的一般投资结构,在此基础上研究青藏高原地区水电投资结构的特征,以及西藏和四省涉藏地区水电开发投资结构的比较。最后运用模型定量分析了这一地区水电投资风险问题。本章从一般到特殊,逐层揭示区域水电项目投资的特征。

第一节 投资理论

一、古典学派的投资分析

以亚当·斯密为代表的古典经济学家普遍认为,利己主义是人的本性和"经济人"一切活动的出发点,追逐利润是"经济人"投资行为的唯一目的和动力。只有个人投资自由,才能实现追求最大利益的目标,并促使国民财富的增进。"经济人"有效的投资选择,既有利于个人,又有利于社会,从而使利己与利人的一致性得以实现,这是古典学派对投资分析的最大贡献。

古典学派对投资理论的另一贡献是,提出了以绝对成本学说和相对成本学说为基础的投资地域和国际分工理论。这个最初的成本收益分析实际上奠定了投资选择理论的基础。基于"供给自动创造需求"的萨伊(Jean B.Say)定律提出了投资决定命题。而比较成本原理构成了机会成本、成本收益分析和投资边际分析的最初框架。

二、 新古典学派的边际投资理论

边际学派和以马歇尔(Alfred Marshall)为代表的新古典学派深化了古典学派的投资理论。新古典学派不仅完善了古典学派的投资行为模式,而且完成了一次投资分析方法的革命,投资分析重点开始转向边际成本、边际收益、机会成本,借助这些重要的发现,确定投资选择的一般形式,并且提供了一套可操作的工具。帕累托最优构成评估投资效率的基本尺度。如果说古典学派说明了"经济人"作为投资主体,能够使投资活动实现个人利益最大化、进而实现社会效益最大化,那么,新古典学派已经开始将这样的分析转向了可投入要素如何最优配置以达到利润最大化的问题。

马歇尔在论述资金的投放与分配问题时,提出了与生产成本有关的"投资的外限"或投资的"有利边际"的概念。马歇尔试图说明,人们从投资活动中得到的也许会超过他实际投入的成本,但随着投资的逐步增加,增加的投资所带来的收益会被所需要的劳动和资本所抵消,而投资规模的扩大就处于"投资的外限"或它的"有利边际"。马歇尔指出,生产者在把他的资本投向企业的各个生产要素时,会以达到"有效边际"为止。这里的"有效边际"指的是"直到在他看来没有充分理由认为在该特定方面进一步投资所带来的利益会补偿他的支出为止"。他进而指出,"有利边际,甚至就同一工业部门或分部门来说,也不能被看作是任何可能投资的固定线上仅有的一点;而是被看作和各种可能线相切的一切不规则形的界线"。马歇尔的这些思想为后来的投资理论所普遍采用,并发展成为"成本—收益分析"等理论。

戈森(Hermann Heinrich Gossen)在分析人类行为时得出了效用递减法则

和边际效用相等法则,这两大法则后来被边际学派的经济学家广泛地用来分析人类的消费行为和投资行为,为新古典投资理论的实证分析奠定了一块基石,同时也为提高投资效率提供了重要的方法。这两大法则引申出两个关系重大的原则:第一,投资总量配置最佳原则。既然一种消费连续不断地增加,效用会递减,那么消费引致的投资供给也是边际递减的,边际效用的提出为成本—收益和机会成本分析提供了精细化的边界。第二,要素替代法则。投资要素的可替代,为研究两种投入品的有效搭配提供了思路。

边际学派的边际效用分析对研究投资者的心理、预测投资需求、分配稀缺资源从而做出各种投资选择,不仅是必须采用的方法,而且具有可操作性的特征。对生产力进行边际分析,应该说是投资方法论意义上的一个进步。作为边际生产力分析基础的生产要素边际生产力递减法则,反映了生产过程中生产要素之间的技术比例关系,在一定程度上是符合实际的。追求最大化的投资主体可以根据这一递减法则进行成本—收益分析,安排要素的投入比例从而达到有限资源的最优配置。

三、 凯恩斯主义的投资理论

20 世纪 30 年代的大萧条打击了社会公众的投资信心,同时也使得西方经济学家对以往的投资理论做出修正。在凯恩斯(John Maynard Keynes)的《就业、利息和货币通论》(简称《通论》)中,提出了如何通过引导需求来引诱投资,以实现充分就业的长期国策,创立了总量投资理论。此外,凯恩斯还指出了投资社会化能够实现充分就业和经济稳定增长。

凯恩斯在《通论》中提出了资本边际效率(MEC)的概念。按照他的定义,"资本边际效率是一种贴现率,这种贴现率正好使一项资本物品的使用期内各预期收益的现值之和等于这项资本物品的供给价格或者重置成本"。资本边际效率同利率(用 r 表示)相比孰大孰小是企业进行投资决策的标准。对任何项目而言,如果 $MEC>r$,企业将会进行投资;利率越高,企业可投资的项目就越少。资本边际效率曲线是一条向下倾斜的平滑曲线,表示投资量(用 i 表示)和利率之间存在负相关关系:利率越高,投资量越小;利率越低,投资量越大。

凯恩斯主义者还提出了投资边际效率(MEI)的概念。所谓投资边际效率,是在考虑到资本品生产成本变动的情况下增加一个单位的资本品所获得的收益率。MEI 曲线也是一条关于利率向下倾斜的曲线,表示利率和投资量之间存在着反向关系。与 MEC 曲线相比,MEI 曲线更陡峭,说明利率变动对投资量的影响较小。MEI 曲线更精确地表示了投资量和利率之间的关系。这是因为,MEC 曲线假设资本品价格不变,而 MEI 曲线则考虑了资本品价格的上涨情况。当所有企业都扩大投资时,资本品价格会迅速上升,从而,在相同预期收益下,投资的边际效率小于资本的边际效率(如图 9-1 所示)。

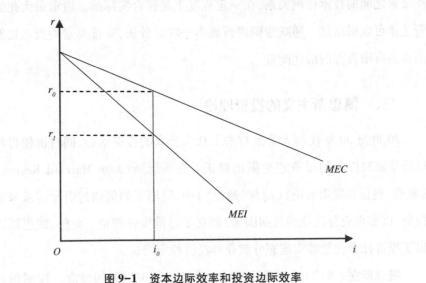

图 9-1　资本边际效率和投资边际效率

四、后凯恩斯学派的投资理论

后凯恩斯学派的投资理论形成于 20 世纪 30 年代,该理论一改"利率决定投资水平"的传统观点,认为产出(或利润)才是决定投资水平的关键因素。它包括两种理论:加速数理论和利润理论。

（一）投资加速数理论

加速数理论是关于预期产出水平的变动与投资支出数量之间关系的投资理论,其中心内容是投资支出水平的变动取决于预期产量水平的变动,并认为社会所需要的资本品的总量,不论是存货还是设备,主要取决于收入或生产水平。资本品总量的增加,即我们通常所说的净投资,只有在收入增长时才会出现。

固定加速数模型。加速数理论的代表人物是英国经济学家哈罗德(R.E.Harrod)。哈罗德在其 1939 年发表的《论动态理论》一文中提出了著名的简单加速数理论模型。

若以 Y_t 代表当期的预期产出水平(所生产的物品和劳务的实物数额), K_t^* 代表当期的最优资本存量(或说意愿资本存量), v 代表资本-产出比率(或称资本产出系数),即加速数。该模型认为, v 是一个常数,当期的最优资本存量唯一地取决于当期的预期产出水平。则有如下关系式: $K^* = v \cdot Y^*$

以 K^*_{t-1} 表示 $t-1$ 时期的最优资本存量, Y_{t-1} 表示 $t-1$ 时期的预期产量,则有如下关系式 $K^*_{t-1} = v \cdot Y^*_t - 1$

以 I_t 表示 t 时期的净投资,则: $I_t = K_t - K_{t-1}$

其中, K_t、K_{t-1} 分别表示厂商在 t 时期和 $t-1$ 时期的实际资本存量。

变动加速数模型。1954 年,库约克(K.York)在哈罗德模型基础上考虑了投资时滞问题,提出了变动加速数模型(也称为伸缩性加速理论)。

库约克认为,企业的最优资本函数仍为 $K^*_t = v \cdot Y^*$,但企业并不一定会将资本存量立刻调整到最优,他需要看清产出变化是否持久。只有当需求增加并保持一段时间之后,企业才会下决心进行投资以扩大生产规模。这样,当期的资本存量不仅取决于本期的产出水平,还取决于以往各期的产出水平。

(二)投资利润理论

利润理论认为,企业的投资行为是由以往的利润水平决定的,如果以往的利润水平持续较高,企业将会扩大投资规模。因此,企业的最优资本存量(或说意愿资本存量)应是以往累计利润(用 $\prod_{t-1}$ 表示)的函数,用公式形式表示为:$K^*_t = f(\prod_{t-1})$。可见,利润理论强调往期实现了的利润水平的高低,而加速数理论则强调本期预期产出的大小。

后凯恩斯主义投资理论的主要贡献是:提出了产出(或利润)是决定投资水平的关键因素;对投资时滞进行了比较深入的研究,得出了公式化的宏观投资函数。其不足之处在于过于强调产出(或利润)的作用,忽视了其他经济因素对投资的影响。

五、 新凯恩斯学派的投资理论

新凯恩斯学派的投资理论形成于 20 世纪 60 年代初期,主要侧重于对投资时滞的研究,代表人物是美国经济学家艾思纳。该理论认为,企业在进行资本调整时必须要支付一笔费用,如重组生产线、训练工人等,这笔费用称为调整成本。艾思纳假设调整成本具有边际递增的特性,即随着投资率增加,调整成本将以更快的速度上升,这导致了企业不可能将资本存量立刻调整到最优。因为如果调整得过快,企业的边际调整成本就会大于因调整而获得的边际收入,使企业蒙受损失。根据利润最大化原则,理性企业应选择一个最优调整速度,在该速度下,企业的边际调整收入正好等于企业的边际调整成本,这样,企业的资本调整需要经历一段时间才能达到最优水平。

新凯恩斯学派的投资理论得出的投资函数为 $I_t = v(K^*_t - K_{t-1})$。其中,v 是调整参数,介于 0 和 1 之间,其具体数值是由各种经济因素共同决定的。在各种经济因素中,利率是一个重要的因素,一般认为,高利率将会使调整过程变得缓慢。

新凯恩斯学派的投资函数同变动加速数模型中的投资函数颇为相似,但两者对投资时滞的解释有所不同。新凯恩斯学派的投资理论对投资时滞的研究可谓独辟蹊径,通过引入调整成本概念和边际分析方法,根据企业边际调整成本和边际调整收入的交点来确定各期投资水平,从而为宏观投资函数的导出提供了必要的微观基础。[①]

六、 水电投资风险理论

现代水电开发项目具有规模大、投资高、工期长、技术复杂、不确定性因素多等特点,导致水电项目也面临各种不确定风险,如政策风险、利率风险、市场风险、运营风险、合同风险、合作者风险等。因而,必须对各种风险进行识别和评估。对水电项目投资的各种风险和不确定性要事先经过充分的论证和研究,搞清楚这些风险和不确定性会对所投资的项目造成何种影响,以及如何将这类风险带来的危害降到最低。

根据水电项目的风险确定性大小,可以选择不同的风险估计方法,这些方法分为确定型、不确定型和随机型三种。

一是确定型风险估计法。假定项目中各种状态出现的概率为1,只计算和比较各种方案在不同状态下的后果,进而选择出风险不利后果最小,有利后果最大的方案。确定型风险估计通常使用盈亏平衡分析、敏感性分析等方法。根据项目不确定因素每次变动的数目,敏感性分析又可分为单因素敏感性分析和多因素敏感性分析。

二是不确定型风险估计法。如果对项目风险发生的状态、每个状态发生的概率一无所知,可以采用不确定型风险估计的方法进行风险估计。不确定型风险估计有以下几种原则:小中取大原则(悲观原则)、大中取小原则(乐观原则)、遗憾原则(最小后悔值原则)和最大数学期望原则。

---

① 金德环编著:《投资经济学》,复旦大学出版社 2006 年版,第 31—43 页。

三是随机型风险估计法。也称为概率分析法,它是对不确定因素发生变动的可能性及其对投资项目经济效益的影响进行评价的方法。其基本原理是:假设不确定因素是服从某种概率分布的随机变量,因而项目经济效益作为不确定因素的函数也必须是随机变量。通过研究和分析这些不确定因素的变化规律及其与项目经济效益的关系,可以全面了解项目投资方案的不确定性和风险。概率分析主要包括期望值分析、(均)方差分析以及投资项目的经济效益达到某种要求的可能性分析。其一般程序是:在平衡点分析和敏感性分析的基础上,确定一个或几个主要的不确定因素。估算不确定因素可能出现的概率或概率分布。计算投资项目经济效益的期望值、(均)方差以及进行期望值和均方差的综合分析。计算和分析项目经济效益达到某种要求的概率,通常是计算分析净现值小于零的概率或大于零的概率。①

第二节　水电工程投资结构

水电工程项目投资构成较为复杂。通常可分为枢纽工程投资、建设征地移民安置补偿、独立费用三大部分,这三部分投资额之和称为水电工程的静态投资额。此外,还有与工程投资直接相关的预备费、建设贷款利息(以下简称建贷利息)两部分。静态投资额加上价差预备费和建贷利息,构成了水电工程的动态投资额,也称为水电工程总投资额。

其中,水电枢纽工程投资包括施工辅助工程投资、建筑工程投资、环境保护和水土保持专项工程投资、机电设备及安装工程投资、金属结构设备及安装工程投资五项;建设征地移民安置补偿包括农村部分、城市集镇部分、专业项目、库底清理、环境保护和水土保持专项五项;独立费用包括项目建设管理费、

① 参见刘尔思编著:《项目投融资理论与创新》,云南科技出版社2010年版,第131—133页。

生产准备费、科研勘察设计费、其他税费四项。① 如图 9-2 所示：

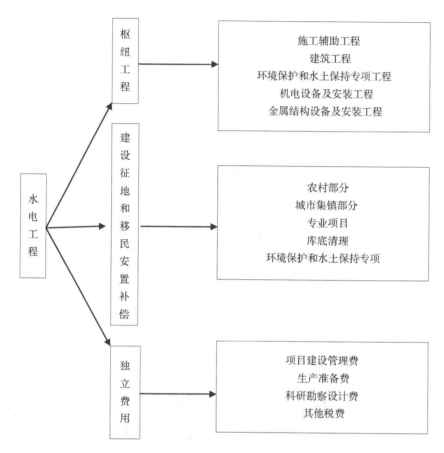

图 9-2　水电工程投资项目构成

一、　枢纽工程投资构成

水电枢纽工程是指与水电站枢纽相关的所有辅助工程、主体工程建筑及设备安装工程。作为水电开发建设的主体工程,水电枢纽工程投资是整个电站建设投资的核心和重点,因此这部分投资额占整个电站总投资额的比重最

---

① 　参见水电水利规划设计总院等:《水电工程设计概算编制规定》,中国电力出版社 2014年版,第 3 页。

大。根据国家电力监管委员会输电监管部公布的《"十一五"期间投产电力工程项目造价情况》,全国 189 个水电站的枢纽工程建设投资占工程总投资额的平均比重为 59%。① 而水电枢纽工程投资又由以下五个部分构成,各部分投资的平均占比见图 9-3。

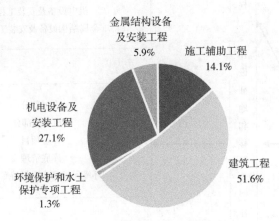

图 9-3　水电站枢纽工程一般投资结构

(一)施工辅助工程投资

施工辅助工程是指为辅助主体工程施工而修建的工程,由以下多个工程投资项目组成,即:施工交通工程投资、施工期通航工程投资、施工供电工程投资、施工供水系统工程投资、施工供风系统工程投资、施工通信工程投资、施工管理信息系统工程投资、料场覆盖层清除及防护工程投资、砂石料生产系统工程投资、混凝土生产及浇筑系统工程投资、导流工程投资、临时安全监测工程投资、临时水文测报工程投资、施工及建设管理房屋建筑工程投资和其他施工辅助工程投资,共 15 项。

水电施工辅助工程投资额占整个工程投资额的比重,可以反映水电站所

───────────────

① 本节对我国水电工程一般投资结构的研究,均按国家电监委公布的《"十一五"期间投产电力工程项目造价》的资料数据,下同。

处区域的基础设施现状条件,如满足施工要求的交通运输条件、供电和供油基础设施条件等。通常施工辅助工程项目越多、辅助工程投资额越高,说明施工前期条件越差。根据"十一五"期间我国水电工程投资情况,施工辅助工程的投资额占整个占枢纽工程投资额的 14.1%,占电站工程总投资额的 8.1%。

(二)建筑工程投资

建筑工程是水电枢纽工程的核心和主体部分,包括枢纽建筑物和其他永久建筑物。建筑工程投资由以下 15 个单项工程投资组成,包括:挡(蓄)水建筑物投资、泄水消能建筑物投资、输水建筑物投资、发电建筑物投资、升压变电建筑物投资、航运过坝建筑物投资、灌溉渠道建筑物投资、近坝岸坡处理工程投资、交通工程投资、房屋建筑工程投资、安全监测工程投资、水文测报工程投资、消防工程投资、劳动安全与工业卫生工程投资和其他工程投资等。其中挡(蓄)水建筑物至近坝岸坡处理工程前八项为主体建筑工程。

水电建筑工程投资额占整个工程总投资额的比重,反映了水力发电主体工程的建设施工难度。根据"十一五"期间我国投产水电工程投资统计数据,建筑工程的投资额占水电枢纽工程投资额的 51.6%,占整个电站工程总投资额的 30.4%。

(三)环境保护和水土保持专项工程投资

列入水电枢纽工程投资中的环境保护和水土保持工程投资,是指在水电工程建设区内专为环境保护和水土保持目的新建或采用各种保护工程措施投入的资金,通常由环境保护专项工程投资、水土保持专项工程投资两项投资组成。在我国"十一五"期间投产的 189 个水电工程中,环境保护和水土保持工程的投资额平均占枢纽工程投资额的 1.3%,占水电工程总投资额的 0.8%。

需要指出的是,此项投资仅包括枢纽工程建设区内的部分,没有包括移民安置区和淹没影响区内的环境保护和水土保持工程投资,后者通常被纳入

"建设征地和移民安置补偿"投资中。

(四)机电设备及安装工程投资

指对构成水电站固定资产的全部机电设备及安装工程的投资。本项投资由以下扩大部分投资组成:发电设备及安装工程投资、升压变压设备及安装工程投资、航运过坝设备及安装工程投资、安全监测设备及安装工程投资、水文测报设备及安装工程投资、消防设备及安装工程投资、劳动安全与工业卫生设备及安装工程投资和其他设备及安装工程投资共八项。

从我国"十一五"期间投产的全部水电工程来看,机电设备及安装工程占枢纽工程投资额的27.1%,占水电工程总投资额的16.0%。

(五)金属结构设备及安装工程投资

指构成电站固定资产的全部金属结构设备及安装工程投资,包括闸门、启闭机、拦污栅、升船机等设备及安装工程,压力钢管制作及安装工程和其他金属结构设备及安装工程投资。金属结构设备及安装工程投资平均占电站枢纽工程投资额的5.9%,占整个水电工程总投资额的3.5%。

二、 建设征地和移民安置补偿费用构成

水电建设征地和移民安置补偿费用是水电开发投资的重要组成部分。按建设征地的区域特性分为农村部分费用、城市集镇部分费用,以及建设征地范围内所有受影响的基础设施(如水、电、气、通信、路、桥等)专业项目的新建或者迁建、改建费用,库底清理费用,环境保护和水土保持专项费用。从这部分费用的构成来看,既有部分基础设施建设工程投资,也有环境保护和水土保持等环保工程投资,还有农村、城市和集镇水电移民的安置补偿费用,包括移民的生产安置费和搬迁补助费。

根据国家电力监管委员会输电监管部公布的《"十一五"期间投产电力工

程项目造价情况》,我国水电站建设征地和移民安置补偿费用投资占整个水电工程总投资的 14.4%,比机电设备及安装工程的投资占比低 1.5 个百分点左右。

（一）农村部分费用

是指用于农村水电移民的安置补偿投资费用。所谓"农村部分"指因水电建设征地引起项目所在地乡、镇人民政府管辖的农村集体经济组织及地区迁建的相关项目投资。进入集镇、城市安置的农村集体经济组织的成员,其基础设施恢复部分纳入相应的城市集镇部分,其他项目仍纳入农村部分。根据我国土地法,征收耕地、林地等土地的补偿费用包括土地补偿费、安置补助费以及地上附着物和青苗的补偿费。因此,农村部分费用可进一步划分为:土地的征收和征用、搬迁补助、附着物拆迁处理、青苗和林木处理、基础设施恢复和其他项目等的投资,具体包括:

（1）土地的征收和征用费用。指建设征地红线范围内农村集体经济组织所有土地中的农用地、未利用地的征收和征用费用。

（2）搬迁补助费用。指列入建设征地影响范围的农村搬迁安置人员的迁移,包括人员搬迁补助、物资设备的搬迁运输补助、临时交通设施的配置等项目费用。

（3）附着物拆迁处理费用。指房屋及附属建筑物拆迁、农副业及个人所有文化宗教设施拆迁处理、企业处理、农村行政事业单位迁建和其他项目费用。

（4）青苗处理费用。指对项目枢纽工程建设区范围占用耕地的一年生农作物的处理费用。

（5）林木处理费用。指征用或征收的林地及园地上的林木,房前屋后及田间地头零星树木等的处理费用。

（6）基础设施恢复费用。仅指安置地农村移民居民点场地准备、场内的道路工程建设、供水工程建设、排水工程建设、供热工程建设、电力工程建设、电信工程建设、广播电视工程建设、防灾减灾工程建设投资等,不包括电站建设影响区域的各专项基础设施迁建和复建投资费用。

(7)其他项目费用。指上述项目以外的农村部分的其他项目,可包括建房困难户补助、生产安置措施补助、义务教育和卫生防疫设施增容补助、房屋装修处理费用等。①

(二)城市集镇部分费用

指列入城市集镇原址的实物指标处理和新址基础设施恢复的项目费用,包括搬迁补助、附着物拆迁处理、林木处理、基础设施恢复和其他项目费用等,与农村部分费用的构成基本相同。已纳入农村部分的内容,不在城市集镇部分中重复。

(三)专业项目费用

指受项目影响的迁(改)建或新建的专业项目的费用,包括铁路工程、公路工程、水运工程、水利工程、水电工程、电力工程、电信工程、广播电视工程、企事业单位、防护工程、文物古迹以及其他项目费用等。

(1)铁路工程费用。指按照原有的等级和标准拟定的复建方案恢复其原有功能的铁路工程,包括铁路路基、桥涵、隧道及明洞、轨道、通信及信号、电力及电力牵引供电、房屋、其他运营生产设备及建筑物以及其他等项目费用。

(2)公路工程费用。指按照原有的等级和标准拟定的复建方案恢复其原有功能的公路工程,包括等级公路工程、乡村道路费用。

(3)水运工程费用。指按照拟定的复建方案恢复其原有功能的工程费用,包括渡口、码头费用等。

---

① 参见水电水利规划设计总院等:《水电工程设计概算编制规定》,中国电力出版社2014年版,第4—45页。

（4）水利工程费用。指按照原有的等级和标准拟定的复建方案恢复其原有功能的水利工程费用，包括水源工程、供水工程、灌溉工程和水文（气象）站等。

（5）水电工程费用。指按照原有的等级和标准拟定的迁建、改建不同等级的水电站工程费用，包括迁建工程、改建工程和补偿处理费用。

（6）电力工程费用。指按照原有的等级和标准拟定的复建方案恢复其原有功能的电力工程，包括火力发电工程、输变电工程、供配电工程、辅助设施等费用。

（7）电信工程费用。指按照原有的等级和标准拟定的复建方案恢复其原有功能的电信工程费用，包括传输线路厂程、基站工程费用等。

（8）广播电视工程费用。指按照原有的等级和标准拟定的复建方案恢复其原有功能的广播电视工程费用，分为广播工程和电视工程，广播工程包括节目信号线、馈送线，电视工程包括信号接收站、传输线费用。

（9）企事业单位费用。指列入专业补偿项目中的搬迁或受损企业事业单位费用，可分为企业单位、事业单位和国有农（林）场补偿费用。

（10）防护工程费用。指完成防护工程设计方案所需的工程费用，包括筑堤围护、整体垫高、护岸等工程费用。

（11）文物古迹。指对涉及淹没文物古迹的保护和处理费用，包括迁建恢复、工程措施防护和发掘留存项目等费用。

（12）其他项目费用。指农村、城市集镇范围未包括在上述专业项目范围的其他类型或种类的专业项目费用。

（四）环境保护和水土保持专项费用、库底清理费

水电工程投资中，列入"建设征地和移民安置补偿费用"中的环境保护专项工程费用和水土保持专项工程费用，是指在农村移民安置区、城市和集镇迁建区内进行的各种环保投资，主要包括以下各专项费用。

（1）水环境保护工程费用。指农村移民安置区、迁建集镇和迁建城市的生活污水处理工程、饮用水源保护和其他水质保护措施费用。生活污水处理工程包括生活污水处理厂、成套污水处理设施、户用沼气池等费用。

（2）大气环境保护工程费用。指建设征地和农村移民安置区、迁建集镇和迁建城市施工期为防治环境空气质量下降而采取的洒水降尘以及其他大气污染防治措施费用。

（3）声环境保护工程费用。指针对农村移民安置区、迁建集镇和迁建城市施工期噪声污染源类型、源强、排放方式及敏感对象特点，采取的噪声源控制、阻断传声途径和敏感对象保护等措施的费用。

（4）土壤环境保护工程费用。指农村移民安置区内对土壤环境所采取的保护措施的费用，包括土壤浸没防治、土壤潜育化防治、土壤盐碱化防治、土壤沙化治理、土壤污染防治费用等。

（5）陆生生态保护工程费用。指为保护移民安置区内的野生动物和陆生植物而采取的就地保护或异地保护措施等费用。

（6）景观保护工程费用。指对移民安置区具有观赏、旅游、文化价值的特殊地理区域和自然、人文景象，风景名胜区、森林公园、地质公园等采取的优化工程布置、避让，景观恢复与再塑等保护措施的费用。

（7）水土保持专项工程费用。包括农村移民搬迁水土保持工程、土地开发整理水土保持工程、集镇迁建水土保持工程、城市迁建水土保持工程、专项复建水土保持工程费用。各分项水土保持工程费用又可分为工程措施和植物措施费用。

（8）库底清理费。是指在水库蓄水前对库底进行的清理支出，包括建筑物清理、卫生清理、林木清理和其他清理等方面的费用，属于水电工程广义的环保投资。此外，还包括生活垃圾收运等固体废物处置工程费用、人群健康保护措施费用、环境监测（调查）等其他各项环境保护工程费用。

三、 独立费用

水电工程独立费用包括项目建设管理费、生产准备费、科研勘察设计费、其他税费(耕地占用税、耕地开垦费、森林植被恢复费、水土保持补偿费等)。水电开发从科研试验到勘察设计,周期长达数年甚至十余年,涉及区域地质、水文、交通、施工、经济、移民、环保、文物保护等几十个专题性研究,这部分投资费用占水电工程总投资额的比重不断提高。"十一五"期间我国投产水电站投资结构中,独立费用占比达到9.7%。

四、 预备费

水电工程预备费包括基本预备费和价差预备费,其中基本预备费指在初步设计及概算内难以预料的工程费用,通常以设备及工器具购置费、建筑安装工程费用和工程建设其他费用三者之和为计费基础,按照国家规定的有关基本费率进行计算。而价差预备费是指在项目建设期间,由于价格变化引起工程造价变化的预备、预留费用。包括:工时费,设备、材料、施工机械价差,费率、汇率调整等。价差预备费根据国家规定的投资综合价格指数,按概算年份价格水平基数,采用复利法测算。在我国水电工程一般投资结构中,预备费平均占总投资额的5.5%。

五、 建设贷款利息

水电工程建设贷款利息(简称建贷利息)包括向国内银行以及其他非银行金融机构、国际信贷机构融资或发行债券等融资,应偿付的全部借贷利息。建贷利息主要由融资规模、借贷期和利率水平决定。由于水电融资规模大、贷款周期长,因此受利率水平的影响很大。在低利率水平下,水电投资企业的建贷利息和还本付息压力较轻,而在高利率时期,水电开发投资的建贷利息成本上涨,压力增大。从"十一五"期间我国投产水电工程项目来看,建贷利息平均占电站总投资额的 11.3%。

第三节　青藏高原地区水电开发投资的特殊性

与全国其他地区的水电开发投资相比,青藏高原地区水电开发投资环境具有一定的特殊性,表现为水电开发的投资结构出现明显变化。

一、　其他地区与青藏高原地区水电工程投资概算比较

水电工程造价有两种含义:一是从投资者的角度,将工程造价定义为水电工程建设项目投资,即建设一座水电站形成相应的发电固定资产、无形资产所需要的一次性费用总和。第二种含义是从承建商的角度,将工程造价定义为工程承包价格,即水电开发企业支付给工程承建施工企业(包括工程设计企业)的全部费用。而水电项目的设计概算通常是在电站可行性研究(设计)阶段,设计单位为确定拟建工程投资额而编制的工程造价文件。经审核批准的水电工程设计概算,是控制项目建设总投资额的重要依据,不能轻易突破。

本研究均以水电工程的设计概算价格作为分析电站建设投资成本的主要依据。同时,为了比较不同规模的水电工程投资成本,研究中一律采用每千瓦(kW)水电装机的单位平均建造成本(简称单位造价)及其构成比例两组数据。

(一)其他地区水电项目工程造价及其构成

由于水电工程项目建设周期较长,数据资料存在一定的滞后性,因此本研究所选其他地区项目主要是"十一五"期间(2006—2010 年)全部投产或部分投产的装机容量在 10MW(1 万千瓦)及以上的水电工程、具有发电功能的水利枢纽工程和航电枢纽工程,共 189 个水电工程。

1."十一五"期间水电工程单位造价

根据全国 189 个水电工程项目的统计结果,其他地区投产的水电工程概算单位平均造价(简称单位造价)为 6449 元/千瓦,其中建筑工程单位造价最高,达到 1963 元/千瓦,占工程总造价的 30.4%;其次是机电设备及安装单位造价,为 1031 元/千瓦,占比 16.0%;建设征地和移民安置补偿单位造价居于第三位,为 931 元/千瓦,占工程总造价的 14.4%(见表 9-1)。

表 9-1　我国水电工程单位造价

单位:%

序号	项目名称	单位造价 (元/千瓦)	占工程总造价的比重 (%)
1	枢纽工程	3805	59.0
1.1	其中:施工辅助工程	536	8.3
1.2	建筑工程	1963	30.4
1.3	环境保护工程	51	0.8
1.4	机电设备及安装工程	1031	16.0
1.5	金属结构设备及安装工程	224	3.5
2	建设征地和移民安置	931	14.4
3	独立费用	627	9.7
4	预备费	355	5.5
5	建贷利息	731	11.3
	合计	6449	100.0

资料来源:国家电力监管委员会输电监管部。

水电工程项目按建设性质可以划分为新建工程和扩建工程两类。分析样本中的 189 个水电工程,有新建工程 183 个,扩建工程 6 个。其中,新建水电工程概算单位造价为 6471 元/千瓦;扩建水电工程概算单位造价为 4141 元/千瓦,不同建设性质水电工程各部分单位造价、比例见表 9-2。

表9-2　不同建设性质水电工程单位造价　　　　　单位:%

序号	项目名称	新建		扩建		平均	
		单位造价（元/千瓦）	占比（%）	单位造价（元/千瓦）	占比（%）	单位造价（元/千瓦）	占比（%）
1	施工辅助工程	539	8.3	233	5.6	536	8.3
2	建筑工程	1969	30.4	1378	33.3	1963	30.4
3	环境保护工程	51	0.8	83	2.0	51	0.8
4	机电设备及安装工程	1028	15.9	1297	31.3	1031	16.0
5	金属结构设备及安装工程	224	3.5	171	4.1	224	3.5
6	建设征地和移民安置	939	14.5	35	0.8	931	14.4
7	独立费用	628	9.7	532	12.6	627	9.7
8	预备费	357	5.5	165	4.0	355	5.5
9	建贷利息	736	11.4	246	5.9	731	11.3
10	合计	6471	100.0	4141	100.0	6449	100.0

资料来源:国家电力监管委员会输电监管部。

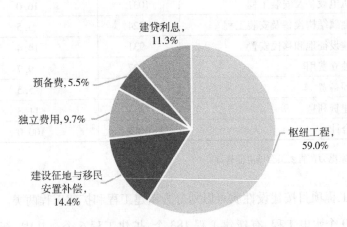

图9-4　"十一五"期间投产水电站工程投资结构

其中,水电扩建工程的概算单位造价比新建工程低很多,这是由于部分水电工程在新建时就预留了扩建的位置和库容,因此建筑工程概算单位造价较低。而扩建工程通常是在原有装机规模上增加机组容量,因此机电设备及安装工程单位造价比例较高。从表9-2还可以看出,扩建工程的建设征地和移民安置工程单位造价比例很少,仅为0.8%,主要原因是扩建工程一般不新增水库淹没和移民安置,仅发生少量建设场地征占费用。

2. 不同装机规模水电工程单位造价

水电工程按照装机规模大小,可划分为大(1)型、大(2)型、中型和小(1)型四种规模。[①] 在统计的189个水电项目中,包括大(1)型水电项目10个、大(2)型水电项目24个、中型水电项目114个、小(1)型水电项目41个。

不同装机规模电站的平均单位造价及其造价结构分别见表9-3、表9-4。

表9-3 不同装机规模水电工程单位造价

单位:元/千瓦

序号	项目名称	装机规模				平均
		小(1)型	中型	大(2)型	大(1)型	
1	施工辅助工程	448	681	463	507	536
2	建筑工程	3183	3080	1781	1454	1963
3	环境保护工程	83	89	65	23	51
4	机电设备及安装工程	1424	1398	1051	818	1031
5	金属结构设备及安装工程	462	398	228	124	224
6	建设征地和移民安置	451	887	1087	886	931
7	独立费用	716	832	759	447	627
8	预备费	369	397	357	332	355
9	建贷利息	494	651	672	816	731
10	合计	7629	8413	6463	5407	6449

资料来源:国家电力监管委员会输电监管部。

表9-3中,大(1)型水电项目概算单位造价最低,为5407元/千瓦;其次是大(2)型水电项目,单位造价为6463元/千瓦;而中型水电项目单位造价最

---

① 按装机容量分为大(1)型(装机容量≥1200兆瓦)、大(2)型(300兆瓦≤装机容量<1200兆瓦)、中型(50兆瓦≤装机容量<300兆瓦)和小(1)型(10兆瓦≤装机容量<50兆瓦)。

高,为 8413 元/千瓦。水电工程单位造价一般随装机规模的增加而降低,这也符合规模大的水电工程经济指标相对优越的规律。

表 9-4 反映出,中小型水电工程项目建筑工程投资所占比例高于大型水电工程,其机电设备及安装工程投资所占比例与大型水电工程基本持平。而大型水电工程建设征地和移民安置补偿费用占比一般要高于中小型水电工程。分析其主要原因在于,随着工程建设规模增大,相应的水库淹没范围、移民安置难度及投资都会大幅度增加。另外,大型水电工程项目建设期贷款利息的占比也高于中小型电站,其主要原因是大型水电工程建设周期更长,贷款金额更高。

表 9-4　不同装机规模水电工程概算单位造价结构

单位:%

序号	项目名称	装机规模				平均
		小(1)型	中型	大(2)型	大(1)型	
1	施工辅助工程	5.87	8.09	7.17	9.38	8.31
2	建筑工程	41.72	36.61	27.56	26.89	30.44
3	环境保护工程	1.09	1.06	1.01	0.43	0.80
4	机电设备及安装工程	18.67	16.62	16.26	15.13	15.98
5	金属结构设备及安装工程	6.05	4.73	3.53	2.30	3.47
6	建设征地和移民安置	5.91	10.54	16.81	16.38	14.43

资料来源:国家电力监管委员会输电监管部。

(二)青藏高原地区水电工程造价及其构成

随着水电开发向高海拔、高寒地区推进,水电工程造价及其结构也发生了显著变化。通过调研,我们收集了"十一五"以来青藏高原地区部分新建的(包括已投产和正在建设中)水电工程的投资概算资料,以此对这一地区大型水电开发成本进行分析。

（1）长河坝水电站。位于四川甘孜藏族自治州的大渡河中游，是《大渡河干流水电规划调整报告》中的第 10 个梯级电站。该电站工程于 2010 年 11 月获得国家发改委核准正式动工，2016 年 12 月实现首台机组并网发电，是国家西部大开发重点工程和国家支持发展的重点项目之一。长河坝水电站坝高 240 米，总装机容量 260 万千瓦，设计多年年均发电量 110.5 亿千瓦时。根据投资概算，长河坝电站工程动态总投资额 232.1 亿元，[①]平均每千瓦单位造价 8927 元。

（2）毛尔盖水电站。位于四川省阿坝藏族羌族自治州黑水县境内，是黑水河干流水电规划"二库五级"开发方案的第三个梯级电站。该电站开发任务除发电外，还兼有与紫坪铺水利枢纽一道向成都、都江堰灌区供水的作用。毛尔盖电站工程采用引水式开发，电站引用流量 219 立方米/秒，经左岸隧洞引水至俄石坝左岸建厂发电，隧洞全长 16.15 公里。水电站坝高 147 米，额定水头 220 米，装机容量 42 万千瓦，多年平均年发电量 17.17 亿千瓦时。根据项目设计概算，工程动态总投资额 68.31 亿元，平均每千瓦单位造价 1.63 万元。

（3）藏木水电站。位于西藏雅鲁藏布江中游，是目前西藏自治区已建成的最大水电站，也是雅鲁藏布江干流上开发建设的第一座水电站。该电站装机规模为 51 万千瓦，设计多年平均年发电量 25 亿千瓦时。电站工程动态总投资额 96 亿元，平均每千瓦单位造价达到 1.88 万元。

（4）果多水电站。位于西藏昌都市澜沧江上游，是西藏已建成的第二大水电站，总装机容量 16.5 万千瓦，多年平均年发电量 8.319 亿千瓦时。果多水电工程于 2013 年 1 月开工建设，2016 年正式投产发电。果多水电工程总投资 38.3 亿元，平均每千瓦单位造价高达 2.32 万元。

（5）金沙江 Y 电站。位于金沙江四川与西藏交界河段，于 2016 年正式动

---

① 水电工程的动态投资总额包括静态投资额、预备费和建贷利息，但不包括输变电设备投资额，下同。

工,目前处于施工建设过程中。该电站工程装机容量 224 万千瓦,设计多年平均年发电量 102.22 亿千瓦时。电站工程概算总投资额 333.6 亿元,平均每千瓦单位造价达到 1.49 万元。其中,枢纽工程投资 188.09 亿元,占总投资额的 56.4%,建设征地和移民安置投资 11.76 亿元,占总投资额的 3.5%,而建贷利息达到 49.0 亿元,占电站工程总投资额的 14.7%。

此外,我们还收集了位于四川涉藏地区的泸定、猴子岩、两河口、双江口等大型水电工程建设投资的相关资料,详见列表 9-5。为了综合考虑物价因素对电站造价成本的影响,我们专门列出了电站建设年份,即动工年份和投产发电年份,以便反映不同年份建设的水电工程投资成本差异。从总体趋势看,近年动工的水电工程,平均造价高于过去,具有明显的成本上升趋势。

表 9-5　不同年份水电站工程投资成本比较

	水电站名称	动工年份	发电年份	装机规模（万千瓦）	总投资额（亿元）	年均发电量（亿千瓦时）	平均成本（元/千瓦）	增幅*（%）
大渡河中上游	长河坝电站	2010	2016	260.0	232.09	107.9	8927	29.9
	泸定电站	2009	2011	92.0	86.63	37.82	9416	37.1
	猴子岩电站	2011	2017	170.0	198.58	70.0	11681	70.0
	双江口电站	2015	2022	200.0	369.93	77.07	18496	169.2
其他流域	藏木电站	2007	2015	51.0	96.0	25.0	18824	174.0
	果多电站	2013	2016	16.5	38.33	8.32	23230	238.1
	两河口电站	2014	2021	300.0	668.39	110.0	22280	224.5
	Y 电站	2016	2021	224.0	333.6	102.22	14892	116.8
	毛尔盖电站	2008	2012	42.0	68.31	17.17	16263	236.7

注:*增幅均为与"十一五"期间全国投产的水电工程单位千瓦造价成本 6870 元/千瓦相比。

将上述水电工程投资数据进行加权处理,得到这一区域水电开发工程投资造价结构,见表 9-6。

表9-6　水电站工程单位造价及投资结构

序号	项目名称	单位造价（元/千瓦）	占电站工程总投资额比重（%）
1	枢纽工程(1.1—1.5)	8875.5	55.1
1.1	施工辅助工程	2000.6	12.4
1.2	建筑工程	4978.3	30.9
1.3	环境保护工程	355.9	2.2
1.4	机电设备及安装工程	1295.8	8.0
1.5	金属结构设备及安装工程	244.9	1.5
2	建设征地和移民安置	1363.3	8.5
3	独立费用	2123.5	13.2
4	预备费	1385.0	8.6
5	建贷利息	2354.2	14.6
	合计	16067.9	100.0

数据显示,青藏高原地区水电开发平均单位造价达到16067.9元。其中,枢纽工程的建造成本最高,单位造价为8875元/千瓦,占电站总投资额的比重高达55.1%。其次是建贷利息成本,单位造价为2354元/千瓦,占总投资额的14.7%。居于第三位的是独立费用,单位造价2124元/千瓦,占总投资额的13.2%。反映了当地水电开发面临的施工难度大、物资成本高、勘测设计复杂、融资成本提高。此外,水电工程建设征地和移民安置投资占工程总投资的比重只有8.5%,仅与工程预备费的比例相当。

二、 青藏高原地区水电工程投资成本与结构的变化

通过比较青藏高原地区与全国其他地区新建水电工程投资的平均单位造价,我们总结概括出近年水电建设在投资成本、投资结构方面,具有以下几大变化特征。

（一）单位投资成本突破 1.5 万元

近年我国水电开发成本大幅度上升,青藏高原地区新建水电站平均每千瓦装机投资成本从过去的低于 1 万元,到突破 1.5 万元,目前已达到 16067.9 万元,平均单位投资成本是"十一五"期间全国新建水电工程的 2.5 倍,并有继续上升的趋势。图 9-5 是按时间序列青藏高原地区新动工水电站的平均单位造价成本曲线,虚线表示单位投资成本变化趋势,反映了随着开发时间的推移,水电站单位装机投资成本不断上升的整体趋势。

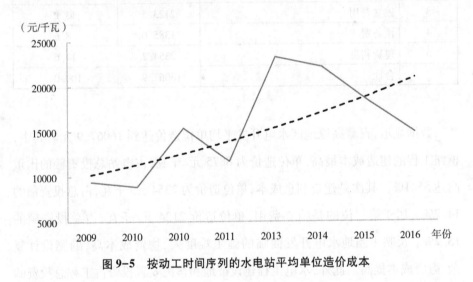

图 9-5　按动工时间序列的水电站平均单位造价成本

（二）枢纽工程等投资成本大幅度上升

青藏高原地区水电工程的施工建造成本较其他地区大幅度上升。在同等装机规模下,水电枢纽工程的平均造价是其他地区的 2.3 倍。其中,施工辅助工程、建筑工程造价分别是其他地区工程的 3.7 倍、2.5 倍。而独立费用、预备费用这两项反映水电工程勘测设计成本、各项难以预料工程费用的支出增长幅度更大,分别是其他地区同等规模电站的 3.4 倍、3.9 倍。

究其原因在于:随着水电开发向高海拔、高寒地区深入,水电工程设计、施工面临越来越复杂的地质条件和水文环境,需要攻克更多的工程技术难关。其次,当地与电站建设相关的产业配套条件差,工业基础薄弱,绝大多数工程设备、建筑材料都要从其他地区运输,路途远、运费成本高。再次,施工人员绝大多数也是从其他地区调入,人力资源成本也相对更高。最后,当地海拔高、温度低、年内施工期短,一般只有六个月左右的施工期,其他时间都是低温冰雪天气无法施工。上述种种因素导致青藏高原地区水电开发的成本居高难下。

表9-7　水电工程投资结构比较

序号	项目名称	平均单位造价(元/千瓦)		占工程总投资比(%)	
		青藏高原地区	其他地区	青藏高原地区	其他地区
	枢纽工程(1—5项合计)	8876	3811	55.1	58.9
1	施工辅助工程	2007	539	12.4	8.3
2	建筑工程	4978	1969	30.9	30.4
3	环境保护工程	356	51	2.2	0.8
4	机电设备及安装工程	1296	1028	8.0	15.9
5	金属结构设备及安装工程	245	224	1.5	3.5
6	建设征地和移民安置	1363	939	8.5	14.5
7	独立费用	2124	628	13.2	9.7
8	预备费	1385	357	8.6	5.5
9	建贷利息	2354	736	14.7	11.4
10	合计	16068	6471	100.0	100.0

(三)贷款利息单价超过其他地区 3 倍

从水电工程各分项投资结构来看,青藏高原地区与其他地区差别明显。表 9-7 所列的九个分项中,除机电设备及安装工程、金属结构设备及安装工程两项投资单价差别很小外,建设征地和移民安置投资单价相差 1.5 倍,其他六项投资单价差额都在 2 倍以上。其中,当地水电工程的建贷利息是其他地区水电工程的 3.2 倍,每千瓦装机的利息支出高达 2354 元。这一数据充分反映了青藏高原地区水电开发融资成本过高,建贷利息上涨过快的现实。其根本原因在于当地电站工程不仅资金借贷规模大,而且建设施工周期长,资金占用时间也更长,导致贷款利息成本更高。

(四)环境保护投资是其他地区的 7 倍

近年新建的水电工程,在环境保护方面的投资较其他地区有了大幅度增长。青藏高原地区水电每千瓦装机的平均环保投资额是其他地区的 7 倍,从 51 元/千瓦提高到 356 元/千瓦,是水电工程各分项投资中增幅最大的项目。尽管从环境保护工程投资占整个电站工程投资总额的比重来看,仅占 2.2%,比其他地区的 0.8% 提高了 1.4 个百分点。但如果考虑青藏高原地区电站工程大多数装机规模上百万千瓦,总投资额超过 100 亿元,那么一个水电工程相应的环保资金投入将达到 2 亿元以上。因此在当地水电站建设中,无论是环保资金总投入规模,还是环保投资占整个工程投资的比重,都较其他地区水电工程有大幅度提高。

(五)征地和移民安置费用占比降低

青藏高原地区水电工程各分项投资中,建设征地和移民安置费用由其他地区的 995 元/千瓦提高到 1363 元/千瓦,在同等规模下是其他地区的 1.5 倍,但其占总投资额的比重却从 14.5% 下降到 8.5%,降低了 6 个百分点。分析研究造成单位成本与结构占比两项数据背离的原因,对于破解西部民族地区水电移民安置补偿难题意义重大。

通过调研发现,由于西部民族地区地广人稀、水电开发建设需要安置的移民人数少,同时耕地资源少,基础设施水平低,因此淹没损失相对也较小,反映在水电移民的安置补偿成本费用占总投资额的比重是下降的。如果按照其他地区的补偿标准,移民安置补偿的资金总量就可能偏低。为了发挥水电开发对民族地区经济社会发展的促进作用,必须把提高当地水电移民的人均安置标准作为重要的保障措施。

在青藏高原地区水电开发投资中,之所以出现移民安置单位造价成本上升,而费用占总投资比例下降的复杂情况,一方面反映了移民安置补偿的人均标准确实有所提高,另一方面也证明移民安置补偿并不是导致当地水电开发成本上升的主要因素。相对而言,高海拔地区地广人稀,受水电开发淹没影响的移民人口数量相对较少,从而为提高移民人均安置补偿水平创造了良好条件。因此,需要结合当地水电移民安置的特点来具体分析,我们将在第十章对此问题进一步展开研究。

(六)中小规模水电站造价成本更高

为了消除物价因素对水电工程投资成本的影响,我们选择两个在"十一五"期间动工新建的四川涉藏地区水电工程,即长河坝电站和毛尔盖电站,与其他地区的水电工程进行比较。按照装机容量规模,长河坝水电站为260万千瓦,属于大(1)型,毛尔盖电站为42万千瓦,属于大(2)型,投资成本和投资结构对比见表9-8。

表9-8　不同装机规模水电工程投资结构比较

单位:元/千瓦时

序号	项目名称	其他地区水电站				四川涉藏地区水电站			
		大(1)型	结构比(%)	大(2)型	结构比(%)	长河坝	结构比(%)	毛尔盖	结构比(%)
	枢纽工程(1—5项合计)	2926	54.12	3588	55.52	4669	52.31	8614	52.97
1	施工辅助工程	507	9.38	463	7.16	980	10.98	1519	9.34
2	建筑工程	1454	26.89	1781	27.56	2500	28.00	5405	33.23

序号	项目名称	其他地区水电站				四川涉藏地区水电站			
		大（1）型	结构比（%）	大（2）型	结构比（%）	长河坝	结构比（%）	毛尔盖	结构比（%）
3	环境保护工程	23	0.43	65	1.01	55	0.62	223	1.37
4	机电设备及安装工程	818	15.13	1051	16.26	981	10.99	1150	7.07
5	金属结构设备及安装工程	124	2.29	228	3.53	153	1.71	317	1.95
6	建设征地和移民安置	886	16.39	1087	16.82	721	8.08	2276	13.99
7	独立费用	447	8.27	759	11.74	911	10.21	2002	12.31
8	预备费	332	6.14	357	5.52	412	4.61	859	5.28
9	建贷利息	816	15.09	672	10.40	2213	24.79	2512	15.44
10	合计	5407	100.00	6463	100.00	8927	100.00	16263	100.00

长河坝电站单位造价为 8927 万元,是其他地区大（1）型电站平均单位造价成本的 1.7 倍。而规模略小的毛尔盖电站,其单位造价成本高达 16263 万元,是其他地区大（2）型电站平均值的 2.5 倍。也就是说,在同等装机规模下,四川涉藏地区水电开发的投资成本高于其他地区,另一方面,装机规模越小的水电站,单位造价成本也越高,与其他地区电站投资成本差额也就越大,反映出四川涉藏地区中小型水电站投资风险比大型水电站更高。

三、 青藏高原地区水电投资成本的特点

通过对西藏和四省涉藏地区电站平均单位造价成本及其结构的分析研究,概括总结出青藏高原地区水电开发投资具有以下几方面特点。

（一）工程施工成本高

青藏高原地区水电开发普遍面临着更为复杂的地质条件,许多地区处于

地震频繁,崩塌、滑坡、泥石流等地质灾害频发区,针对工程安全和防震抗震问题必须制定专项设计和防范措施。目前正在规划设计及建设的一批 200 米到 300 米级高坝、百万千瓦级大型水电站,都要在高原、高海拔、高寒地区建设,需要攻克大量技术难关。当地特殊的自然环境因素、技术因素等,是造成水电各项工程建设成本急剧上升的根本原因。

青藏高原地区水电工程的建设成本远高于其他地区,无论是按新建性质分类,还是按不同装机容量规模分类,或者按不同开发方式分类比较,这一区域水电开发的投资成本总体上都显著上升。

(1)新建大型水电工程的平均单位造价成本,是其他地区水电工程的 2.5 倍。

(2)按水电工程投资结构划分,在辅助工程、建筑工程、环境保护工程、建设贷款利息等分项目上,青藏高原地区电站的平均建造成本是其他地区的 2—4 倍,最高达到 7 倍。

(3)制约水电开发投资成本的关键,在于水电建筑工程、交通等各项辅助工程以及融资成本(借贷利息)。对于同属高海拔、高寒地区的水电工程,由于电站建设区所处的地理环境、海拔高度、人文环境、经济发展条件、牧区与非牧区等条件差异,以及水电站自身的规模和开发方式,在投资成本上也存在较大差异。如果完全按照成本定价方式,目前大渡河、澜沧江上游的水电站成本电价已经达到 0.45 元/千瓦时,加上 0.15 元/千瓦时左右的输电成本,在华东或广东落地电价将达到 0.6 元/千瓦时,高于当地的火电上网电价,而未来西藏水电开发成本将会更高,[1]这对当地的水电开发提出了新挑战。

(二)社会成本上升

青藏高原地区水电开发区大都分布在黄河上游、雅鲁藏布江、雅砻江、大

---

[1]　贾科华:《西南水电高成本之困》,《中国能源报》2015 年 10 月 26 日。

渡河,以及金沙江上游、澜沧江上游等江河流域的高山峡谷之中,许多水电站枢纽地处原国家级贫困地区,经济社会发展相对滞后,脱贫人口多。因此,通过水电开发促进民族经济社会发展、促进农牧民增收、维护民族团结和社会稳定,是新时期水电开发的重要任务之一,也是当地政府和群众的长久企盼,这必然推高水电开发的社会成本。加之在全民信教的民族地区,移民安置搬迁涉及众多宗教设施和宗教活动场所,需要列支特殊补偿费用。但总体上,高海拔地区水电开发的移民人数少、淹没损失小,建设征地和移民安置补偿仍有提高的空间。

根据实地调查,青藏高原地区水电移民安置的相对费用并不高,水电工程建设征地和移民安置费用占工程总投资额的平均比例甚至低于其他地区。如长河坝水电工程,建设征地和移民安置费用为 721 元/千瓦,占工程投资额的 8.0%,而其他地区大(1)型电站工程平均费用为 886 元/千瓦,占总投资额的 16.4%,比长河坝电站高出 8.4 个百分点。毛尔盖水电建设征地和移民安置费用尽管达到 2276 元/千瓦,比其他地区大(2)型电站高 1 倍,但也只占工程总投资额的 14.0%,低于其他地区同等规模电站 16.8% 的平均值。原因在于涉藏地区同等规模的电站淹没损失相比其他地区更小,水电移民人数更少。

如大渡河长河坝水电站,移民人口共 1741 人,而毛尔盖电站移民总数仅 2432 人,上述两电站平均每万千瓦水电装机产生的水电移民分别为 7 人、58 人。相比来看,三峡水电工程建设共产生 110 万水电移民,每万千瓦水电装机的移民人数高达 500 人。即使是同处于大渡河干流的瀑布沟水电站,每万千瓦装机移民人数也超过 277 人,移民总人数近 10 万。因此,当地建设一座水电站产生的移民人数较少,是水电投资结构中征地和移民安置费用比重降低的主要原因。从而也为进一步提高民族地区农村水电移民安置补偿水平创造了有利条件。

（三）生态保护投资力度加大

由于青藏高原地区水电开发是在脆弱的生态环境中进行,高寒地带生态系统的自我调节和修复能力较弱,一旦人为干扰超过其承受限度后,原有的生态功能难以恢复,将造成不可逆转的永久性损害。如西藏雅鲁藏布江中下游属于国家级水土流失重点预防区,是西藏水土流失重点治理区,干流中游河谷两岸目前已出现不同程度的沙化现象。为了保护流域区的整体生态环境,必须加大各项生态保护工程的投资力度。

在青藏高原水电枢纽工程建设区、农村移民安置区、城市和集镇迁建区内,都要制定针对水环境、土壤环境、大气环境、动植物环境保护的各项专题规划,特别是高原珍稀鱼类保护方案,设立专门的鱼道设施。加大水电开发区的各项环境保护工程和水土保持工程的投资,这必然要提高环境保护专项工程和水土保持专项工程的费用。

大量环保资金的投入首先是保障水电站安全的需要。2018年秋季,在金沙江上游川藏界河、雅鲁藏布江派镇段,相继发生巨大山体滑坡事故,形成堰塞湖堵塞河道,严重威胁下游人民群众的生命和财产安全,导致川藏两省区数万人临时大转移,引起全国各界的高度关注。为了防止山体滑坡、泥石流等地质灾害对水电大坝形成威胁,防止堰塞湖溃坝造成难以预料的严重后果,当地水电工程必须加强水土保持、边坡治理、修筑堤岸等环境保护工程投资建设,同时在水环境保护、大气环境保护、固体废物处置和土壤环境保护方面加大资金投入力度。青藏高原地区电站建设还涉及许多珍稀野生动植物和水生生物保护问题,所以水电工程在陆生生态保护、水生生态保护和自然景观专项保护方面投资也会比其他地区更大。

据了解,西藏藏木水电站建设过程中,先后投入3.2亿元建设过鱼设施(鱼道)、鱼类增殖站、太阳能光热系统、污水处理厂、垃圾回收站等生态环保设施。四川涉藏地区的雅砻江两河口水电站,增设鱼道设施投资概算高达5

亿元。研究结果表明,青藏高原地区水电建设的环境保护工程平均单位投入已提高到其他地区同类型水电工程的 7 倍,占水电工程总投资的比重达到 2.2%。但是相比青藏铁路的环保投资占总投资额的 8%,当地水电工程的环保投资还有较大差距。随着各政府和社会公众环保意识的增强,水电企业对资源开发涉及的环境保护问题将更加重视,这也将更进一步提升各项环境保护工程的投资规模,从而加大对青藏高原地区生态环境保护和建设的力度。

(四)规模开发效应更明显

无论是青藏高原地区还是其他地区的水电站建设,单位造价成本都与水电站的装机容量规模有关,即装机规模越大,单位平均造价成本越低。表明水电开发投资与其他基础设施投资一样,其边际成本是递减的。如全国"十一五"期间投产的大(2)型水电站造价成本相当于大(1)型的 1.2 倍。而在青藏高原地区,二者的造价成本比为 1.8 倍,反映了当地水电开发建设投资的规模效应更加明显。

(五)融资成本高

根据国家有关投资政策规定,水电项目自筹资本金比例通常为 20%—30%,资金借贷期较长。大型水电项目建设期普遍超过 5 年,有些甚至在 10 年以上,导致企业在前期要承受较大的融资成本压力。而高海拔地区水电开发建设期更长、资金需求量更大,水电开发企业面临着更高的投融资成本,这对于主要依靠银行信贷解决资金来源的水电企业而言,意味着必须付出更高的贷款利息。如"十一五"期间四川涉藏地区新建的毛尔盖、长河坝电站两座水电站,平均建贷利息达到 2354 元/千瓦,而其他地区大型电站平均不到 1000 元/千瓦,从而加大了青藏高原地区水电开发的投资风险,同时也增加了银行的信贷风险。

第四节　水电投资风险研究

随着我国水电开发投资重点向高海拔的西南民族地区主要是青藏高原地区转移,水电工程建设投资成本日益上升。与此同时,国家经济发展进入新常态,电力需求增长缓慢,电力市场出现相对过剩,使水电投资风险加剧。为了进一步研究青藏高原地区的水电投资风险问题,本节首先分析了水电市场投资的各方面风险因素,在此基础上,运用量化模型,对我国上市水电公司的经营风险进行评估测算。

一、　水电投资的市场风险

目前制约青藏高原地区水电建设投资的最大风险因素是电力市场消纳不畅,在电力需求基本饱和的情况下,水电、风电、太阳能发电普遍出现并网难题,出现弃水、弃风、弃光的弃电现象,使发电设备难以达到设计规模,导致电力设备闲置、资源利用率下降。

从水电行业的"弃水"问题看,根据中国水电学会对各水电基地的实地调研结果,2016 年全国四大水电基地——大渡河、雅砻江、金沙江、澜沧江 20 多座大型水电站有效水量利用率均不到 80%,有些电站甚至不到 60%,[1]弃水严重程度接近损失一个三峡。

中国社科院 2017 年发布《中国的能源革命——供给侧改革与结构优化,2017—2050》报告指出,中国能源需求的峰值已经到来。伴随着人口向城镇聚集和工业化进程的基本完成,中国重化工业引领的工业高速增长期已经结束。能源将不再成为中国经济的瓶颈,而是在供需之间实现平衡。中国的钢铁、有色、建材三大行业的能源需求占工业需求的 1/3,这三大行业需求的下

---

① 杨昆:《西南水电开发亟待统筹优化》,《中国能源报》2018 年 1 月 22 日。

降,预计会带动 1/3 能源需求的下降。能源供给瓶颈的消失,在短期内导致能源产能在部分地区扭曲配置,如部分地区弃风、弃光、弃水等。但长期看,有利于形成能源供应商之间的竞争机制。[①]

除了上述宏观经济因素,我们认为,我国水电投资风险的产生,还源于以下几方面因素。

(一)供给与需求失衡

一是需求方面。电力需求减弱,用电增幅下滑。在近年来有关部门颁布的可再生能源配额中,重点强调非水可再生能源配额,水电未纳入绿色证书交易机制,这些政策因素也使得对水电的结构性需求降低。

二是供给方面。目前我国流域梯级电站的补偿机制不健全,使开发成本高、补偿效益好的龙头水电站建设滞后,导致水电丰、枯季节调节能力较差。四川具有调节能力的水库电站装机仅占水电总装机的 36%,丰枯期的发电比率为 7 比 3,这样在汛期时会产生大量弃水,而在枯期时又会出现供电不足的矛盾。

三是电网方面。跨区输电通道能力不足导致新增电力难以上网。如四川是全国水电大省,按原有规划"十二五"期间需要新增外送输电能力 3000 万千瓦,实际仅增加 1520 万千瓦。2020 年后,雅砻江中游的新建水电站将陆续投产发电,如果配套的外送通道雅中—江西 ±800 千伏特高压直流输电工程("雅中直流")不能同步落地,300 亿度四川水电将面临"投产即遭弃"的命运,每年因弃水的损失将达到 60 亿元。[②] 而在经济下行期,各地基于财政税收和扶持本地企业等方面考虑,更愿意通过本地火电来提供电力,不愿接受外省市输电。所幸的是,雅中—江西 ±800 千伏特高压直流输电工程 2019 年 9

---

① 仝晓波:《社科院发布报告:我国能源需求峰值已经到来》,《中国能源报》2017 年 7 月 3 日。

② 苏南:《300 亿度四川水电面临"投产即遭弃"》,《中国能源报》2018 年 1 月 8 日。

月终于动工,2021年6月建成投运,极大地提高了四川水电基地的外输能力,为能源碳减排做出了贡献。

(二)水电开发成本上升

近年水电开发成本不断增高,客观上也加大了水电开发的投资风险。青藏高原地区水电建设要在高海拔、高寒地区设计和施工,工程区地质条件复杂且地震烈度高,需要攻克大量技术难关。工程施工成本高,移民安置补偿难度大。加之目前多数水电项目所在地经济发展滞后,水电开发还承担着带动当地经济发展和群众致富的社会责任,导致各项社会成本增加,进而提高了当地水电开发投资成本。

(三)市场竞争乏力

近年风电、太阳能发电等新能源竞争力的不断提高,也对水电开发形成了一定的冲击。如青海省已暂停部分黄河上游、长江上游通天河流域梯级水电的开发,将能源发展重点转向风光水电互补新能源基地建设,立足于黄河上游水电开发形成的调峰优势,通过联合调度,对光伏发电及风力发电提供补偿调剂,弥补新能源发电的随机性和不稳定性缺陷,从而提高新能源上网的竞争力。

此外,水电企业承担的税负较高,在水电行业"即征即退"的税收优惠消失后,其实际税负远远高于风电、光伏发电等新能源发电的税负水平。水电项目也未享受国家可再生能源优惠政策,未被纳入绿色证书交易机制。

上述种种原因导致水电上网电价不断上升,市场竞争力下降。据初步预测,澜沧江上游、金沙江上游的水电站外输电力到达华中、华东等地的落地电价可能达到0.60元/千瓦时,超过当地火电平均上网电价,因此西藏等地新投产水电缺乏价格竞争优势,"高价水电"如何"出藏"是一个值得深入研究的问题。如果没有国家政策对当地水电开发进行扶持,在现有的电力市场格局下,当地水电开发的经济性将大为降低,甚至可能面临如西藏澜沧江上游果多水电站一样投产即亏损的风险。①

(四)资产重组化解风险

在水电行业普遍面临竞争压力的形势下,许多电力企业近年纷纷通过挂牌出售部分水电低效资产,以缓解经营困难,这预示着水电行业的投资风险开始显现。如华能公司转让果多水电有限公司51%股权,挂牌价为38279.07万元,华能澜沧江上游水电有限公司拟出售觉巴水电厂整体权益,挂牌转让价38647.75万元,华能桂冠电力转让福建安丰水电66%股权,挂牌价2207万元,国电广西转让广源水电开发有限公司85%股权及对标的企业债权,挂牌价5800万元……这些电力巨头之所以急于出售水电产能,原因在于水电开发前期负债率高,还本付息压力大,导致后期投资收益率下降,一旦市场需求萎缩,就会加剧债务风险,因此通过资产重组,尽快剥离水电低效资产,才能降低水电企业的投资经营风险。

二、 水电企业信贷风险评估模型

为了进一步量化评估我国水电企业的整体性投资运营风险,我们从 A 股市场选取了 10 家具有 3 年以上完整财务数据的水电样本企业,运用 KMV 模型,对其资产负债率、违约点、违约距离等风险参数进行了测算。

(一)KMV 模型概述

KMV 模型是由 KMV 公司开发、用于度量信用风险的商业化模型。自

①　果多水电站位于西藏昌都市澜沧江上游扎曲,是目前西藏建成投产的第三大水电站,设计年发量 8 亿多千瓦时。考虑到西藏本地电力市场需求有限,果多水电站采取"矿电联营"方式,为当地的玉龙铜矿二期工程提供冶金用电。然而由于当时有色金属行业不景气,玉龙铜矿二期产能未如期投产,导致果多电力过剩大量弃水。由于不能扩大丰水期电力外送量,果多水电站陷入投产即亏损的困局。

1993 年该模型推出以来,得到了国外学者的广泛运用和验证。KMV 公司首先运用这一模型计算了 IBM 公司、泰国国家银行、安然公司和 UA 公司的违约概率 EDF 值,发现在这些公司的申请破产之前,他们的 EDF 值已经开始上升,表明 EDF 值对于信用风险的敏感性要强于以前的信用评级系统。随后,其他学者也对 KWV 模型的有效性进行了验证,罗杰·斯坦因(Roger Stein,2000)[1]、索比哈特等(Sobehart 等,2000)通过研究发现,KMV 模型能够准确地对上市公司的信用质量进行分析,增加违约预测的准确性。[2] 约翰·坎贝尔等(John Y.Campbell,2008)采用美国上市公司 1963—2003 年的数据,计算违约距离(DD),发现在存在其他变量的条件下,KMV 模型只具有相对一定的预测能力。[3] 道格拉斯·德怀尔和伊琳娜·科拉布勒夫(Douglas Dwyer,Irina Korablev,2007)应用几种不同的方法对北美、欧洲、亚洲三个地区的公司信用风险进行评估,通过对比发现 KMV 模型能够有效地度量公司的信用风险。[4]

近年我国许多学者也运用 A 股上市公司样本来验证 KMV 模型的有效性。如谢邦昌等(2008)以电力、蒸汽、热水的生产和供应业、房地产开发与经营业为代表,利用 KMV 模型对 20 家上市公司的信用风险进行度量,认为 KMV 模型能够较好地甄别不同行业的信用风险,是目前最适合我国上市公司的信用风险度量模型。[5] 杨秀云、蒋园园和段珍珍(2016)用定性和定量分析相结合的方式,对 KMV 模型、Credit Risk+模型、Credit Metrics 模型和 Credit

---

① Stein,R.M.,*Evidence on the Incompleteness of Merton-type Structural Models for Default Prediction*,New York:Moody' KMV,2000.

② Sobehart,J.R.,et al,*Moody's Public Firm Risk Model:A Hybrid Approach to Modeling Short Term Default Risk*,Moody's Investor Service,2000.

③ John,Y.,Campbell,Jens Hilscher,Jan,Szilagyi,*In Search of Distress Risk*,Deutsche Bunesbank Discussion paper,No 27/2008.

④ Dwyer,D.W.,Korablev,I.,*Power and Level Validation of Moody's KMV EDF Credit Measures in North America,Europe and Asia*,KMV Corporation,2007.

⑤ 谢邦昌等:《我国上市公司信用风险度量模型的选择》,《经济学动态》2008 年第 5 期。

Portfolio View 模型四种信用风险管理方法进行了比较分析,并以 2013 年 45 家 ST 公司和与之配对的 45 家非 ST 公司为样本,计算其违约距离,认为 KMV 模型基本上能够识别国内上市公司的信用状况。[1] 总的来说,国内学者基本认为用 KMV 模型来识别上市公司的信用风险是比较合适的,但要根据我国国情进行适当的修正。

(二)KMV 模型构建

KMV 模型是基于默顿模型的一个推广。在默顿模型中,公司的股票被看作是公司资产的股权,以公司资产的市场价值为标的资产,以公司的债务为执行价格。默顿认为在公司资产小于其负债的情况下,公司理论上会对自己发行的债券违约,这时公司的股票价格为 0;当公司资产价值大于债务价值时,公司会支付自己的负债,这时公司股票的价格为资产价值减去负债价值。因此,在模型中,公司的股价可以表示为:

$$E_T = \max(V_T - D, 0)$$

其中 E_T 表示在时间 T 的公司股票价值,V_T 表示在时间 T 的公司资产价值。

假设公司资产的市场价值服从广义维纳过程,然后根据 Black-Scholes 公式,我们可以知道这一期权的当前价格:

$$E_0 = V_0 N(d_1) - D e - rTN(d_2)$$

$$d_1 = \frac{\ln\left(\frac{V_0}{D}\right) + \left(r + \frac{\sigma^2_v}{2}\right) T}{\sigma_V \sqrt{T}}$$

$$d_2 = d_1 - \sigma_V \sqrt{T}$$

其中 E_0 表示公司股票的当前价值,V_0 表示公司资产的当前价值,D 表示

---

① 杨秀云等:《KMV 模型在我国商业银行信用风险管理中的适用性分析及实证检验》,《财经理论与实践》2016 年第 1 期。

公司的债务价值, r 表示无风险利率, σ_V 则为资产的波动率, $N(\cdot)$ 代表累积正态分布函数。

显然,上面的式子有两个未知变量,即公司资产的当前价值 V_0 ,以及资产的波动率 σ_V ,这两个变量都不能在市场上直接观察得到。但我们可以从资产波动率与股票波动率之间的关系建立另一个等式,首先由 Black-Scholes 公式的假设,得知公司的资产价值服从伊藤过程即:

$$d\,V_0 = \mu_V\,V_0 dt + \sigma_V\,V_0 dz$$

同样,股票的当前价值也服从于伊藤过程:

$$d\,E_0 = \mu_E\,E_0 dt + \sigma_E\,E_0 dz$$

其中, dz 服从于维纳过程。

由于 E_0 是 V_0 与 t 的函数,那么根据伊藤引理,我们可得到:

$$d\,E_0 = \left(\frac{\partial E}{\partial t} + \frac{\partial E}{\partial V}\mu_V\,V_0 + \frac{1}{2}\frac{\partial 2E}{\partial V2}\sigma_V 2\,V_0 2\right)dt + \frac{\partial E}{\partial V}\sigma_V\,V_0 dz$$

$$\sigma_E\,E_0 = \frac{\partial E}{\partial V}\sigma_V\,V_0$$

其中 σ_E 表示股票的瞬时波动率, $\frac{\partial E}{\partial V}$ 为股票的 Delta,表示资产价值变化对股票价值变化的影响。

根据上面两个联立方程组可以解出未知变量 V_0 (资产的当前价值)和 σ_V (资产的波动率)。

在公司资产市值和资产波动率已知后,对违约概率计算的关键就是违约点的确定。KMV 公司根据实证分析发现:违约发生最频繁的分界点是在公司市场价值大约等于流动负债加上 50% 的长期负债时,因此 KMV 公司选择的违约点等于短期债务(一年及以下)的价值加上未偿还长期债务账面价值的一半,这样违约距离就可以通过下式计算出来:

违约距离 = (资产市值−违约点)/(资产市值×资产波动率)

从上述公式可知,违约距离越大,表示资产市值与违约点的安全距离越大,即公司发生违约的市场风险越小。

如果违约距离的分布已知,那么违约概率 EDF 就可以简单地看作是资产价值低于违约点的概率。KMV 公司基于庞大的数据得出了违约距离到违约率 EDF 的映射关系,把它们的关系拟合为一条光滑的曲线,用来估计 EDF 值。

（三）参数估计与设定

（1）股权价值（E_0）。我国上市公司的股票被分割为流通股和非流通股,由于非流通股没有市场交易价格,故其价格不易估算。而非流通股的价格通常来说比流通股的价格要低,如果按照流通股的价格来估算股权价值会大大高估其价值。在此我们用每股净资产来作为非流通股的价格,即:

上市公司股权价值=流通股年平均价格×流通股加权股数+每股净资产×非流通股加权股数

（2）股权价值的波动率（σ_E）。在此我们采用历史波动率法来测算上市公司的股权价值波动率。由于一年中证券市场有 252 个交易日,即:

股权价值的年波动率 σ_E = 股权价值的日波动率×$\sqrt{252}$

（3）违约点（D）。参照 KMV 公司对违约点的取值,即:

$$D = 短期债务\ STD + \frac{1}{2}长期债务\ LTD$$

（4）时间期限（T）与无风险利率（r）。国内没有权威的债券价格无风险利率标准,故把无风险利率设定为中国人民银行一年期定期存款利率,同时将时间期限设定为一年。

三、 水电企业的违约距离及资产负债率

（一）样本选取

近年我国水电开发流域主要分布在西南少数民族地区,具有较明显的区

域性,而水电开发公司则是分布于全国且大多已在沪深两市上市的电力企业(集团)。因此我们从沪深两市选取能覆盖我国大部分区域、其主营业务为水电且具有 3 年以上上市时间的能源电力公司,以满足建模数据的完整性和连续性要求。综合考量各方面因素,本项研究选取长江电力、桂冠电力、川投能源、浙富股份等 10 家企业作为样本,测算它们在 2015—2018 年四年之间的信贷风险变化。

(二)模型运算与结果

1. 公司资产价值(V_0)及其波动率(σ_V)

本研究收集了上述 10 家水电上市公司在 2015—2018 年股市的收盘价格、短期负债、长期负债、每股净资产以及流通股和非流通股等数据资料。

首先根据收盘价格,采用历史波动率法算出股票的日波动率以及年波动率。假设 S_i 为第 i 天的收盘价,则股票的收益率为:

$$\mu_i = \ln(\frac{S_{i+1}}{S_i})$$

而股票的日波动率等于其标准差:

$$\sigma_n = \sqrt{\frac{1}{n-1}\sum_{i=1}^{n}(\mu_i - E(\mu))^2}$$

然后根据日波动率与年波动率之间的关系即可算出股票的年波动率 σ_E 。计算结果见表9-9所示。

表 9-9　公司股票价格波动率

	2015 年	2016 年	2017 年	2018 年
桂冠电力	73.47%	30.93%	21.68%	20.89%
川投能源	77.15%	24.84%	13.53%	19.01%
浙富股份	78.99%	37.98%	17.46%	22.17%
国投电力	51.88%	19.12%	16.39%	21.55%

	2015 年	2016 年	2017 年	2018 年
岷江水电	71.57%	45.16%	33.17%	45.91%
湖北能源	82.40%	29.86%	14.02%	19.12%
粤水电	71.76%	39.16%	59.73%	26.14%
三峡水利	69.39%	89.27%	32.81%	31.43%
长江电力	33.26%	12.07%	15.65%	17.88%
黔源电力	59.02%	33.87%	16.92%	16.26%

根据每股净资产、收盘价格以及流通股与非流通股的股数,计算得出每个公司的股权价值,再依据短期负债以及长期负债计算出公司的违约点。

利用 MATLAB 软件编程求解线性方程组:

$$\begin{cases} E_0 = V_0 N(d_1) - D e - rTN(d_2) \\ \sigma_E E_0 = \dfrac{\partial E}{\partial V} \sigma_v V_0 \end{cases}$$

求出公司资产价值(V_0)及其波动率(σ_v),其结果如表 9-10。

表 9-10　公司资产价值及波动率

	2015 年		2016 年		2017 年		2018 年	
	价值 (亿元)	波动率 (%)	价值 (亿元)	波动率 (%)	价值 (亿元)	波动率 (%)	价值 (亿元)	波动率 (%)
桂冠电力	502.03	48.67%	450.05	19.94%	469.72	12.69%	535.687	13.39%
川投能源	522.57	72.04%	425.65	22.27%	466.85	12.16%	445.74	16.47%
浙富股份	149.42	69.65%	124.43	29.65%	119.65	12.72%	108.05	14.35%
国投电力	1537.8	24.51%	1358.60	6.41%	1404.80	5.95%	1411.04	7.58%
岷江水电	44.86	56.19%	51.04	35.33%	42.59	26.70%	80.62	17.99%
湖北能源	562.36	61.13%	372.24	20.19%	411.13	8.87%	422.59	12.21%
粤水电	145.88	28.63%	134.69	12.91%	157.39	18.81%	172.03	5.75%
三峡水利	60.48	51.90%	117.27	77.00%	117.32	28.25%	92.90	25.84%

续表

	2015 年		2016 年		2017 年		2018 年	
	价值 （亿元）	波动率 （%）	价值 （亿元）	波动率 （%）	价值 （亿元）	波动率 （%）	价值 （亿元）	波动率 （%）
长江电力	2689.00	19.10%	3051.10	7.54%	3436.40	10.64%	3573.3	12.71%
黔源电力	128.05	23.88%	126.42	14.75%	121.90	6.69%	117.78	5.98%

2. 债务违约点（D）和违约距离（DD）

违约点 $D=$ 短期债务 $STD+\dfrac{1}{2}$ 长期债务 LTD。依据各公司短期负债及长期负债计算出的违约点 D 值，也称为负债价值。根据模型测算结果，2015—2018 年水电公司的债务违约点 D 值处于 8—1168 之间，最高为长江电力（2015 年），最低为岷江水电（2017 年），结果详见表 9-11。在其他条件不变的情况下，一个企业的债务违约点 D 值越大，表明该企业的违约风险越大。

表 9-11　公司债务违约点及违约距离

	2015 年		2016 年		2017 年		2018 年	
	违约点	违约距离	违约点	违约距离	违约点	违约距离	违约点	违约距离
桂冠电力	175.25	1.3375	162.35	3.2066	197.79	4.5635	195.12	5.3645
川投能源	35.20	1.2947	44.67	4.0196	47.88	7.3809	60.37	8.2572
湖北能源	151.07	1.1965	122.34	3.3245	153.42	7.0706	155.02	8.6492
浙富股份	17.99	1.2629	27.68	2.6221	32.975	5.6965	38.67	6.4524
黔源电力	78.17	1.6309	72.44	2.8944	74.82	5.7722	75.58	6.3657
粤水电	91.68	1.2976	100.27	2.4728	110.72	1.5762	136.25	3.6171
三峡水利	15.59	1.4304	16.39	1.1105	16.55	3.0408	16.78	4.3256
国投电力	837.22	1.8861	916.93	5.0734	908.19	5.9383	928.47	6.3489
岷江水电	9.84	1.3893	11.29	2.2046	8.44	3.0035	49.85	2.1632
长江电力	1167.83	2.9729	1162.40	8.2095	1117.91	6.3429	1048.19	6.4687

违约距离反映了公司资产价值对负债违约点的相对距离,可以作为测量信用风险的参考指标。一般来说,违约距离越大,则公司发生违约的概率越低。根据模型测算,近四年样本公司的违约距离(DD 值)在 1.19—8.65 之间,其中 2018 年最高为湖北能源(2018 年),最低为岷江水电(2015 年)。近四年样本企业的违约距离呈上升状态,表明其整体违约风险有所下降(见表 9–11)。

3. 资产负债率变动

对水电上市公司近四年的资产负债率进行测算,得到表 9–12 的结果。分析发现:水电企业的资产负债率大多数在 50%以上,最高达到 84%,其中低于 40%的仅有川投能源和湖北能源,2018 年分别为 21%、39%。通常制造业资产负债率达到 70%为警戒线。水电企业的高负债率是普遍性行业问题,足以说明该行业的整体风险较大。因此各水电公司都加大了资产负债管控力度,以提升资本利用效率,努力控制资产负债率,从而使得这几年企业的资产负债率、负债价值违约点 D 值没有显著上升。

表 9–12　公司资产负债率

	2015 年	2016 年	2017 年	2018 年
桂冠电力	66.25%	63.11%	63.43%	63.88%
川投能源	23.30%	22.05%	21.09%	21.12%
湖北能源	43.14%	36.66%	39.18%	39.08%
浙富股份	39.75%	48.10%	48.09%	47.13%
黔源电力	76.43%	76.15%	74.11%	71.47%
粤水电	81.96%	82.40%	83.32%	84.23%
三峡水利	47.55%	46.93%	45.31%	41.89%
国投电力	72.00%	72.10%	70.85%	68.20%
岷江水电	66.21%	56.52%	51.96%	48.92%
长江电力	35.66%	57.00%	54.74%	51.71%

四、 水电企业信贷风险评估分析

运用 KMV 模型对我国 10 家水电上市公司 2015—2018 年的信贷风险进行评估,基本上可以代表该行业企业的风险情况。因此根据模型评估分析结果,我们可以初步得出以下具有行业普遍性的结论。

(一)资产总价值呈恢复性增长

从 2015—2018 年水电行业的资产总价值变化来看,大多数公司呈先抑后扬的恢复性增长状态。2016 水电企业的资产总价值普遍下降,2017 年后开始回升,2018 年部分企业总资产增幅有所加大。在 10 家样本企业中,有 5 家 2018 年的资产总价值超过 2015 年,如桂冠电力、岷江水电、粤水电、三峡水利和长江电力,而另 5 家公司仍未恢复到 2015 年水平,包括川投能源、湖北能源、浙富股份、黔源电力和国投电力。如国投电力公司资产总价值从 2015 年的 1537.8 亿元下降为 2018 年的 1411.04 亿元,但较 2016 年的最低值 1358.6 亿元有所回升。

(二)资产负债率涨跌互现总体平稳

2015—2018 年我国水电行业的资产负债率变化不明显,不同企业有升有降,呈涨跌互现格局,并与企业资产总价值变化相关。如长江电力在资产总价值上升的同时,公司的资产负债价值也在上升,从 2015 年的 35.66% 上升到 2018 年的 51.71%,上升约 16 个百分点。而企业资产总价值下降的川投能源,资产负债率也从 2015 年的 23.3% 降到 2018 年的 21.12%,下降了 2 个百分点。但如前所述,我国水电企业资产负债率大多数在 50% 以上,最高超过了 80%,高于一般制造企业 70% 的资产负债率警戒线。负债率持续高企,将使水电企业面临还本付息的压力巨大,以至于出现部分电力央企挂牌“甩卖”水电资产的情形。[①] 但

[①] 苏南:《央企“甩卖”水电低效资产》,《中国能源报》2017 年 2 月 20 日。

只要水电站能正常运行,在发电过程中不需要再投入任何原材料,边际利润率水平较高,因此水电行业的整体债务风险是可控的。

（三）资产价值与负债价值的差额缩小

考察水电企业资产价值与负债价值的差额可以发现,除了长江电力这样的"龙头老大"外,2015—2018 年大多数水电企业资产与负债价值的差额是缩小的(见表 9-13),如国投电力由 700.59 亿元缩小为 482.57 亿元,减少了218.02 亿元,湖北能源、四川能源分别减少约 143 亿元、102 亿元,说明即使水电企业的负债价值整体没有显著增加,但由于其资产总价值处于下降通道,导致企业风险仍有所上升。

表 9-13　企业资产价值与负债价值差额

单位:亿元

	2015 年	2016 年	2017 年	2018 年	四年变化
桂冠电力	326.78	287.71	271.93	340.567	13.79
川投能源	487.38	380.99	418.97	385.37	-102.01
湖北能源	411.29	249.91	257.71	267.57	-143.72
浙富股份	131.44	96.75	86.68	69.38	-62.06
黔源电力	49.88	53.99	47.08	42.2	-7.68
粤水电	54.20	34.42	46.67	35.78	-18.42
三峡水利	44.90	100.88	100.78	76.12	31.22
国投电力	700.59	441.67	496.62	482.57	-218.02
岷江水电	35.02	39.76	34.16	30.77	-4.25
长江电力	1521.18	1888.70	2318.49	2525.11	1003.93

（四）资产价值波动率降低

根据模型测算结果,我国上市水电公司的违约距离近三年略有上升,说明水电行业的信用违约风险有所降低。究其原因,主要得益于 2017 年整个A 股市场的波动性降低。公司资产价值的波动率变化对公司违约距离具有直接影响。在通常情况下,资产价值的波动率越大,公司所面临的违约风险就越大。2015—2018 年,水电公司资产价值波动率下降,使得违约距离有所上升。但股市波动率的下降是整个 A 股市场的情况,并非水电行业的独有特征。2015 年我国 A 股市场经历了暴涨暴跌,导致当年整个股市的波动率较大,从而水电企业资产价值也出现了较大的波动率。2016 年股市基本延续了 2015 年的走势,加之熔断机制的短暂出现,使得 2016 年股市波动率也较高,而 2017 年后 A 股市场归于平静,波澜不惊,水电上市企业的波动率也随之下降,从而提升了水电企业的违约距离,降低了水电企业的信贷违约风险。

综上所述,从近年我国上市水电公司的基本面看,尽管其市场资产总价值处于下降通道,行业资产负债率水平较高,但其信贷违约风险性不高,整体上处于安全可控范围。

第十章　青藏高原地区水电工程
移民安置的特殊投资

　　"以人为本"是新时期水电开发应遵循的基本原则。水电工程建设征地和移民安置工作是水电开发建设的重要组成部分。过去相当长一段时期,国内不少大中型水电工程存在移民安置工作滞后于电站主体工程建设,导致移民安置补偿处于被动局面,甚至成为历史"遗留问题"。

　　近年来,随着我国水电开发向青藏高原地区的高海拔地带纵深推进,水电移民安置补偿问题受到了中央政府的高度重视。国家于2012年专门制定了"先移民后建设"的水电开发新方针,要求科学确定移民安置周期和工程建设周期,优先实施移民安置,做到移民安置进度适度超前于工程建设进度,严格移民安置实施管理,做好移民政策有效衔接,确保移民安置质量,保障移民长久生计和长远发展。①

　　本章重点从高海拔地区水电开发工程建设投资的角度,对水电移民安置补偿费用的构成、移民安置补偿的社会成本进行分析,重点研究当地水电移民安置的特殊补偿项目及其资金成本。结合典型案例,分析研究水电移民生产安置的特殊方式,为探索水电收益共享机制,解决高海拔地区农村水电移民安

---

　　① 参见《国家发展改革委关于做好水电工程先移民后建设有关工作的通知》(发改能源〔2012〕293号)。

置出现的新问题,发挥建设性的指导作用。

第一节　青藏高原地区水电工程移民安置概况

青藏高原地区水电移民安置是较其他地区水电移民安置更为复杂庞大的系统性工程。以下首先从水电工程投资成本的角度,分析这一地区水电移民的基本情况。

一、　水电移民安置的基本概念及特点

水电移民是指在水电工程建设中,因修建水电站和形成水库淹没区而引起的较大数量的、有组织的人口迁移活动。当地居民因水电站建设失去了原有的生产条件和居住条件,不得不搬迁到另一个地方生产和居住。水电移民属于"非自愿性移民",即搬迁不是由自己的主观意愿形成的。相应地,水电移民安置则是对这部分人员进行搬迁安置和生产安置,除了调查、制订具体的实物和货币补偿标准,选择适当的补偿方式外,还涉及移民社区系统重建、环境再造和移民心理调适等复杂问题。

水电移民安置通常包括搬迁安置和生产安置两种。所谓搬迁安置,是指为因水电站建设占地和水库淹没失去住房的人员提供建房资金或集中建造新房,采取分散或集中的方式,将他们从电站库区就近搬迁或远迁到其他地方居住的安置方式及过程。而生产安置则是指对因水电站建设失去生产资料的人员提供新的土地等生产资料,或者提供新的收入来源的安置方式及过程。搬迁安置人员和生产安置人员可能是交叉重合的,既需要搬迁安置也需要生产安置,远迁移民、大规模整村移民通常属于这种情况。而在就近搬迁、小规模零星移民中,两种安置方式可能是单独分离的,即有些移民仅需要进行搬迁安置(原有土地不受影响),有些移民仅需要进行生产安置(原有住房不受影响)。因此,移民人口并不是单纯指住房搬迁人口,也不

是搬迁安置人口与生产安置人口的简单相加,而要实行分类调查,分别统计,分项补偿。

水电移民包括农村移民和城镇移民。在青藏高原地区水电开发中,大多数移民是依靠土地从事农牧业生产的藏族乡村人口,他们是青藏高原地区水电移民安置的主要对象,是移民安置补偿的重点和难点。相对于经济较发达的地区,当地水电移民具有以下突出特点:

一是非自愿性。由于青藏高原地区水电站大多建在高海拔的深山峡谷中,水电移民大多数是乡村人口,以藏族为主。当地生活环境相对闭塞,藏民们世世代代在自己熟悉的自然、社会环境中生存发展,形成了较为固定的社会交往方式和人际关系网络,族群意识较强。一些地区甚至与外界存在语言沟通障碍,这种状况短期内甚至一代人都是无法改变的。对外面世界的茫然、恐惧心理以及对现实的各种担忧,使当地水电移民感情上更难以接受搬迁到外地的移民方式。与自愿移民对外面世界的美好向往不同,水电移民搬迁带有被迫、无奈,因此他们普遍面临着较大的心理压力。

二是复杂性。青藏高原地区面积大、范围广,自然环境条件复杂。通常海拔 3000 米以下的水电开发区多为农业区,而更高海拔的地区是牧业区,介于二者之间则属于半农半牧区。由于农牧业区的生产条件、农牧民的生活方式存在较大差异,因此当地水电移民安置面临更加错综复杂的情况。

三是更强的依赖性。青藏高原地区农村移民大多文化程度较低,除简单的农牧业生产技能外,缺乏其他谋生能力,因此他们对周边自然资源和公共资源的依赖程度更高。由于水电开发导致原有的社会经济平衡被打破,即使这种平衡是建立在低水平基础上的平衡,但毕竟是他们长期并赖以生存的生产生活方式。当水电开发使他们失去原有的生产资料和收入来源后,依靠政府解决所有问题便成为他们的唯一企盼。因此,移民群众对当地政府、移民干部,甚至对水电公司普遍存在较强的"等、靠、要"的依赖心理。

四是长期性。水电移民安置的目标是"移得出、稳得住、能致富"。移民搬迁安置不能是"水赶人"情形下短期政策的结果,关键在于后期能够使移民安居乐业,长期稳定在新的生产生活环境中,并能与周边的非移民群众一起发展致富,生活水平在原有的基础上不断提高。因此,水电移民安置工作成败不仅关系到当地群众的生计,还将影响他们子孙后代的生存和发展,既要立足于现实,更要着眼于未来长期可持续发展。

二、 青藏高原地区水电移民规模及分布

随着我国水电开发重点向西南江河流域上游地处青藏高原的西藏和四省涉藏地区转移,水电移民越来越多地分布在这些边远地区,其中大多数是藏族农牧民,农村移民占有很高比例。根据国家已审批的流域水电基地开发规划,未来新增水电移民主要分布在金沙江干流上游、中游,澜沧江上游、中游,雅砻江干流、大渡河干流,以及怒江干流西藏段等,预计将新增水电移民总人口约30万人,淹没耕地65万亩。其中,金沙江上游水电开发涉及西藏、四川、云南、青海四省(区)水电移民1.58万人(不含已开发电站,下同),淹没耕地3.16万亩;大渡河干流水电开发规划将导致移民3.68万人,淹没耕地3.43万亩。怒江上游西藏段迁移人口0.41万人,淹没耕地1.04万亩,[1]上述流域共新增水电移民约7万人(详见表10-1)。移民人口最多的是金沙江干流中游、澜沧江干流(云南段),新增水电移民合计约23万人,均分布在云南省少数民族地区。其中澜沧江干流云南段的里底水电站、乌弄龙水电站、托巴水电站、黄登水电站4个梯级电站开发,涉及迪庆藏族自治州的维西、德钦两县共10个乡镇,移民19127人。[2]

---

[1]　李丹、郭万侦等:《中国西部水库移民研究》,四川大学出版社2010年版,第108页。
[2]　数据来源于云南迪庆藏族自治州扶贫移民局。

表10-1 青藏高原主要流域水电开发移民人口①

主要流域水电开发规划	移民人口（万人）	淹没耕地（万亩）	主要流域水电开发规划	移民人口（万人）	淹没耕地（万亩）
金沙江干流上游	1.58	3.16	澜沧江干流（云南段）	11.84	21.59
金沙江干流中游	11.23	21.58	澜沧江干流（西藏段）	0.14	0.27
雅砻江干流	1.13	14.17	怒江干流（西藏段）	0.41	1.04
大渡河干流	3.68	3.43	合计	30.01	65.24

注:表中数据不含已开发项目。

从近年青藏高原地区新动工和投产的大型水电工程来看,单个电站移民人口规模超过1万人的极少,这与流域中下游电站动辄涉及数万人甚至10万人口搬迁的情况有了很大变化。且不论三峡水电站的110万人口大移民,平均每万千瓦水电装机移民人数高达500人,即使在大渡河中游的瀑布沟水电站,移民总人数也超过10万人,平均每万千瓦装机规模需要移民303人。相比之下,青藏高原地区的水电开发移民规模普遍较小,例如四川大渡河上游龙头电站双江口,装机容量200万千瓦,移民总人口5617人,平均每万千瓦装机不到29人。青海黄河上游玛尔挡水电站,装机容量220万千瓦,移民总人数仅736人,平均每万千瓦水电移民人口竟不到4人。表10-2为青藏高原地区近年部分投产和在建水电工程的移民人口数量及耕地淹没和占用指标。

表10-2 近年部分投产和在建水电站淹没指标

水电站名称	所在流域	所在区域	装机容量（万千瓦）	移民人口（人）	淹没及占用耕地（亩）	单位装机移民（人/万千瓦）
两河口	雅砻江中游	四川涉藏地区	300	6287	4935	21.0

---

① 根据水电水利规划设计总院、云南迪庆州扶贫移民局资料汇总。

水电站 名称	所在流域	所在区域	装机容量 （万千瓦）	移民 人口 （人）	淹没及占用 耕地（亩）	单位装机 移民 （人/万千瓦）
双江口	大渡河上游	四川涉藏地区	200	5617	8149	28.1
长河坝	大渡河上游	四川涉藏地区	260	1265	934	4.9
猴子岩	大渡河上游	四川涉藏地区	170	1937	279	11.4
托巴	澜沧江上游	云南涉藏地区	90	5622	11000	62.5
Y电站	金沙江上游	西藏自治区、 四川涉藏地区	198	550	957	2.8
藏木	雅鲁藏布江中游	西藏自治区	51	5	515	0.1
玛尔挡	黄河上游	青海涉藏地区	220	736	2959	3.3

资料来源：根据中国电建集团成勘院、西北院有关资料测算。

三、　水电移民安置的主要方式

　　青藏高原地区水电移民绝大多数是农村移民，对这部分人员进行生产安置和搬迁安置是水电移民工作的重点和难点。

　　生产安置是指对电站淹没或占用其土地等生产资料的农牧民进行安置补偿，而搬迁安置指对电站淹没或影响的农牧民住房进行迁建补偿。其中对"淹地又淹房"的移民，需要同时进行生产安置和搬迁安置。而对于只"淹地"或者只"淹房"的移民，需要结合具体情况或单独或同时进行生产安置和搬迁安置。如果生产安置地和搬迁安置地相距遥远，就可能产生一部分随生产安置地而搬迁居住地的扩迁移民，或因住房搬迁造成原有土地资源不能使用，需重新配置土地或其他资源进行生产安置，以解决收入来源。因此，在移民安置规划方案中，综合考虑移民生产安置和搬迁安置的距离，是减少当地农村移民数量、降低农村移民安置难度的重要环节。

　　按照搬迁安置方式划分，水电移民安置方式分为"就近安置"和"远迁安置"两种。"就近安置"也称为"后靠安置"，即移民就近搬迁到电站水位线以上海拔相对较高的地方居住,并通过调剂土地资源或者其他途径解决其收入来源。而"远迁安置"是受当地资源环境容量的限制,在无法解决农村移民土地资源等生产安置条件的情况下,将移民分散搬迁到外县(市)进行安置。具体选择哪种搬迁安置方式,则主要取决于当地的资源环境容量和移民搬迁意愿。

按照生产安置方式划分,农村水电移民安置方式分为:

(1)农业安置方式。指通过调剂或开垦新的土地后备资源来解决农村水电移民的生产资料的方式,也称为"以土为主"安置方式。根据国务院颁布的《大中型水利水电工程建设征地补偿和移民安置条例》规定,"对农村移民安置进行规划,应当坚持以农业生产安置为主,遵循因地制宜、有利生产、方便生活、保护生态的原则,合理规划农村移民安置点"①,"以土为主"的农业安置方式是我国农村水电移民安置的主要方式。这种安置方式的前提是要保证移民重新获得的土地资源在数量和质量上不受影响,使其产出水平和收入水平至少能够与原有持平或有所提高。但这种方式在耕地资源稀少、土地后备资源不足的高海拔地区是非常困难的。

(2)复合安置方式。指把农业安置与二、三产业安置结合起来的生产安置方式。这种生产安置方式适合城郊或离集镇较近的地方,可与当地小城镇建设、民族旅游业发展结合起来。而采用这种安置方式的农村移民需要具备从事相应二、三产业的能力基础。如大渡河泸定水电站库区所在的泸桥镇和烹坝乡,是全县乃至甘孜州主要的蔬菜生产基地,且靠近泸定县城蔬菜集散市场。部分农村移民原来就从事蔬菜栽培和交易,因此结合库区大型农贸市场迁建,为农村移民配置相应的摊位点,进行复合安置,通过从事蔬菜交易的收入弥补其失去部分耕地的收入。但这种安置方式在偏远地区目前不具备相应条件。

---

① 参见《大中型水利水电工程建设征地补偿和移民安置条例》(2017年4月修改)第十三条。

（3）养老安置方式。指根据农村移民年龄,把当地男 50 岁、女 45 岁以上的水电移民、"五保户"移民纳入社会保障范围,提供养老金和医疗保险的安置方式,以保障这部分农村移民"老有所养""病有所医"。这种方式仅适合少数符合年龄规定的中老年移民。

（4）自主安置方式。包括自谋职业、自谋出路、投亲靠友等方式。自主安置方式适合农村移民中少数有较强就业能力,或家庭成员在外地有稳定职业和收入来源的移民。根据移民的意愿,给予一次性土地、住房的足额补偿金后,使其自行选择迁移到定居地,自我创业,或投亲靠友(如与外地子女共同生活),自行解决生产和搬迁安置。这种安置方式对移民的个人素质、个人条件要求较高,因此要严格审查其是否符合条件,谨慎选择自主安置方式的适宜对象。

（5）"无土安置"方式。近年来,随着我国水电开发向西部民族地区深入,出现了"无土安置"农村移民的新型方式,如"逐年货币补偿"安置方式、"产业结构调整"安置方式、"资源入股分红"安置方式等。这种生产安置方式适合缺少土地资源而移民又不愿远迁的山区地区。

上述移民安置方式中,既有以土地、摊位等实物方式对移民进行补偿的,也有直接以货币(现金)方式进行补偿的。其中,自主安置、养老安置、无土安置都属于货币补偿方式。不同之处在于,自主安置是一次性的货币补偿,而无土安置是长期性逐年补偿。青藏高原地区水电移民中究竟采取哪种生产安置方式,要结合具体条件具体分析,不宜一刀切。

第二节　高海拔地区水电移民安置补偿的特点

青藏高原地区水电移民安置补偿的特点,体现在移民住房补偿、宗教设施补偿、专业项目补偿、民俗文化保护方面,同时还体现为生产安置的特殊方式。这些是由其地处高海拔、高寒地带的自然、社会、文化环境特殊性所决定的。

一、 移民房屋的特殊补偿

水电移民搬迁必然涉及住房重建问题。房屋是青藏高原地区藏族农牧民家族财富积累的象征,也是家庭中最重要的财产和生活条件。因此,对移民住房重建的补偿标准、补偿资金是他们最关心的切身利益所在。尽管各地的藏式房屋建筑风格存在一些差异,但整体上都保留了藏族传统民居建筑鲜明的民族特色,并具有宗教文化色彩,突出反映在藏式房屋的建筑特征和装饰特征上。

藏式房屋建筑结构主要包括藏式土木、藏式石木、藏土石木三种,一般主房为2—3层,呈L形或矩形布局。一层为牲畜和存储草料房,二层为生活区,有客厅、卧室、厨房等,三层为经房、粮仓或晾晒平台。在建筑材料上,藏式房屋木材用量大、质量好,片石材料运用较广。房屋从外部装饰看,门、窗均有色彩醒目的雕花和彩绘,入户大门大多为双扇木门,门框厚实,每层门框都采用不同的雕花和彩绘,而门扇则采用彩绘装饰。建筑装饰色彩非常艳丽,多为红、蓝、绿、黄色。为增强保暖性,藏式传统建筑的窗户一般较小,窗框上也绘有彩色花纹,藏式建筑的屋檐装饰也赋有特色,上下两层相间布置,呈“品”字形。房屋内部的装饰更加丰富,木质内墙隔断、梁柱和天棚,都有大量雕花彩绘。彩绘图案包括花卉、人物和神兽、六字真言、吉祥图案等,华丽庄重,蕴含着祝福和宗教文化象征意义。每幅图案既相互独立又相互联系,在视觉和心理上给人以平衡感,集中体现了藏民族的宗教文化、民族文化和建筑艺术。

由于青藏高原地区范围较广,各地建筑风格有所差异。如四川两河口水电站库区的扎坝民居,是一种碉与房连成一体组合成的碉房,一般4—5层甚至更高,建造完成常常要费时数年,耗用大量的人力物力,凝聚着深厚的传统建造技艺和文化内涵。位于道孚县的藏式民居俗称“崩科”,它以粗壮的圆木作为大梁、立柱和外墙,外形别致,色彩绚丽,内部以大面积的彩绘、木雕作为装饰,华丽夺目。而康定一带的木雅藏族民居美轮美奂,已成为吸引国内外游客的亮丽风景。

因此,在评估青藏高原水电站库区藏族民居的补偿价格时,不能简单参照其他地区普通建筑的造价构成,还必须详细核算各项特殊成本费用。除了房屋土建工程成本补偿外,应当考虑房屋室内的装饰工程、水电安装工程,特别是要将房屋的装修装饰价格分开单列,按具体装饰项目分别进行补助。此外,藏民家里普遍设有经堂,在住房补偿款项中,还要考虑室内经堂的建造和装饰价格。

如西藏林芝的 Z 电站移民房屋补偿价格测算中,对藏式结构房屋的内墙、梁、柱、门窗的雕花彩绘等特色装饰、木质地板、天棚、室内经常等装修逐项进行单独调查,另行测算。将墙面雕花彩绘装饰、门窗八字木桁及雕花彩绘、柱梁表面雕花彩绘、楼地面木地板、天棚木望板和彩绘、经堂的内部装修等,都单独计列装修补助,对普通门窗、一般的墙体粉刷则不列为装修补偿项目,而是统一列入房屋建筑单价范围内。此外,还增加了房屋建筑的抗震加固补助费,勘察设施费、建设单位管理费、工程监理费、施工图审查费等工程建设其他费用①,从而保障当地农村移民搬迁新建住房能有充足的资金。这些做法和经验在高海拔山区值得推广。

此外,根据复建重置价补偿原则,当地居民房屋补偿应按照当前新建同类型建筑的实际造价制订标准。要充分考虑青藏高原地区水电移民安置居住区海拔增高带来的房屋建造成本上升,以及房屋新增御寒设施的费用,适当提高补偿标准,使他们的生活质量不因搬迁到更高海拔居住地而下降,更好地维护移民群众的切身利益。

二、 宗教设施的特殊补助

青藏高原地区的水电开发征地涉及许多宗教设施迁建补偿问题。除了受

---

① 张鑫等:《藏区水电工程移民房屋补偿单价分析》,《人民长江》2017 年第 2 期增刊。

淹没影响的寺庙搬迁外,还有大量属于乡村集体或个人家庭的宗教设施,如嘛呢堆、佛塔、洞科、嚓嚓、经幡等,以及民俗构建筑物,如转经筒、雕角、煨桑台、水葬台、天葬台等。这些都是其他地区水电移民安置中很少遇到的,缺乏相应的补偿标准。库区移民家家户户房屋内和周边都有"土神、家神、水神",对此进行合理补偿也是当地特有的。

科学制定量算标准和补偿标准,得到移民群众的普遍认可,切实维护库区移民、寺庙僧侣的切身利益,是民族地区水电开发中亟待破解的难题。实践中,往往需要由水电开发企业(投资方)与地方政府、寺庙僧侣、移民代表等充分协商,就宗教设施、特色建(构)筑物和特色装修装饰的补偿单价和标准逐项达成共识。

青藏高原地区几乎全民信教,当地有多种教派,各派、各庙之间虽能和谐共存,但教义差别较大,各有自己的传统覆盖区域和基本信教群众,寺庙僧侣与信众普遍存在着较稳定的供养服务关系。无论是寺庙迁建还是教徒搬迁,都可能产生不同教派群众混杂居住的局面,或出现部分信徒与寺庙分离的新情况,由此可能带来一些现实矛盾和风险隐患。

因此,水电移民搬迁方案要充分尊重移民的个人意愿,尽量遵循"寺庙与信教群众不分离"原则。一是尽量实行本村后靠,避免改变移民原有的文化环境和生活格局;二是寺庙搬迁和移民去向要统筹考虑,尽量保持原有的供养服务关系;三是为保持原有村落的宗教、习俗、文化、语言不改变,可考虑整村搬迁,集中安置;四是对库区宗教活动场所的迁建和宗教文化的保护开展专题调研、典型个案调查,作出科学评价,制定切实可行的宗教文化保护方案。

三、 专项设施复建的特殊要求

专项设施复建投资也称为"专业项目"费用。所谓专业项目,是指对水电开发区内受水库淹没或工程建设影响的基础设施进行迁建、改建或新建的项目,包括涉及的铁路、公路、桥梁、水运、水利、电力、电信、防护工程、文物古迹等。根据水电工程投资项目分类,专业项目投资被划归到"建设征地移民安置补偿费用"中。因此,专业项目的复建质量、设施标准、资金投入强度,都直接关系到水电开发区的基础设施水平,集中反映了水电开发对当地经济社会发展的促进作用,一定程度上也能体现水电企业的社会责任。

根据我国水电移民安置补偿条例的有关规定,对交通、电力、电信、广播电视等专项设施以及中小学的迁建或者复建,按照其"原规模、原标准或者恢复原功能"的原则补偿,也就是通常所称的"三原"补偿标准。但是在青藏高原地区,由于广大乡村基础设施建设严重滞后,普遍存在着原有设施等级低、条件差的情况,如果按照"三原"标准进行复建,不利于改善水电开发区的基础设施条件。此外,对"三原"标准的理解应当全面,当"原规模""原标准"不足以达到"恢复原功能"需求时,应当首先考虑"恢复原功能",相应提高基础设施的原有规模或原有标准。此外,"重置成本"可以覆盖物价上涨因素,按重置价格进行补偿是一种市场化的公平标准,应当大量运用。

在高海拔地区水电工程征地移民安置补偿费用中,各专业项目投资普遍占有较高比重,原因在于当地各项基础设施建设工程造价都要高于其他地区。实践中,水电企业出于解决青藏高原地区少数民族群众切实困难,造福一方百姓的宗旨,在库区复建、迁建新的基础设施时,通常会在原有的基础上适当提高等级标准,以改善库区基础设施条件,促进当地群众增收致富。因此,当地道路、桥梁、通讯、电力、集镇、学校等专业项目的迁建、复建投资额,占建设征地和移民安置补偿投资总额的比重通常较高,而其中"农村部分"即用于农村移民安置补偿的费用占比并不高。

综上,高海拔地区水电征地涉及的专业项目复建成本较高,某种程度上抬高了电站建设征地和移民安置成本,这也是当地水电开发投资成本上升的重要因素之一。这部分投资成本纳入水电上网电价中,可能造成水电市场竞争力下降,使当地水电开发的投资风险加大。但是水电企业对库区基础设施的重建,客观上能有效弥补当地基础设施低水平的短板,有利于改变青藏高原地区广大乡村的面貌,促进当地二、三产业发展。

四、 生产安置的特殊方式

青藏高原地区水电站建设大多位于高海拔深山峡谷地带,国家实行退耕还林和天然林保护工程后,当地适宜耕作的土地及其后备资源已十分匮乏。而水电开发淹没的土地都位于海拔较低的河谷,如果按照传统的"以土安置"农村移民方式将面临资源环境承载力不足的挑战。藏族"故土难舍"的浓厚情结,以及对林草资源的严重依赖,加上宗教文化融合的顾虑,致使他们中的大多数人不愿远迁,而是选择就近搬迁到高海拔地居住的"后靠安置"方式。这就使当地水电移民的生产安置面临难题。那么,如何破解当地土地资源不足的制约因素呢?

根据国务院《大中型水利水电工程建设征地补偿和移民安置条例》(国务院令 471 号)第 22 条的规定,"大中型水利水电工程建设征收耕地的,土地补偿费和安置补助费之和为该耕地被征收前三年平均年产值的 16 倍。土地补偿费和安置补助费不能使需要安置的移民保持原有生活水平、需要提高标准的,由项目法人或者项目主管部门报项目审批或者核准部门批准"。这一规定中的"16 倍年产值"正是水电移民生产安置中实行多年的原则性补偿标准。在耕地产量和产值很低的州县,16 倍年产值的补偿标准是无法解决当地移民生产安置问题的。要重新开垦新耕地既缺乏后备资源,还面临在高海拔山区配套农田水利设施、增加土壤肥力等高昂的投资成本,且不符合退耕还林、退耕还牧的高原生态保护原则。

随着我国水电开发向西部高海拔、高寒地区推进,2017 年国家修改颁布了新的《大中型水利水电工程建设征地补偿和移民安置条例》(国务院令 679 号),将原第 22 条修改为"大中型水利水电工程建设征收土地的土地补偿费和安置补助费,实行与铁路等基础设施项目用地同等补偿标准,按照被征收土地所在省、自治区、直辖市规定的标准执行"。这一修改替代了原有的"16 倍年产值"的原则性规定,有利于根据水电开发区实际情况制定更灵活的移民生产安置方式。

从青藏高原地区现实情况来看,人均耕地面积小,林地面积大,农牧民家庭普遍对耕地的依赖性不强,家庭主要收入来源于每年季节性地采集出售虫草、松茸等野生菌类,以及野生中藏药材等,这部分现金收入通常占农牧民家庭年收入的50%以上。另一方面,当地藏民普遍养殖牛、马、羊等牲畜,酥油和奶制品等可以基本满足家庭生活所需。因此,只要高半山原有的山林草场资源利用未受太大影响,他们的收入损失就不大,经济收入仍有一定的保障。考虑到青藏高原地区农村经济的上述特点,对仅有少量耕地淹没损失的农牧民进行生产安置补偿,完全可以通过其他替代方式妥善解决。因此,在当地积极探索"无土安置"方式,对农村移民实施长期逐年货币补偿成为现实的选择。

所谓"无土安置"长效补偿方式,是一种新型的水电移民生产安置方式,是指对水电工程建设永久征收的集体经济组织所有、承包到户的耕地(含园地),按照分解到户的不同类别和等级面积,以当地省级人民政府公布的耕地年产值标准,逐年对移民进行货币(现金)补偿,补偿期限与电站运行同期。

对水电移民实施"无土安置"方式试点始于云南和四川涉藏地区,目前已在青海涉藏地区和西藏推广。在云南省金沙江中游水电开发中,由于安置移民多达15万人,移民生产安置任务繁重,而库区所在州(市)耕地资源十分有限,人地矛盾高度集中,仅靠"以土安置"的传统大农业安置方式,资源环境容量无力承载。而金沙江中游地处少数民族地区,动员外迁安置难度大。针对农村移民安置面临的"人地资源"突出矛盾,2007年云南省政府在华电金沙江水电公司的配合下,对金沙江中游移民尝试进行"无土安置"补偿补助试点。

"无土安置"的具体办法是:根据"淹多少、补多少"的原则,按被淹没承包耕地前三年的谷物平均年产量,依据所对应年份粮食主管部门公布的粮食交易价格,确定耕地平均亩产值,以货币形式对移民进行逐年长效补偿,补偿额实行逐年定量递增。在电站建设期,该项费用从审定的投资概算中列支;在电站运行期,从发电收益中提取移民长效补偿资金,并交由当地人民政府负责兑付。长效补偿期限与电站运行期限相同。移民身故后,其补偿费由家庭成员继续享有。如水电站运行期结束,则通过土地整理恢复耕地,交当地人民政府分配给移民户耕种。①

在青藏高原地区,"无土安置"方式试点始于四川省阿坝州的毛尔盖水电站。该电站永久征收耕地 4200 亩,需生产安置人口 2288 人。受 2008 年"5·12"汶川大地震的影响,原定用于移民生产安置的部分土地因面临泥石流、滑坡风险无法利用,同时大量可利用土地资源受损,使集中居民安置点附近可开发、调剂、利用的人均土地不足 0.15 亩,人地矛盾加剧,依靠传统的"以土为本"方式安置移民,资源环境容量已无承载能力。针对农村水电移民生产安置难度巨大的现实,在当地政府的强力支持和大力推进下,毛尔盖水电公司大胆创新移民安置方式,通过调研、论证,决定采用"无土安置"方式对农村移民给予逐年的、长期货币补偿。毛尔盖电站实施的"无土安置"这种特殊方式获得了四川省人民政府批准。据调查,当地部分农村移民自愿选择"无土安置"方式后,建设期人均移民纯收入水平达到 4561 元,是采用农业安置方式人均收入(3268 元)的 1.4 倍,收入水平明显提高。这种具有创新性的移民安置方式,实现了地方政府、电站业主和移民群众三方共赢、三方满意,对资源环境容量有限的青藏高原地区水电工程项目建设起到了示范效应。随后,青海省也选择黄河干流的积石峡、黄丰、羊曲水电站库区作为"无土安置"逐年补偿方式的试点地区,四川雅砻江两河口水电站也选择了这一长效补偿方式,得到了当地移民群众的高度认可和欣然接受。

此外,青海水电移民生产安置中,还出现了"产业结构调整"安置的新方式。青海黄河上游河段海拔高,冬季时间长,牧区牛羊因缺乏草料生长缓慢。

---

① 参见云南省人民政府办公厅:《云南金沙江中游水电开发移民安置补偿补助意见》。

当地政府近年在牧区、半农半牧区大力推广"牛羊育肥"项目,修建温室大棚进行牛羊育肥,有效提高了牛羊的冬季生长速度和产肉率,增加了农牧民的经济收入。将这种"产业结构调整"的思路运用到青海省高海拔地区农村水电移民生产安置中,有效减少移民对林地资源的依赖,使移民就近搬迁到村镇附近居住,并集中配套建设基础设施,可极大改善其生产生活条件。如在黄河拉西瓦水电站库区贵南县,用"产业结构调整"方式安置水电移民,按照户均配套 100 平方米的牛羊温室大棚标准,农牧民人均年收入可增加 3177 元,①从而使农村移民的收入水平得到大幅度提高。

第三节　不同区域的水电移民安置补偿比较

在青藏高原地区水能开发中,不同区域的地理环境、人文环境,不同的经济发展水平以及牧区与农区等差异,对水电工程投资中的建设征地与移民安置补偿成本带来诸多影响。

通过大量调研,笔者收集整理了青藏高原地区不同区域条件下的水电移民安置补偿成本资料,在此基础上,进行深入的比较分析。

一、　典型水电站移民安置补偿概况比较

(一)大渡河 C 水电站

大渡河 C 水电站是四川涉藏地区近年投产的一座大型水电站。该电站建设征地涉及 1 个县内的 5 个乡 24 个村,征占土地总面积 27065 亩(含水域),其中耕园地 1102 亩,林地 11440 亩,分别占淹没影响土地总面积的

---

① 张勇、杨雪婷:《黄河上游水库移民生产安置方式浅议》,载中国水电工程顾问集团公司编:《2012 年水电移民政策、技术、管理论坛论文集》,中国水利水电出版社 2013 年版,第 458—466 页。

13.3%、53.4%。移民总人口1741人,其中农村移民1498人。淹没影响区涉及耕地、人口分别占全县耕地总面积、总人口的2.58%、1.59%,对全县的淹没影响范围和比重都不大。在C电站投资构成中,建设征地和移民安置补偿费(简称移民安置费)总额为23.12亿元,平均889.22元/千瓦。其中,专业项目投资占移民安置费总额的61.8%,平均为550元/千瓦,而农村移民安置费合计占比为19.1%,平均费用仅169.92元/千瓦(见表10-3)。

表10-3 不同水电站建设征地和移民安置费用构成比较

	费用名称	C电站		Y电站		S电站	
		平均费用(元/千瓦)	费用结构(%)	平均费用(元/千瓦)	费用结构(%)	平均费用(元/千瓦)	费用结构(%)
1	农村部分	169.92	19.1	263.23	34.4	897.60	27.5
2	集镇部分	0	0	0	0	40.90	1.3
3	专业项目	550.00	61.8	261.42	34.1	1406.44	43.1
4	库底清理	0.77	0.1	5.04	0.7	12.11	0.4
5	环境保护和水土保持	0.61	0.1	0.06	0.0	60.86	1.9
6	独立费用	87.12	9.7	199.53	26.1	670.16	20.5
7	基本预备费	80.84	9.2	36.46	4.8	176.17	10.6
1—7	合计额	889.22	100	765.75	100.0	3454.92	100.0
	占电站静态投资额的比重		2.5		2.3		6.3

(二)金沙江Y水电站

金沙江Y水电站为近年动工正在建设中的大型水电站,其建设征地范围涉及西藏、四川涉藏地区的3个县,征占土地总面积37450.03亩,其中林地65.9%,耕地2.6%。电站建设涉及搬迁人口73户550人(全部为农业人口),征地范围内无基本农田,不涉及退耕还林地。Y电站建设征地和移民安置静态投资额为17.15亿元,平均费用765.75元/千瓦。其中,农村部分占

34.4%,平均费用为263.23元/千瓦。其次是专业项目投资,占整个电站建设征地移民安置补偿费总额的34.1%,平均261.42元/千瓦。比较而言,Y电站的农村移民生产安置和住房搬迁补偿费较高,与专业项目投资额相当(见表10-3)。

(三)大渡河S水电站

大渡河S水电站位于四川涉藏地区大渡河干流,是大渡河干流上游的控制性水库,建成投产后对下游梯级具有发电补偿效益,枯水期可以极大地增加其他梯级的发电量,从而有效调节水力发电的季节性。

S水电站装机容量200万千瓦,多年平均年发电量约77.07亿千瓦时。2015年正式开工建设,预计2022年底投产发电。S水电站采用坝式开发,枢纽工程由拦河大坝、泄洪建筑物、引水发电系统等组成,堆石坝最大坝高314米,为世界第一高坝,具有年调节能力。

S水库蓄水淹没和影响范围较广,涉及M市7个乡镇,以及J县3个乡镇,共计10个乡镇。另外,还涉及州、县属企业8家。水电站建设征地和淹没影响涉及总人口5617人,其中农村部分人口4164人,其中农业人口4131人,非农人口33人,机关企事业单位职工1453人。淹没影响耕园地10244亩(其中耕地8148.98亩),林地48007.14亩,牧草地256.73亩,在西藏和四省涉藏地区中属于淹没影响范围较广、移民人口较多的大型水库调节电站。S水电站平均每万装机淹没影响人口为29人,每万装机淹没及占用耕园地51.2亩。

从受电站工程淹没的人口、耕地量分布情况来看,M市移民人口占全市总人口的10.6%,淹没影响耕地面积占全市耕地总面积的17.2%。而J县移民人口、淹没耕地占全县总数的比例分别为1.1%、1.4%,因此J县所受的影响相对较小。

S水电站建设征地和移民安置静态投资额为65.28亿元,平均费用达到3264.24元/千瓦。其中,专业项目部分占43.1%,平均投资为1406.44元/千瓦,其次是农村部分占 27.5%,平均安置补偿费用为 897.6 元/千瓦。值得关注的是,在安置补偿费中,独立费用占比达 20.5%,平均为 670 元/千瓦。对其构成进行调查发现,由于水电开发征占了河谷的部分基本农田,以及县城附近低海拔优质耕地,因此需要支付的耕地占用税、耕地开垦费和森林植被恢复费合计达到 8.6 亿元。此外,S 水电站还涉及部分集镇迁建补偿费用,而这在位置偏远的 C 电站和 Y 电站建设中是不存在的(见表 10-3)。

将青藏高原地区不同区域的水电站工程进行对比分析,可以发现不同区域的水电站由于海拔高度、区位条件、经济发展条件等因素不同,建设征地和移民安置补偿费及成本结构存在明显差异。

在我们调查的三个电站中,S 水电站的移民安置补偿成本最高,静态投资额达到 3454.92 元/千瓦,占整个电站建设投资额的 6.3%。这首先是由于该电站设计为大渡河上游的龙头水库电站,具有多年调节补偿功能,可以在冬季河流枯水期增加所有下游梯级电站的发电量,从而有效弥补水电的季节发电能力不均衡状况,极大提高整个流域开发的综合效益。但是龙头电站的大坝水库淹没损失较大,移民人口较多、安置补偿费用高。同时,S 电站位于海拔相对较低的河谷,河谷宽阔,相对淹没范围更大。加之距离县城较近,人口耕地分布较密,涉及的电力设施、公路设施、基本农田等影响损失的经济价值高,因此各项专业设施的复建、移民住房搬迁、开垦新耕地等补偿性投资成本都更高。

比较之下,C 电站和 Y 电站位于高海拔地区,施工难度大,交通物流成本高,因此安置区专业项目投资占比大,C 电站的比重高达 61.8%,但是整个建设征地和移民安置补偿成本费用明显降低,如 C 电站为 889.22 元/千瓦,Y 电站为 765.75 元/千瓦,仅相当于 S 电站的 23%、27%,两电站移民安置补偿费占工程静态总投资额的比重都在 2.5% 以内。究其根本原因,在于高海拔地区地广人稀,水电工程建设涉及的移民人数、土地面积较少,淹没损失经济价值较小,因此建设征地和移民安置补偿无论是单位费用还是占电站工程总投资额的比重都相对较低。

二、 不同水电站农村移民安置补偿标准分析

一些研究认为,西部水电开发成本上升的重要原因在于移民成本上升,这其实是缺乏数据支撑的错误观点。事实上,除了少数高坝龙头水电站,这一区域水移民安置的平均费用整体上是下降的。那么,是否存在着对这些地区农村移民的安置补偿标准太低或者说补偿不充分呢? 为深入研究这一问题,笔者对西藏和四省涉藏地区的部分水电站移民安置补偿情况进行了调研。

本研究所称的移民安置补偿费标准,是专指为农村移民开垦新耕地、新建住房、补偿林果木、青苗、其他财物损失等的费用支出,不包括交通、电力、电讯、水利等各专项设施迁(复)建、环境保护和水土保持工程、管理税费等投资成本。这部分"移民安置补偿费"与水电工程设计概算中的"农村部分"费用相吻合,按照农村移民(生产安置和住房搬迁)总人数测算出人均安置补偿标准。笔者收集整理了六座近年投产或在建的青藏高原地区水电站资料,数据测算结果见表10-4。

表10-4 青藏高原地区部分水电站农村移民安置投资

	M 电站	S 电站	C 电站	L 电站	J 电站	Y 电站
电站装机规模(兆瓦)	420	2000	2600	3000	360	2240
农村移民安置人口(人)	2288	4131	1498	5819	319	1146
农村移民安置补偿费(万元)	46848.0	179520.2	44180.3	261707	16005.7	58962.9
占建设征地和移民安置费比重(%)	49.0	37.1	19.1	26.2	59.4	34.4
占水电工程静态投资额比重(%)	8.1	6.3	2.5	6.8	2.2	2.3
移民安置平均成本(元/千瓦)	1115.4	897.6	169.9	872.4	444.6	263.2
人均安置费用(万元/人)	20.5	43.5	29.5	45.0	50.2	51.5

注:表中数据均按当年价格水平,不包括价差预备费和利息。

表 10-4 中前两座水电站位于海拔相对较低的河谷区,后四座水电站位于高海拔地区。以金沙江上游的 Y 电站为案例,电站建设涉及界河两岸的四川、西藏两省区 3 个县,征占土地 3.74 万亩,其中耕地 957 亩,约占 2.6%,其余为林草地。需要安置农村移民 1146 人(生产安置 596 人,搬迁安置 550 人),均为藏族。农村移民安置补偿费共 58962.89 万元,按照移民总人口测算,人均安置补偿费标准达到 51.5 万元/人,[①]其中移民分散安置点的道路、住宅、挡墙、绿化及公用工程等人均基础设施费标准为 3.3 万元/人,这一标准在青藏高原地区的水电站中是较高的。但是按水电站单位装机的平均安置费仅 263.2 元/千瓦,远小于海拔相对较低的 M 电站和 S 电站,农村移民安置补偿费占电站工程静态投资额的比重仅 2.3%,这在青藏高原地区水电站工程中也是较低的。

通过对上述水电开发移民安置补偿投资费用的分析测算,水电移民的人均安置补偿费并不低,特别是在西藏、青海、四川海拔 3000 米以上地区的水电开发项目,如西藏 J 电站、金沙江上游的 Y 电站,农村移民人均安置费用超过 50 万元。同时,由于当地移民生产安置方式多样化,如 J 电站、M 电站、L 电站、Y 电站等部分或全部采取逐年货币补偿安置方式,对农村移民的经济补偿将是长期性、持续性的。

综上,近年来,青藏高原地区水电移民安置补偿标准不断提高,土地、房屋、宗教物品、基础设施等各项补偿费用都有所上升,这是不能否认的,此举有利于保障少数民族移民群众的生产生活水平不断提高,并使他们能够参与分享当地水电开发的成果。但是客观地分析,与青藏高原地区水电工程建设成本的急剧上升相比,当地移民安置补偿成本并不高。由于高海拔地区地广人稀,受水电开发淹没影响的移民人口相对较少,淹没损失总体较小,因此按单位装机规模的移民安置费用总体上是下降的,如西藏雅鲁藏布江 J 电站、金沙

---

① 因生产安置和搬迁安置移民存在部分交叉,Y 电站的实际移民人口总数低于二者之和。因此实际人均安置补偿费标准(生产安置费和搬迁安置费之和)高于测算结果。

江上游 Y 电站,每千瓦移民安置补偿成本只有四川涉藏地区 S 电站、L 电站的
50%左右,水电移民安置费占电站总投资的比重较其他地区电站也有所下降。
因此,水电移民成本上升是相对而言的,总体上对青藏高原地区水电投资成本
的影响并不大。另一方面,也为进一步提高青藏高原地区水电移民安置补偿
水平创造了有利条件和较大空间。

第四节　高海拔地区水电移民安置特殊投资典型案例分析

为适应高海拔地区水电开发的特殊性,在许多流域水电开发过程中,地方
政府、开发企业与移民通过充分沟通协商,对移民安置补偿政策进行了大胆创
新和稳步试点,在移民补偿内容、补偿方式上取得了突破。本节仅以四川雅砻
江上游的 L 水电站为案例进行分析。

一、　影响 L 水电站移民安置方式的特殊因素

相对于青藏高原地区的其他水电站,L 水电站海拔相对较低,电站正常蓄
水位的海拔为 2860 米。由于该电站具有特殊的年调节功能,所要建设的高坝
"龙头"水库总库容达 101.5 亿立方米,总蓄水量相当于北京市 3 年的用水
量。相应地,L 电站水库淹没影响面积也较大,涉及四川省甘孜州的雅江等 4
县共 20 个乡,征占耕园地面积 5673 亩,林地面积 135084 亩,搬迁移民 6287
人,移民人口分布相对集中。L 水电站库区移民安置面临以下特殊因素。

（一）耕地少林地资源丰富

根据第二次全国土地调查和 L 水电站实物指标调查情况,L 水电站库区
的四个县土地总面积较大,但耕园地占比很小。如水电站枢纽所在的雅江县,
全县耕地面积 6.27 万亩,林地面积 512.83 万亩,分别占全县土地总面积的

0.55%、44.5%。而另三县耕地面积分别占各县总面积的 1.1%、0.35%和 0.69%。

L 电站建设涉及征占土地面积 182092 亩,其中耕园地 5672 亩(扣除集镇迁建等占地为 5366 亩),林地面积 135084 亩。电站建设造成的耕园地损失主要集中在雅江县,包括水库淹没区、地质影响区、枢纽建设区,合计共 3125 亩,占该电站征占耕园地总面积的 58.2%。库区各乡被征占的耕园地分布不平衡,其中雅江县普巴绒乡损失耕地 1329 亩,占全乡耕地总面积的 51%,理塘县绒坝乡损失耕地 360 亩,占全乡耕地总面积的 63%,呷柯乡损失耕地 623 亩,占全乡耕地总面积的 70%。水电站修建将使上述三个乡的大部分原有耕地不复存在。

表 10-5 L 水电站征占耕园地面积及其分布

单位:亩

	水库淹没区	地质影响区	枢纽建设区	合计	占征收耕园地总面积比
雅江县	1935	115	1074	3125	58.2%
理塘县	836	56	93	985	18.4%
新龙县	235	140	0	376	7.0%
道孚县	734	140	0	880	16.4%
合计	3746	452	1168	5366	100.0%

根据国家、四川省移民安置补偿政策条例的相关规定,耕地、园地使用权调整费标准为被调剂耕地、园地前三年平均年产值的 16 倍,林地、牧草地使用权调整费为该工程被征地前 3 年平均年产值的 8 倍。而 L 电站库区面临“林草资源丰富、耕地资源少”的资源状况,电站主要征占用地是林地,如果按照上述政策标准执行,土地补偿标准会明显偏低,导致农村水电移民的生产安置资金偏少,在汉区普遍实行的“以土为主”农村移民安置方式很难实现。

（二）农户收入以林地野生资源收入为主

L水电站库区移民收入构成特殊,采集出售林下野生资源是其现金收入的主要来源,大多数家庭都有牛、马、羊等牲畜,酥油和奶制品等可满足生活所需,每家都能得到国家退耕还林专款补助。而耕地种植的农作物品种少产量低,仅是其基本生活保障的补充。据调查,在移民户家庭收入构成中,粮食作物收成所占比例微不足道,所种青稞、玉米、洋芋等作物仅够口粮和牲畜饲料。家庭经济收入主要来源于附近森林、草地的虫草、松茸等野生植物资源,以及贝母、知母、秦艽、羌活、大黄、当归等中藏药材,加上牦牛、羊等牧业收入。农牧民每年仅靠虫草、松茸两项就可达到人均收入5000元,特别是不断上涨的虫草、松茸价格,使当地许多农户家庭年收入达到数万元。依靠采集出售林地野生资源的收入,一般占农牧民家庭年收入的50%以上,而农业收入、劳务性收入较少。如果农村移民外迁,在安置区此类特殊资源难以配置,移民收入水平将受到很大影响。当地农村经济对林地野生资源的依赖性增加了移民外迁难度。

（三）集体宗教设施多,寺庙搬迁难度大

L电站库区农村移民100%信奉藏传佛教,电站建设征地区涉及教派众多,寺庙与信教群众之间存在长期相互影响。信仰教派的不同及信众与寺庙间的供养关系对移民安置影响较大,增加了外迁移民的难度。

经调查,L水电站建设征地影响范围涉及寺庙4座,全部分布在道孚县境内,共有僧侣214人,房屋建筑面积27328平方米。同时,电站库区全民信教,其集体宗教设施具有数量大、种类多、分布广等特点。经调查,涉及淹没影响的宗教设施主要有:转经房(洞科)、查孔、嘛呢堆、查查堆、水转经、佛塔、经幡、泥塑菩萨、崖刻经文、经幡塔、水葬点、火葬台、天葬台等。宗教设施是宗教实体化的重要一环,它的壮观、宏伟和完备与否是宗教社会实力体现的外观标记,是宗教扩大自身影响的需要,同时也是库区移民群众生活不可或缺的一部分。而迄今

我国移民安置条例中,针对民族宗教特色的个人补偿项目、补偿标准几乎没有。

(四)藏式房屋多片石结构,装修复杂

L 水电站建设征地涉及的房屋分布面广,涉及居民点较分散。因区域生活环境相对封闭,除机关企事业单位房屋外,大部分移民的房屋仍为传统的藏式片石木、藏式木结构房屋。电站建设征地范围涉及房屋总面积约 120 万平方米。其中藏式片石木结构房屋约 100 万平方米,占总房屋面积的 83.46%;藏式条石木结构 3771 平方米,占总房屋面积的 0.31%;藏式木结构房屋 4157平方米,占总房屋面积的 0.35%。

另外,藏式房屋一般设置有经堂,经堂的主体结构与房屋主体结构基本一致,因此在实际调查过程中,移民户的经堂面积都应记入其主要房屋面积内,经堂装修情况也要在装修调查中体现出来。

藏式房屋装修具有极为浓厚的藏式风格。库区移民对其主住房大多进行了精美的装修,并且每年会拿出收入的一部分来改善家庭房屋的内部装修。藏式房屋装修主要集中在地面、墙面、吊顶、柱、门窗、壁柜等部位,特别是经堂装修,更具有鲜明的藏传佛教特色。而目前对这种具有民族传统风格的住房建筑,也缺乏安置补偿标准和参照经验。

二、 L 水电站移民生产安置方式的创新

为了切实贯彻国家水电移民安置"移得出、稳得住、可发展、能致富"的精神,根据国家政策法规,结合电站库区资源环境容量,L 水电站建设征地移民安置决定实施以"逐年补偿"为主的"无土安置"方式,对逐年补偿安置的范围、标准、期限以及费用支付方式等都进行了详细规定。

(一)补偿范围

L 水电站逐年补偿的直接对象是被征收和占用的耕地和园地,不再与移

民人口数挂钩,即以移民被征收的耕园地面积为基础,按调查中核实的土地年产值逐年给予现金补偿。需要注意的是,这里的耕园地是指集体经济组织所有且承包到户的耕园地,集体经济组织所有但未承包到户的耕园地、林地、草地等均不在逐年补偿范围内。据了解,L水电站纳入逐年补偿计算的耕园地面积为4781.14亩,占征收总耕园地面积的91.44%。此外,还有自主安置、调剂耕园地安置两种方式,分别占总数的7.81%、0.75%。

(二)补偿年限

逐年补偿的一个重要特征是长期性,即补偿期限与移民耕园地承包年限挂钩,并保持一致。为了鼓励移民尽早搬迁,经协商,投资方同意对淹没区内需要搬迁的移民,从其完成搬迁安置的第二年起就开始发放逐年补偿费。

(三)补偿标准

逐年补偿的标准主要依据移民被淹没耕园地的年产值。为维护库区移民的利益,补偿标准采用库区所在县耕园地年产值中最高一年的数据。此外,补偿标准根据省级国土资源部门公布的该区域耕园地年产值新数据进行动态调整,以保障库区移民的补偿收入水平逐步提高。

(四)补偿费支付方式

逐年补偿费用由L水电站移民安置地的县级人民政府于每年12月将当年的补偿费兑付至各移民户,且一年兑付一次。逐年补偿费仅与初始调查的移民被淹没耕园地面积挂钩,不与移民户人口增减挂钩,因此不会因移民家庭自然分户而分解。[①]

---

① 薛永亮、杨智慧:《雅砻江两河口水电站移民安置方式探讨》,《人民长江》2015年第5期。

三、L 水电站移民的特殊补偿

(一)民族文化补偿

由于逐年补偿方式的创新,解决了当地耕地后备资源不足与移民不愿外迁的矛盾,使搬迁安置能够以本村后靠和分散自主搬迁为主,大部分原有村落结构得以保存,使库区的少数民族传统文化不因水电站建设而消失,这是值得肯定的。

在 L 电站库区道孚县、雅江县有一个特殊的"扎坝地区",因地处高山峡谷,环境闭塞、交通不便,那里成为藏彝走廊中一个相对独立的文化单元,较完整地保留了许多古老的文化元素与原生风俗,如走婚制度,母系社会形态,以及饮食、碉房、岩葬、服饰等独特生活习俗等。鉴于扎坝文化在国内的影响力,为了对扎坝文化进行传承与弘扬,L 电站建设规划新建一座"扎坝文化博物馆"。拟建的博物馆位于扎坝文化核心区域的道孚县亚卓镇,占地面积 1.5 亩。博物馆主馆及附属房屋采用藏式片石木结构,建筑物内装饰装修设藏式木地板、藏式雕花彩绘窗、藏式雕花彩绘门、藏式雕刻彩绘墙面、藏式雕花漆绘柱、藏式雕刻彩绘立柜、藏式雕彩橱柜、藏式座床等。主馆分为三层,建筑面积 600 平方米,房屋占地面积 200 平方米,总投资 146.3 万元。通过对扎坝文化进行发掘和保护,弘扬藏民族传统文化,同时促进当地文化旅游业发展。

(二)特色建筑装修补助

主要体现在对藏族居民房屋结构、房屋装修、经堂装饰等方面的特殊补偿。

L 电站移民补偿中,将藏式民居按结构分为藏式片石木结构、藏式条石木结构、藏式木结构、一类庄房、二类庄房、呷比、土木结构、土石木结构、砖混结构、砖木结构以及杂房等十一类,经堂装修单独调查登记,并丈量尺寸;内部装修细分为藏式彩绘窗、藏式雕花窗、藏式雕花彩绘窗、藏式彩绘铁窗、藏式彩绘铁门、藏式雕花彩绘门、藏式雕花门、彩绘木板墙面、藏式雕花彩绘墙面、经堂壁画、巴苏（藏式门楣）、彩绘柱、藏式雕花彩绘柱、藏式雕花柱、藏式木地板、经堂木地板、藏式厨柜、藏式彩绘厨柜、藏式雕花彩绘厨柜、藏式立柜、藏式彩绘立柜、藏式雕花立柜、藏式雕花彩绘立柜、藏式雕花彩绘经柜等；对室内的烤火灶、香炉、煨桑烟台（桑康）、吊脚厕所、屋顶雕角等民族特色设置都予以考虑。这些都充分体现了L电站移民安置规划中对当地少数民族特殊性的高度重视。

在L电站移民安置补偿费中，将藏民族的特色建筑补偿列入"其他项目补偿补助费"项目中，专门增列了"房屋装修补助费"项目，经统计核算确认的补偿费合计达到9686万元，其中补偿额较大的项目包括：藏式雕花彩绘墙面墙纸、藏式雕刻墙面、彩绘墙面，藏式雕花彩绘木质橱柜，藏式雕花彩绘木质立柜、巴苏、室内经柜、经堂木地板等，分列补助项目多达53项，其中"彩绘墙面""藏式雕花彩绘木质橱柜"两项补助费分别超过1000万元，较好地体现了对藏族特色建筑物的特殊补偿。

（三）宗教设施和宗教活动补偿

L电站移民安置补偿费中，新增了"个人及集体宗教设施""宗教设施宗教活动费"两个特殊补偿项目，将其纳入"其他项目补偿补助费"中，新增个人及集体宗教设施补偿费用3451万元，其中佛塔补偿费2336万元。同时还新增了宗教设施迁建及"开光仪式"等宗教活动补偿费11万元（见表10-6）。

表10-6 L水电站农村部分补偿费用

序号	项目名称	费用合计（万元）	各项费用占比（%）
1	征收和征用土地	108929.14	41.6
2	搬迁补助费用	551.16	0.2

序号	项目名称	费用合计 （万元）	各项费用 占比（%）
3	地面附着物补偿费	121985.59	46.6
	其中:房屋和附属设施补偿费	77557.49	29.6
	青苗和林木补偿费	36595.67	14.0
	人口增长补偿费	7832.43	3.0
4	居民点基础设施恢复补偿费	15953.68	6.1
5	其他项目补偿补助费	14287.42	5.5
	其中:建房困难户补助	242.02	0.1
	建房期补助费	640.9	0.2
	能源设施补助费	256.36	0.1
	房屋装修补助费	9686.35	3.7
	个人及集体宗教设施补偿	3450.71	1.3
	宗教设施宗教活动费	11.08	0.0
1—5	农村部分合计	261706.99	100.0

资料来源:中国电建集团成都勘测设计研究院。

(四)农村移民安置补偿费构成

L电站库区农村移民安置费中,补偿力度最大的是地面附着物补偿,主要包括房屋和附属设施补偿、青苗和林木补偿等,这部分占农村移民安置补偿费的46.6%;其次是征收和征用土地费用,占41.6%,这部分是农村移民的生产安置总费用;排在第三位的是农村居民安置点的基础设施恢复补偿费,占移民安置补偿费的6.1%;第四为其他项目补偿补助费,占5.5%(见表10-6)。

在"地面附着物补偿费"中,农村房屋补偿费占59.3%,房屋和附属设施补偿费共77557.49万元,补偿标准与藏式房屋的建筑材料和结构有关。根据调查,L水电站涉及搬迁人口6287人,拆迁房屋1200357.25平方米,扣除其中的企事业单位房屋、宗教寺庙房屋和专项设施房屋,以及集镇居民房屋面积,农村移民拆迁房屋面积应为1074262.21平方米。按拆迁房屋面积测算,农村房屋和设施的平均补偿费仅 722 元/平方米,补偿单价明显较低。但如果按农村搬迁人口与拆迁房屋面积推算,发现电站库区农村移民人均房屋面积高达 185 平方米,这显然不合常理。为了解实情,我们两次深入水电移民最集中的库区乡镇进行详细调查。

通过调研得知,L 水电站从 2005 年开始前期筹建工作,到 2014 年获得国家发改委审准正式动工,其间部分库区群众为生活所需或为获得较多建房补偿,在库区"停建令"下达前突击抢建了许多半成品房。在库区拆迁房屋中,仅藏式片石木房屋中门窗不全的就有 16 万平方米之多,占房屋拆迁总面积的 13.3%,这些半成品房补偿单价较低,相应拉低了住房的平均补偿标准。如果按照农村移民搬迁人口测算,人均住房补偿费达到 13.3 万元,此外还要加上建房期补助费、能源设施补助费、房屋装修补助、个人及集体宗教设施补偿费等,这些补助分别计入其他项目补偿补助费另算。

在新增的其他项目补偿补助费中,房屋装修补助费 9686.35 万元,平均装修补助费达到 15407 元/人,个人及集体宗教设施、宗教设施宗教活动费共 3461.79 万元,平均 5506 元/人。三项费用合计占其他项目补偿补助费的 92.0%,占农村部分补偿费用的 5.0%,占 L 电站建设征地和移民安置费的 1.2%。

综上所述,在 L 水电站移民安置补偿中,按移民人口的平均住房补助标准超过 13 万元/人,同时新增了房屋装修补偿费、个人及集体宗教设施、宗教设施宗教活动费等多项针对当地的特别补偿项目,并制定了相应的分类补助标准。如人均住房装修补助费超过 1.5 万元,人均宗教设施和宗教活动补助费超过 5500 元,这些措施体现了对藏民族特殊建筑和宗教文化的尊重和保护,是对民族地区水电移民安置补偿政策的实践创新。

第五节　高海拔地区水电移民安置投资政策的完善

高海拔地区土地资源匮乏,生态环境非常脆弱,生态建设和保护任务艰巨,加之水电移民总人数不多,淹没的耕地面积相对较少,且对农牧民的收入来源不会构成主要影响。针对这些现实情况,青藏高原地区许多电站建设中对部分失地农牧民开始推行"逐年货币补偿"的无土安置试点,范围包括云南涉藏地区、四川涉藏地区、青海涉藏地区、西藏的部分流域,受到了当地移民群众的普遍欢迎。但是,这种安置方式也存在一些问题,需要进一步修改完善。

一、"逐年补偿"安置方式的特点

长期逐年货币补偿安置方式具有以下几方面的突出特点:

(一)以货币补偿代替实物补偿

作为一种"无土安置"方式,货币补偿主要针对高海拔山区缺乏土地资源,无法以开垦或调剂耕地就近安置农村移民的特殊情况。按照电站淹没占用移民的"耕园地数量"和土地年产值,折算成货币现金逐年发放给农村移民,以解决他们的长远生计。只要水电站存在一天,对移民的货币补偿就不会停止。即使老一代移民去世,子女仍能够继承其权益。一座水电站正常发电运行生产期长达30—50年,再加上5年以上的建设期,如果按照土地年产值进行逐年补偿,则对水电移民的生产安置补偿额累积,至少是淹没土地年产值的35—55倍,这已经远远超过了"16倍年产值"标准。一旦将来水电站停止运行,还可以通过拆除电站设施,使农牧民重新获得原有土地。

(二)让移民参与分享水电开发收益

不同于"以土安置"农村移民的一次性解决方案,"逐年货币补偿"实行长期性逐年补偿方案。在电站建设期间、电站建成投产发电后,水电移民都能够持续获得现金收入。这种"无土安置"方式将广大移民群众的切身利益与电站建设紧密联系在一起,使他们能够持续关注、支持水电建设,并能长期分享水电开发的收益成果。而对于当地负责移民安置具体工作的地方政府来说,也消除了水电移民后期生产生活状态不稳定的社会隐患,减轻了地方干部的工作压力和精神负担,使水电移民安置工作得以顺利推进。这种逐年补偿安置方式能够迅速解决移民群众的现实收入来源,是水库移民生产安置方式的重大实践创新,获得了青藏高原地区多数移民群众的充分信任和欣然接受。

(三)拓宽了移民安置补偿资金来源

通过调剂或者重新开垦后备土地,并配置相应农田灌溉等设施,进行土壤培育熟化逐步达到原有的产出水平,这需要水电开发企业一次性投入巨大的生产安置补偿资金。过去大多数是按照淹没土地的"16倍年产值"补偿原则标准执行,开发企业在建设前期需要投入较大的安置补偿资金、融资利息成本。而实施"逐年补偿"后,变静态的一次性投入为动态的长期性补偿,有利于减缓水电企业的前期开发资金负担,降低水电投资风险。当电站投产运行后,再以发电收入持续补偿水电移民,从而拓宽了移民安置补偿资金来源。这种补偿方式,本质上是将移民安置与水电开发的收益分配结合起来,建立长期稳定、可持续的水电移民补偿机制。同时,以逐年货币补偿方式为突破口,有利于构建我国水电开发利益共享机制。

二、 高海拔地区水电移民安置存在的主要问题

对部分农村移民实施长期性"逐年补偿"生产安置,作为一种新型的"无土安置"方式,契合了高海拔地区资源环境容量的特殊性,以及库区移民收入结构特点,得到了移民群众的普遍认可,堪称我国水电农村移民安置方式的突破性尝试。但是,任何机制制度创新都注定面临一定的风险,需要在试点过程中,不断总结实践经验,"打补丁"加以完善。

(一)"无土安置"移民方式有待完善

一是容易滋生攀比心理。"逐年货币补偿"以当地耕园地最近三年的平

均年产值为依据,并根据市场价格水平的变化进行动态调整。显然,这一产值收入需要"以土安置"的农村移民付出大量的辛勤劳动,并投入种子、化肥、地膜等生产要素成本才能获得,是付出劳动等经营成本后的"农业收入"。而"无土安置"直接以现金形式发放,属于"土地成本"置换的财产性收入。显然,作为理性经济人,所有农村移民都会选择"逐年补偿"方式,即使有调剂耕地也不愿意接受,"以土安置"移民方式将无法实施。容易导致不同水电站库区、不同安置方式的水电移民之间滋生相互攀比心理。

二是不利于提高移民的劳动技能和自强精神。直接发放货币现金的补偿方式操作简便、透明度高,但无助于提高库区水电移民的劳动技能和精神素质,不利于鼓励劳动致富,可能助长"不劳而获""等靠要"等精神惰性,不利于民族地区社会可持续发展。

三是可能新增大量剩余劳动力。当地农村劳动力普遍文化水平较低,劳动技能较少,缺乏投资意识和资金掌控力,产业转移难度大。因此如果大范围推行"无土安置"补偿方式,将产生大量农村剩余劳动力,如果不为他们提供新的生产条件和谋生职业,游手好闲、精力旺盛的青年人容易出现打架斗殴、聚众赌博等不良现象,导致社会治安问题。

四是可能带来新的不稳定因素。虫草、松茸是高海拔地区农牧民重要的收入来源。而每年采集虫草、松茸的季节性强,时间很短,缺乏打工技能的农村青年大部分时间将无所事事。一旦将来虫草、松茸因气候环境变化、过度采挖出现减产或者资源枯竭,导致这部分收入减少,农牧民可能将不满情绪发泄到水电开发上,长远来看不利于民族地区的经济发展和社会稳定。

(二)"停建令"周期过长

水电站"停建令"(也称封库令),是指大中型水利水电工程在实物调查工作开始前,工程占地和淹没区所在地的省级人民政府要发布通告,禁止在工程占地和淹没区新增建设项目和迁入人口,即"未经省人民政府批准,任何单位和个人不得新建、扩建和改建项目,不得开发土地和新建房屋及其他设施,不得新栽种各种多年生经济作物和林木"。对于违反上述规定的,搬迁时一律不予补偿,并按违章处理。根据要求,从"停建令"下达之日起,水电站库区的交通、电力、通信、农田水利等基础设施和其他项目建设都将长期处于停滞状态,各级政府不可能将扶贫项目资金、新农村建设资金等投入当地,群众对自身的生产生活条件也无法进行改善,导致库区公共设施破败、房屋年久失修,经济社会发展水平整体落后于周边地区,库区群众生产生活实际水平面临下降,这种现象在青藏高原地区水电开发过程中尤为突出。

青藏高原地区的水电开发和移民安置工作周期长。从水电勘测设计、移民安置规划方案颁布,到大坝截流移民实施搬迁,少则5—10年,长则十余年。在此漫长的过程中,库区群众(包括移民和非移民)长期处于被动等待和焦虑不安的情绪中,他们的生活生产都处于较长时期的不稳定状态。不难想象,如果移民搬迁补偿标准、生产安置方案久议不决,不能尽快公开透明,很容易派生出各种想法、说法甚至谣传,使当地群众加剧对自身后期生活保障的担忧,一有风吹草动,容易引发群体性事件。

(三)库区产业发展缺乏战略规划

水电开发从规划设计、移民安置、施工建设到投产发电,长达十多年的漫长时间。在此期间,地方政府对库区县乡的公共服务设施投入(比如学校、道路、新农村建设)、招商引资、经济开发基本上处于停滞状态,导致库区县、乡的公共设施水平、经济社会条件和发展水平与周边地区差距不断扩大,当地群众实际生活水平下降,后靠移民就业生产安置难度增大、移民以及非移民群众的生活水平难以提高,当地发展机会成本的损失需要通过水电开发得到弥补。但是,促进库区经济发展的主要责任不是水电企业,不能混淆企业与政府的职责边界,协调水电开发与库区经济发展的关系,制订地方经济发展长远战略规划,调整库区产业结构与空间布局,促进水电开发区经济社会发展水平的提高,是水电开发流域区各级地方政府的职责所在。水电开发为地方财政带来了大量税收,有利于地方政府提高库区基本公共服务水平,推进民生工程建设,培育库区非农产业,促进当地经济社会发展。

三、 高海拔地区水电移民安置补偿的政策建议

(一)加快实施"先移民后开发"方针

第一,在电站水库设计规划方案设计的同时启动移民安置规划大纲,使设计方案不仅考虑水电工程的经济合理性,也要同步测算适度移民规模的经济合理性,避免为获得水电效益的最大化支付过高的移民成本代价。

第二,将"先移民后开发"方针贯穿落实在水电开发设计阶段。高度重视高海拔地区水电开发社会成本上升带来的水电投资风险,按照"先移民后开发"的要求先行做好水电开发的风险测评和经济评价。根据部分在建水电站的投资概算,水电上网电价已与火电上网电价持平,青藏高原地区水电不再是低成本的"廉价"能源。对此,水电开发企业在争取国家政策扶持的同时,也要提高市场风险意识,按照市场化效益原则放弃一些不具有经济可行性的水电开发项目。

(二)采取货币补偿为主的"复合安置"方式

鉴于"货币逐年补偿"安置方式对青藏高原地区水电移民安置的特殊意义,以及这一安置方式潜在的弊端,建议将这种"无土安置"方式与其他生产安置方式相结合,建立各种"复合安置"方式。在当地水电移民安置工作中,一方面提倡推行"逐年补偿"为基础的生产安置方式,以部分货币现金补偿保障农村移民的基本生活,另一方面,应尽量采取就近调剂少量耕园地、开发新资源等措施,满足农村移民拥有部分土地的需求,使他们不会完全失去土地。或者以提供大棚、摊位等生产资料的方式,增加其通过生产劳动获得收入的渠

道。同时,要重点加强对年轻一代移民的职业培训和就业引导,促进农村劳动力转移,为新生代农村移民创造二、三产业的就业机会,增收其劳务性收入,切实保障高海拔民族地区水电移民的长远发展。

(三)针对不同年龄移民开展职业培训

为促进水电移民"移得出、稳得住、能致富",实现高海拔民族地区经济社会长期可持续发展,要重点探索教育培训、就业渠道、生产扶持、生态移民等多种方式,解决制约农牧民生产发展的根本性问题,使水电开发与民族地区的城镇化、现代化结合起来,与提高当地群众文化教育水平、增强就业能力结合起来,帮助、激励年轻的新一代移民走出大山,走向更美好的现代生活,实现生态移民和生态建设目标。

对于移民家庭的学龄青少年,在免费义务制教育的基础上,推行移民教育金补偿政策,就近送他们到条件好的县区中小学免费寄宿读书,对其生活费用实行全额补助,对考上大学继续深造学习的每年给予其学费和生活费补助。

建议省、市人力资源和社会保障部门与扶贫移民部门协作,开展水电移民就业培训工程,对年满18岁的青壮年移民,每年免费进行1—2项职业技能专项培训,外送水电移民到邻近职业学校集中学习,培训建筑、驾驶、汽修、餐饮、理发、安保、保洁等各方面技能。通过5年左右的时间使该项工程覆盖库区所有的水电移民。电站企业方可以组织经过培训的移民参与水电站辅助工程竞标,并有义务优先照顾移民施工队获得诸如采砂石、运输、库底清理等技术含量不高的工程项目,对青壮年移民实行"以工代赈"政策。同时,当地政府应当广开移民就业渠道,为他们在库区就近发展餐饮、住宿、汽修等服务业提供免税优惠政策,抓住水电开发带来的人流、物流和资金流契机,实现农村劳动力转移,加快推进民族地区城镇化进程。

（四）完善"停建令"相关内容

针对水电站"停建令"中"未经省级人民政府批准，任何单位和个人不得新建、扩建和改建项目，不得开发土地和新建房屋及其他设施，不得新栽种各种多年生经济作物和林木。违反上述规定的，搬迁时一律不予补偿，并按违章处理"的规定，建议进行如下补充内容：

一是增加"打桩定界范围内允许公共设施、居民房屋的正常维修和改善，以及自然增长人口的土地、房屋增长，具体情况由开发企业与有关县乡人民政府协商确定后批准"，从而承认红线区域内的正常经济社会发展和群众生产生活水平的改善，尽量减少停建令下达后库区的各种机会成本损失。二是增加"大中型水电项目'停建令'下达时间超过 5 年以上、仍未达到核准条件的，应当对其库区移民发展和改善生产生活基本条件给予适当比例的经济补助"规定。

（五）做好移民心理安抚和疏导工作

在水电开发建设漫长的过程中，当地群众（包括移民和非移民）始终处于被动等待和焦虑不安的情绪中，移民的生活生产都处于长时期的不稳定状态，难免埋下社会风险隐患。因此要切实关怀理解移民的内心感受，经常进行心理安抚和情绪稳定工作，组织开展多种形式的扶贫、慰问、送温暖、文化下乡等活动，合理补偿他们的机会损失。对青年移民免费进行建筑、驾驶、安保等职业技能培训，使移民从内心理解、支持水电开发建设，减少区域内不和谐、不稳定事件发生的概率，切实保障和促进高海拔民族地区经济可持续发展和社会长治久安。

青藏高原地区大型水电站年发电量大、移民人数相对较少，每年按电站发电量征收的库区后期扶持基金总额较高。除按规定每年按时发放给电站全体移民后期生活补助金外，建议将其余绝大部分资金持续投入到当地移民的各项教育培训、生产扶持和养老安置中。要提前做好资金规划,保障专款专用,提高使用效率,严惩任何形式、任何借口的挪用腐败行为。

(六)发挥水电开发对移民致富的带动作用

要进一步明确水电开发企业、地方政府、移民机构三方的各自职责,统筹各方面资金,使库区移民的长远发展融入地区城镇化、乡村振兴、脱贫巩固、文化旅游产业的发展进程中。

一是结合水电移民安置方式,制订库区后续支撑产业发展规划,如乡村特色旅游业规划、中藏药材基地建设规划、畜牧产品基地规划等。整合项目资金和优惠政策,重点扶持畜牧产业、藏中药材、干果等生产加工业,大力发展藏中药材、菌类、干果种植业,通过示范效益逐步扩大生产规模,打造库区后续产业发展链,提高库区群众的收入水平。

二是抓住西藏和四省涉藏地区电力、交通、通信条件全面改善和提升的契机,进一步宣传、扩大青藏高原地区旅游资源的全球影响力,让雄壮多姿的高原风光、悠久神秘的藏族文化、独特的民俗风情,结合大型水电站"高峡平湖"的美景,吸引更多海内外游客,加快发展高原生态旅游业、文化旅游业。要用好用足西部大开发和国家对西藏等地发展的各种扶持政策和税收政策,鼓励移民开展民居接待、特色餐饮、牧家乐等旅游服务,培育后续支撑产业。

三是大力提高西藏和四省涉藏地区的城乡居地用电水平,完善电网设施,提高电力保障。推进居民生活和商业等第三产业实施"以电代柴""以电带煤""以电代油",不断提高该地区的电气化程度和现代化水平。

四是利用当地丰富的水电,在坚持环保高标准、技术高起点的原则基础上,发展符合当地生态环保要求的电矿结合型特色资源产业。如《西藏自治区"十三五"时期国民经济和社会发展规划纲要》中,明确提出西藏的战略定位之一是"重要的战略资源储备基地"。西藏拥有国家稀缺的高品位铬矿资源,在落实矿产开发负面清单制度的前提下,凭借低价水电优势招商引资,提高电力就地转化率,合理有序发展优势矿产业,适当发展高附加值、高载能的锂矿资源、铬矿资源加工业,积极发展绿色建材业和新型墙体材料产业,是区域经济发展的内在合理化要求,以此可以改变民族地区发展不充分、不协调的现状,充分发挥水电开发对民族地区经济全面发展的促进作用。

参 考 文 献

Aleseyed,M.,Rephann,T.& Isserman,A.,"The Local Economic Effects Of Large Dam Reservoirs: U. S. Experience, 1975 – 95", *Review of Urban and Regional Development Studies*10,2010.

Berkun,M.,"Environmental Evaluation of Turkey's Transboundary Rivers' Hydropower Systems",*Can.J.Civ.Eng*,2010.

Bergman,L.,"The Impact of Nuclear Power Discontinuation in Sweden",*Regional Science and Urban Economics*,1981.

Bess,R.& Ambargis,O.Z.,"Input-Output Models for Impact Analysis:Suggestions for Practitioners Using RIMS II Multipliers",San Diego:The 50th Southern Regional Science Association Conference,2011.

Bui,T.M.H.,Schreinemachers,P.& Berger,T.," Hydropower Development in Vietnam: Involuntary Resettlement and Factors Enabling Rehabilitation", *Land Use Policy*,2013.

Chen,S.,Chen,B.& Fath,D.B.,"Assessing the Cumulative Environmental Impact of Hydropower Construction on River Systems Based on Energy Network Model",*Renewable and Sustainable Energy Reviews*,2015.

Dantzing,G.B.& Parikh,S.C.,"On a PILOT Linear Programming Model for Assessing Physical Impact of The Economy of a Changing Energy Future", in F.S.Roberts (Ed), *Energy:Mathematics and Models*,Salt Lake City:Proc.SIMS Conference on Energy,1976.

Evans,R.E.& Norman,A.,*A Study of the Impact of the Hugo Reservoir on Choctaw and Pushmataha Counties:A View Four Years after Completion*,Fort Belvoir,VA:U.S.Army Corps of Engineers,Institute for Water Resources,IWR Research Report,1980.

Fearnside, P. , "Impacts of Brazil's Madeira River Dams: Unlearned Lessons for Hydroelectric Development in Amazonia", *Environmental Science & Policy*, 2014.

Hanh, N. V. , Song, N. V. & Duc, D. V. et al. , *Environmental Protection and Compensation Costs for the Yali Hydropower Plant in Vietnam*, Eepsea Research Report, 2003.

Hoover, M. E. & Giarratani, F. , *An Introduction to Regional Economics*, New York: Alfred A. Knopf, 1984.

Hudson, E. A. & Jorgenson, D. W. , "U. S. Energy Policy and Economic Growth", *Bell Journal of Economics and Management Science*, 1974, pp.461-514.

Johansson, B. & Snickars, F. , "Large-Scale Introduction of Energy Supply Systems", Working Paper (Laxenburg, Austria: International Institute for Applied Systems Analysis), 1982, pp.82-121.

Lakshmanan, T. R. & Johansson, B. , *Large Scale Energy Projects: Assessment of Regional Consequences*, New York: Elsevier Science Pub. Co. , 1985.

Lakshmanan, T. R. & Ratick, S. , "Integrated Models for Economic-Energy -Environmental Impact Analysis", in T. R. , Lashmanan and P. Nijkamp (Eds), *Economic-Environmental-Energy Interactions: Modeling and Policy Analysis*, 1980.

Lundqvist, L. , "A Dynamic Multiregional Input-Output Model for Analyzing Regional Development, Employment and Energy Use", Munich: Paper presented at the European Regional Science Congress, 1981.

Miller, R. E. & Peter, D. B. , *Input-Output Analysis: Foundations and Extensions*, 2nd ed, New York: Cambridge University Press, 2009.

Persson, H. & Johansson, B. A. , "Dynamic Multisectoral Model with Endogenours Formation of Capacities and Equilibrium Prices: An Application to the Swedish Economy", Professiona Paper (Laxenburg, Austria: International Institute for Applied Systems Analysis) , 1982.

Rothman, P. M. , *Measuring and Apportioning Rents from Hydroelectric Power Developments*, Washington, D.C. : World Bank, 2000.

Singer, J. , Pham, H. T. & Hoang, H. , "Broadening Stakeholder Participation to Improve Outcomes for Dam-Forced Resettlement in Vietnam ", *Water Resources and Rural Development*, 2014, pp.85-103.

Sparkes, S. , "Sustainable Hydropower Development: Theun-Hinboun Expansion Project Case Study, Laos", *Water Resources and Rural Development*, 2014, pp.54-66.

Tilt, B., Braun, Y., He, D., "Social impacts of large dam projects: a comparison of international case studies and implications for best practice", *Journal of Environmental Management*, 2009.

U.S. Department of Commerce, Bureau of Economic Analysis, *Regional multipliers: A user handbook for the Regional Input-Output Modeling System (RIMS II)*, Third Edition, Washington, D.C.: U.S. Government Printing Office, 1997.

Chintan, G.S.:《大型电力水坝项目利益分享的理念与方法:尼泊尔的经历》,见《联合国水电与可持续发展研讨会文集》,2004 年。

Wold B.:《挪威水电开发研究——开发发展、政治要务与民心民意——百余年的开发发展积累的经验》,见《联合国水电与可持续发展研讨会文集》,2004 年。

迈克尔·M.塞尼编著:《把人放在首位——投资项目社会分析》,王朝纲等译,中国计划出版社 1998 年版。

P.麦卡利编著:《大坝经济学》,周红云等译,中国发展出版社 2005 年版。

威廉·R.劳里:《大坝政治学:恢复美国河流》,石建斌等译,中国环境科学出版社 2009 年版。

陈秀山、肖鹏等:《西电东送工程区域效应评价》,中国电力出版社 2007 年版。

傅振邦:《大型水电开发与区域经济协调发展》,经济科学出版社 2013 年版。

龚和平编著:《水电工程建设征地移民安置补偿费用概算基础》,中国电力出版社 2010 年版。

郝寿义:《区域经济学原理》,上海人民出版社 2007 年版。

金德环编著:《投资经济学》,复旦大学出版社 2006 年版。

金申:《西藏的寺庙和佛像》,文化艺术出版社 2007 年版。

李仲奎、马吉明等:《水力发电建筑物》,清华大学出版社 2007 年版。

李丹、郭万侦等:《中国西部水库移民研究》,四川大学出版社 2010 年版。

刘翠芬等编著:《少数民族地区移民安置可持续发展研究》,黄河水利出版社 2011 年版。

劳承玉、张序:《水能资源有偿使用制度研究》,中国经济出版社 2013 年版。

马生林:《青藏高原生态变迁》,社会科学文献出版社 2011 年版。

世界银行、国家民族事务委员会课题组编著:《中国少数民族自然资源开发社区受益机制研究》,中央民族大学出版社 2009 年版。

水电水利规划设计总院等:《水电工程设计概算编制规定》,中国电力出版社 2014 年版。

石亚洲:《重大项目中民族因素评估机制研究》,中央民族大学出版社 2008 年版。

王金国:《水电可持续发展评价指标体系研究》,西南交通大学出版社 2011 年版。

《西藏自治区志　公路交通志》,中国藏学出版社 2007 年版。

徐长义:《水电项目协调开发模式与综合评价》,中国水力水电出版社 2012 年版。

《中华人民共和国水力资源复查成果(2003 年)总报告》,中国电力出版社 2004 年版。

张培刚等:《发展经济学》,北京大学出版社 2009 年版。

庄万禄:《西部民族地区水电工程移民政策研究》,民族出版社 2007 年版。

周竞红:《走向各民族共同繁荣——民族地区大型水电资源开发研究》,中国水利水电出版社 2010 年版。

张如珍主编:《西藏公路交通史》,人民交通出版社 1999 年版。

陈晓舒、赵同谦等:《基于不同利益相关者的水电能源基地建设经济损益研究——以澜沧江干流为例》,《生态学报》2017 年第 13 期。

葛政委:《论西南民族地区水电工程建设与移民安置中的文化保护》,《三峡论坛》2010 年第 3 期。

宏观经济研究院课题组:《我国区域能源协调发展战略研究报告》,2009 年。

蒋建东:《民族地区大中型水利工程移民安置特点与对策》,《人民长江》2013 年第 2 期。

汲荣荣、夏建新等:《少数民族地区水电资源开发移民补偿模式研究》,《中国人口、资源与环境》2011 年第 2 期。

李含琳:《中国藏族聚居区人口与经济协调发展水平评价》,《青海民族大学学报(教育科学版)》2010 年第 1 期。

李平等:《大型建设项目区域经济影响评价理论基础及其评价体系》,《中国社会科学院研究生院学报》2011 年第 2 期。

劳承玉、张序:《重大水电建设项目区域经济影响评价原则与方法》,《水力发电》2010 年第 4 期。

劳承玉:《西藏水电开发的区域经济影响研究》,《财经智库》2016 年第 4 期。

刘进、杜金平等:《藏族地区水电工程建设征地移民安置探讨》,《人民长江》2012 年第 1 期。

刘驰:《少数民族地区水电工程移民安置的长效机制研究》,《水电与新能源》2012 年第 4 期。

刘燕华:《黄河上游水库移民区社会建设发展现状调查及思考》,《开发研究》2014 年第 1 期。

谭运嘉、李平等:基于区域投入产出模型的大型建设项目区域经济影响评价——以白鹤滩水电站建设项目为例》,《工程研究—跨学科视野中的工程》2013 年第 5 期。

田灿明、张林洪等:《云南段金沙江水电移民安置问题探讨》,《昆明理工大学学报》2012 年第 2 期。

王林:《欠发达地区水电开发对当地城镇化发展的影响分析——以金沙江上游水电开发为例》,《生态经济》2008 年第 3 期。

谢邦昌、朱世武等:《我国上市公司信用风险度量模型的选择》,《经济学动态》2008 年第 5 期。

小巴桑、戴林军:《浅析西藏水电开发对区域产业结构调整的作用》,《水利经济》2011 年第 4 期。

夏庆杰、张春晓、振楠:《乌江水电开发对区域经济发展的影响》,《经济与管理评论》2012 年第 6 期。

薛永亮、杨智慧:《雅砻江两河口水电站移民安置方式探讨》,《人民长江》2015 年第 5 期。

徐建龙、魏珍:《理性认识西藏投资乘数小于 1 问题:以 1996—2014 年为例》,《西藏研究》2016 年第 4 期。

叶玉健、马光文等:《基于财税优惠政策及成本分摊的西藏水电上网电价研究》,《水电能源科学》2011 年第 6 期。

杨铭钦、王崇礼:《西藏地理气候特殊性对水电工程造价的影响》,《水力发电》2008 年第 6 期。

杨秀云等:《KMV 模型在我国商业银行信用风险管理中的适用性分析及实证检验》,《财经理论与实践》2016 年第 1 期。

袁湘华:《加快澜沧江西藏段水电开发的思考》,《水力发电》2010 年第 11 期。

赵卫等:《西藏地区水电开发的低碳效益研究》,《自然资源学报》2016 年第 8 期。

责任编辑：陈　登
封面设计：石笑梦
版式设计：胡欣欣

图书在版编目（CIP）数据

青藏高原地区水能开发的区域经济影响研究/劳承玉等 著. —北京：
　人民出版社,2022.1
ISBN 978－7－01－023917－0

Ⅰ.①青…　Ⅱ.①劳…　Ⅲ.①青藏高原-水电资源-资源开发-影响-
　区域经济发展-研究　Ⅳ.①F127.7

中国版本图书馆 CIP 数据核字（2021）第 219903 号

青藏高原地区水能开发的区域经济影响研究
QINGZANG GAOYUAN DIQU SHUINENG KAIFA DE QUYU JINGJI YINGXIANG YANJIU

劳承玉　等　著

人民出版社 出版发行
（100706　北京市东城区隆福寺街 99 号）

北京建宏印刷有限公司印刷　新华书店经销

2022 年 1 月第 1 版　2022 年 1 月北京第 1 次印刷
开本:710 毫米×1000 毫米 1/16　印张:21.5
字数:294 千字

ISBN 978－7－01－023917－0　定价:65.00 元

邮购地址 100706　北京市东城区隆福寺街 99 号
人民东方图书销售中心　电话（010）65250042　65289539